Shisha

Manfred Abelein

Gustav Lübbe Verlag

Pangma
Eine deutsche Tibetexpedition
bezwingt den letzten
Achttausender

Sämtliche Photographien der Expedition
wurden von den Teilnehmern der Expedition
aufgenommen und zur Verfügung gestellt.
Bild des Dalai Lama, Seite 111: keystone
Schutzumschlag: Roberto Patelli, Köln
Karten: Roland Winkler, Bergisch Gladbach
Layout: Friedrich Kohnke und Arno Häring
Satz: Satzstudio Keßler, Köln-Porz
Reproduktion: Otterbach Repro GmbH, Krefeld
Druck und Einband: Georg Appl, Wemding

Printed in West Germany
ISBN 3-7857-0259-0

Inhalt

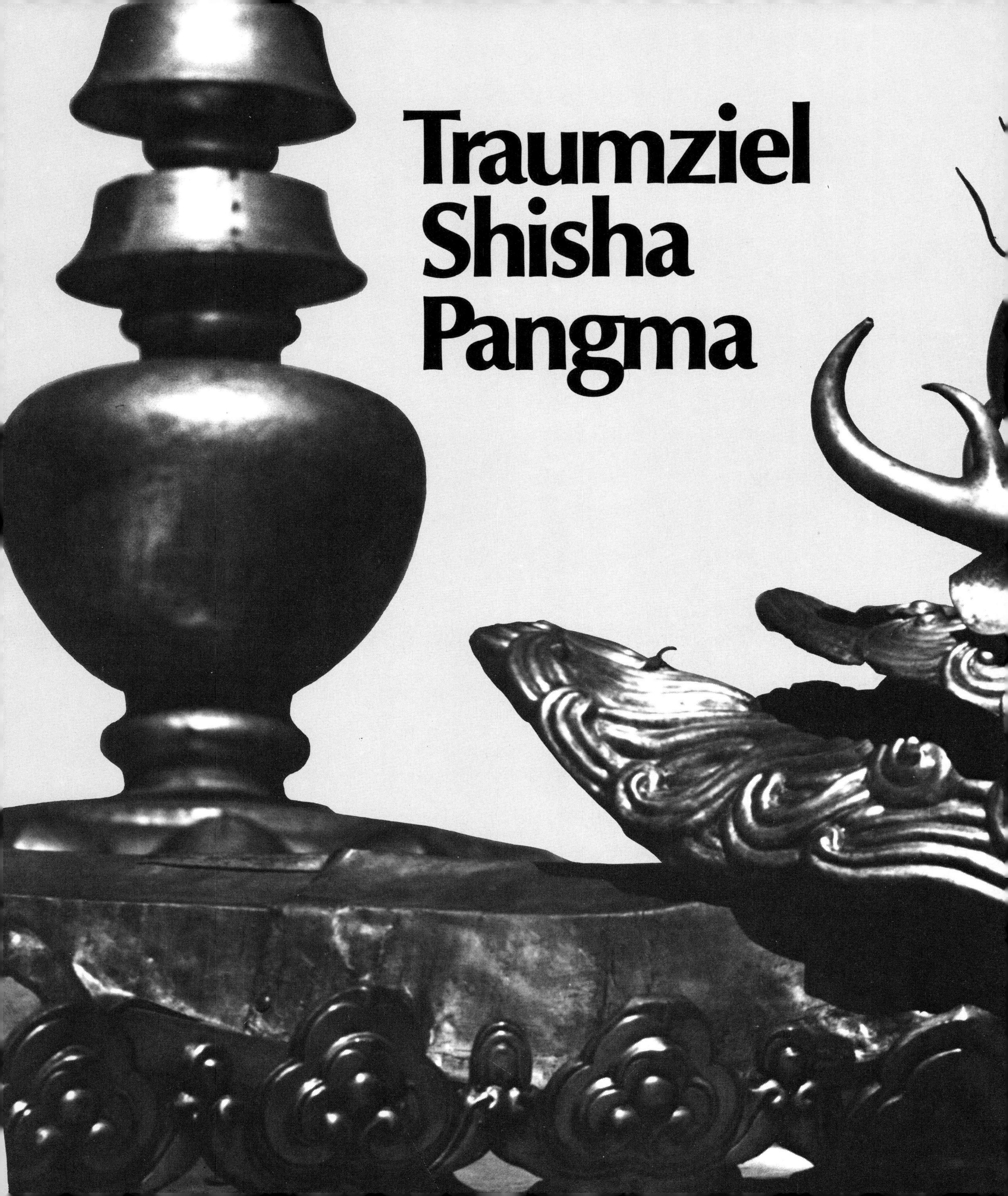

Traumziel Shisha Pangma

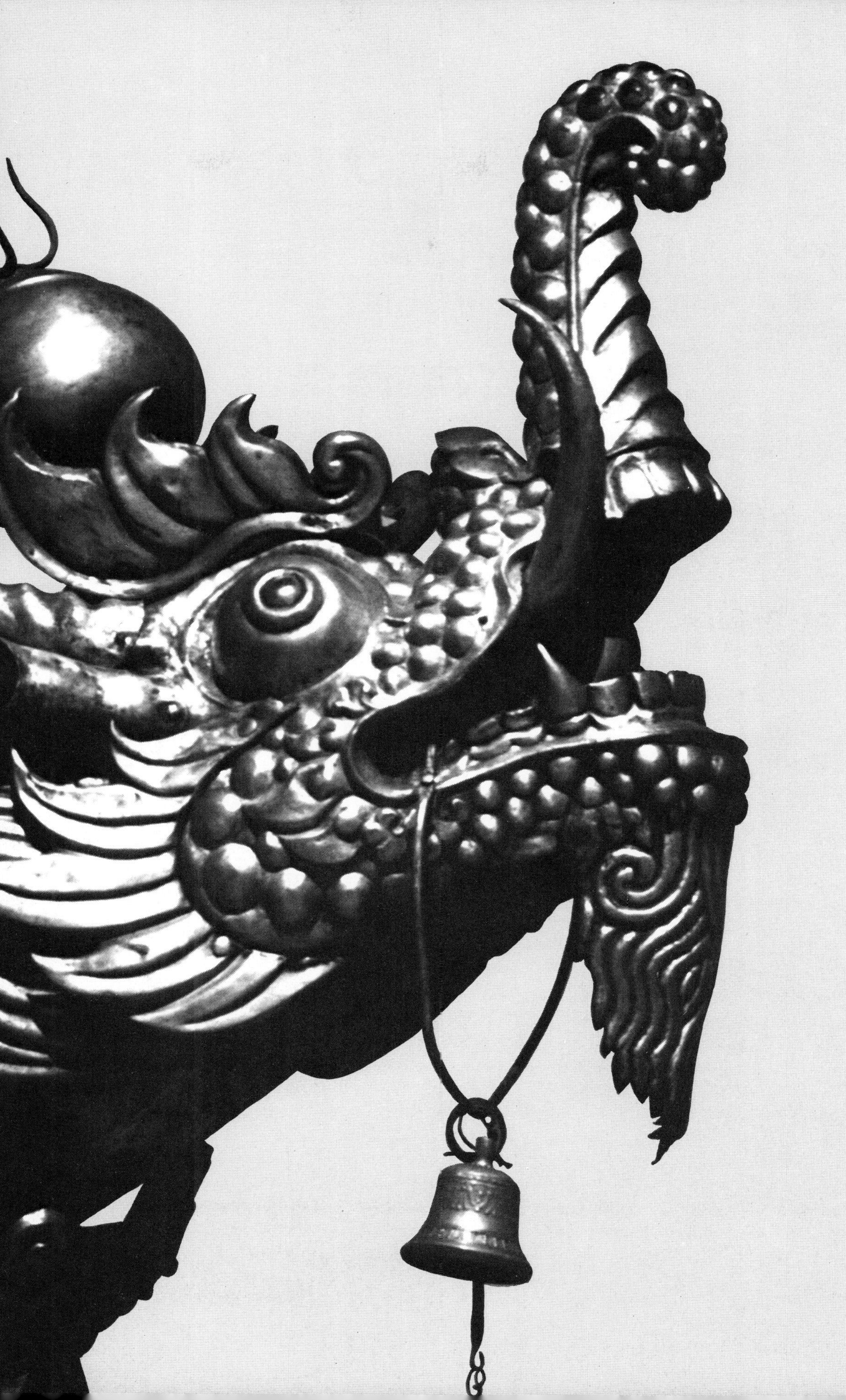

1

Vergoldeter Drachenkopf auf dem Dach des Jokhang, des Haupttempels von Lhasa.

Eine Genehmigung aus heiterem Himmel

Als ich Ostern 1978 auf Einladung der chinesischen Regierung im Rahmen einer Delegation in Peking weilte, suchte ich Kontakt mit dem chinesischen Bergsteigerverband. Es ging mir dabei um den Shisha Pangma, den einzigen völlig in China liegenden Achttausender, über den man verhältnismäßig wenig wußte. Es gab nur einen kurzen Bericht von einer chinesischen Expedition, die vor sechzehn Jahren zum ersten Mal nach der Eroberung von Tibet diesen Berg bestiegen hatte.

Während meines Besuches in Peking 1978 überreichte ich dem chinesischen Bergsteigerverband einige Geschenke und fühlte dabei vor, ob es denn möglich sei, den Shisha Pangma zu besteigen. Die Chinesen lächelten und sagten nichts, und ich lächelte auch und sagte nichts mehr.

Im folgenden Jahr trat ich mit den Chinesen über unsere Botschaft in Peking in einen kleinen Informationsaustausch, um die Verbindung aufrechtzuerhalten. In der Zwischenzeit erfuhren wir auch, daß sich zwanzig Nationen um den Shisha Pangma beworben hatten, darunter die Amerikaner, die Japaner, die Italiener, die Schweizer, die Österreicher und die Franzosen. Der Shisha Pangma war ganz offensichtlich eines der begehrten Ziele des internationalen Alpinismus, wenn nicht das begehrteste überhaupt. Noch nie standen Weiße auf seinem Gipfel, noch nie waren sie auch nur in seine Nähe gekommen. Nur aus der Ferne hatte man einen nördlich vom Hauptkamm des Himalaja liegenden Gipfel gesehen, der die anderen so hoch überragte, daß man annahm, er könnte einer der Achttausender des Himalaja sein.

Peter Aufschnaiter und Heinrich Harrer fertigten auf ihrer berühmten Flucht von Indien nach Tibet im Winter 1945/46 eine Skizze des für sie sichtbaren Kamms der Gebirgskette an, in der der Shisha Pangma lag. Erst 1952 fotografierte der Geologe Toni Hagen den Berg von der nepalesischen Südseite aus, allerdings aus sehr großer Entfernung. Seine Höhenmessung ergab 8046 Meter. Aber weder die Tibeter noch die Chinesen erlaubten ausländischen Bergsteigern, näher an den Berg heranzukommen. Dadurch war der Berg verständlicherweise noch interessanter, noch anziehender, noch begehrter geworden. Erst 1964 machten sich die Chinesen selbst daran, den Berg zu erkunden, zu vermessen und schließlich zu besteigen. Jetzt war es sicher: Es handelte sich um den letzten Achttausender! Der Shisha Pangma ist, nach den chinesischen Vermessungen, genau 8012 Meter hoch. Shisha Pangma bedeutet: Grat über den Weiden. Im Sanskrit heißt er Gosainthan: Der Berg der Götter und Heiligen.

Der geheimnisvolle Berg über den Yak-Weiden, am Rande der 5000 Meter über dem Meeresspiegel liegenden Hochfläche von West-Tibet, ist etwa 1000 Kilometer westlich von Lhasa und ziemlich weit entfernt von den alten Karawanenwegen gelegen. Ganz genau befindet er sich auf dem 28.°, 21'08" nördlichen Breitengrad und 85.°, 46'39" östlichen Längengrad.

Mein Freund Günter Sturm fragte mich nach mei-

→ Die Spitzengruppe der Chinesen kurz vor Erreichung des Gipfels.

↑ Molamentschin (links) und Shisha Pangma von Norden.

ner Rückkehr aus China immer wieder, ob ich denn von den Chinesen inzwischen etwas Neues gehört hätte wegen des Shisha Pangma. Ich mahnte ihn zur Geduld. Es gab auch nicht das leiseste Anzeichen, daß die Chinesen uns in absehbarer Zeit eine Genehmigung für die Besteigung dieses Berges geben würden. In der Zwischenzeit trugen wir alles zusammen, was wir über den Berg in Erfahrung bringen konnten. Es war – abgesehen vom Expeditionsbericht der Chinesen (S. 58) – reichlich spärlich. Ich habe auch Franz Josef Strauß gebeten, noch einmal an Teng Xiao Ping wegen unseres Wunsches zu schreiben.

Im Februar 1979 kam dann wie aus heiterem Himmel die Genehmigung. Herr Botschaftsrat Chi von der chinesischen Botschaft rief mich in meinem Büro an und teilte mir mit, die chinesische Regierung hätte uns die Genehmigung für den Shisha Pangma gegeben. Von allen Seiten wurde ich daraufhin bestürmt und um Information gebeten. Zahlreiche alpinistische Freunde bekundeten ihr Interesse, an dieser Expedition teilzunehmen.

Wir hatten insgeheim gehofft, daß es für das Jahr 1981 klappen würde. Mit 1980 hatten wir nie gerechnet. Deshalb waren auch noch keine entsprechenden Vorbereitungen getroffen worden. Für mich selber war das Jahr 1980 auch wegen der Bundestagswahlen im Oktober 1980 schwierig. Mir war völlig unklar, wie ich zwischen Landtagswahlen, Kommunalwahlen und Bundestagswahlen die Zeit finden sollte, an einer so zeitraubenden Expedition teilzunehmen, mich physisch darauf vorzubereiten und einen großen Teil der Organisationsarbeit im Vorfeld zu leisten. Und dann dachte ich mir, daß es vielleicht doch der richtige Zeitpunkt war, den Kopf in die kühlen Höhen des Himalaja zu stecken und dabei eventuell auf ein paar neue vernünftige Gedanken zu kommen!

Mit dem Flugzeug zum Dach der Welt

Tibet in Zahlen und Fakten

Tibet ist sehr ungleich bevölkert. Das gilt sowohl für das alte Tibet als auch für die heutige autonome Provinz Tibet in der Volksrepublik China.
Das Tal des Tsangpo bildet früher wie heute die Lebensader Tibets. Rechnet man die Seitentäler hinzu, so kann es eine Breite von fast dreihundert Kilometern erreichen. Dort lebt die Mehrheit der Bevölkerung Tibets. Dieses Tal ist im Süden begrenzt durch die höchste Bergkette der Welt, den Himalaja, und im Norden durch das von Sven Hedin erforschte Gebirge des Transhimalaja. Weiter im Norden liegt die riesige Hochfläche des Tschang-Tang mit einem fast arktischen Klima. Auf dieser Hochebene, die teilweise über fünftausend Meter Höhe erreicht, leben nur sehr wenige Menschen. Andere Gebiete im Norden und Osten Tibets, die jahrhundertelang umstritten waren, bilden heute eigene Provinzen innerhalb Chinas.
Noch bis in die sechziger Jahre war Tibet verkehrstechnisch kaum erschlossen. Erst die Chinesen brachten Kraftwagen und Flugzeuge als moderne Verkehrsmittel nach Tibet. Sie stehen im Begriff, auch eine Eisenbahn zwischen Tsinghai und Lhasa zu bauen. Der Bahnhof vor den Toren von Lhasa steht bereits, obwohl die Schienen, die die Züge in seine Hallen bringen sollen, noch fehlen. Die Zeit der berittenen Boten und Postläufer ist heute vorbei. Früher hatte man auch mehr Zeit als heute und konnte es sich leisten, für die Übermittlung einer Nachricht von Lhasa aus in einige Bezirke zwei Monate und mehr in Anspruch zu nehmen. Heute verbinden verhältnismäßig gut ausgebaute Straßen die wichtigsten Orte Tibets miteinander. Auf diesen Straßen findet ein lebhafter Verkehr statt. Die Hauptstadt Lhasa ist durch regelmäßige Fluglinien mit den Hauptstädten der benachbarten chinesischen Provinzen verbunden.
Eine genaue Zählung der tibetischen Bevölkerung ist wegen der besonderen geographischen Umstände kaum möglich. Chinesische Schätzungen aus dem Jahre 1951 nannten 750 000 Tibeter. Ende der fünfziger Jahre gab eine chinesische Veröffentlichung die Zahl 1 274 969 an. Wie diese Schätzungen zustande kamen, ist nicht bekannt. Neuere Schätzungen schwanken zwischen zwei und fünf Millionen.
Ein großer Teil der tibetischen Bevölkerung lebte vor 1951 in den zahlreichen Klöstern des Landes. Fast jede Familie in Tibet stellte den Mönchsorden Mitglieder zur Verfügung. Charles Bell schätzte die Zahl der Mönche auf 250 000 bis eine halbe Million. Noch 1959 gab es ungefähr 150 000 Mönche in Tibet. Das wären, je nach dem, von welcher Bevölkerungszahl man ausgeht, bis zu einem Viertel aller männlichen Einwohner Tibets. Allein das Kloster Trebung in der Nähe von Lhasa beherbergte zehntausend Mönche und verfügte über 25 000 Leibeigene und Hirten. Davon blieben etwa sechshundert übrig. Dreitausend Mönche flohen nach Indien und leben heute in der Nähe des Dalai Lama. Die übrigen starben oder kehrten in das weltliche Leben zurück. Man muß dabei in Betracht ziehen, daß die meisten dieser Mönche nicht aus innerer Berufung in die Klöster zogen, sondern schon als Kinder von ihren Eltern dorthin gebracht wurden. Nachwuchs gibt es keinen mehr. Die großen Güter der Klöster sind aufgelöst worden. Die noch übriggebliebenen Mönche erhalten eine kleine Staatsrente, für die sie in den Klöstern bei Restaurierungsarbeiten oder im Rahmen der Unterhaltungsarbeiten für die kunsthistorischen Monumente oder aber in der Landwirtschaft mitarbeiten müssen.
Im Jahre 1959 gab es noch 2 711 Klöster. Während der tibetischen Unruhen im Jahr 1959 sind viele von ihnen, die Zentren des Widerstandes waren, zerstört worden. Andere Klöster wurden nach den Kämpfen als Steinbrüche für Neubauten verwendet. Während der Kulturrevolution zwischen 1966 und 1976 wurden dann fast alle restlichen Klöster zerstört, darunter auch das altehrwürdige Ganden. Heute gibt es in Tibet noch ein rundes Dutzend Klöster, in denen Lamas leben. Die Zahl der Mönche dürfte tausend bis zweitausend betragen.
Nachdem während der Kulturrevolution die Ausübung der lamaistischen Religion scharfen Beschränkungen unterworfen war, steht man ihr heute wieder liberaler gegenüber. Im März 1959 wur-

de der älteste Tempel Tibets, der Jokhang, wieder geöffnet. Er war zwanzig Jahre lang geschlossen. China gibt heute die Zahl der Einwohner Tibets mit 1,75 Millionen an, bei steigender Tendenz. Die tibetische Bevölkerung unterliegt nicht der strengen Geburtenregelung wie die chinesische Bevölkerung, weil Tibet als eine autonome Region mit Sonderstatus betrachtet wird. Angesichts der unendlichen Weite des tibetischen Raumes stellt eine Bevölkerungsexplosion sicher kein Problem dar.

Wieviele Chinesen in Tibet leben, ist schwer zu schätzen. Wir hörten die Zahl 120 000, von denen die Hälfte in Lhasa leben soll. Lhasa mit seinen rund hunderttausend Einwohnern weist damit einen besonders hohen Anteil von Han-Chinesen auf. Dazu sollen aber etwa noch einmal soviel chinesische Soldaten kommen, so daß wohl über 300 000 Han-Chinesen in Tibet leben.

Tibet, das vor 1960 ausschließlich von der Landwirtschaft lebte, macht heute die ersten zaghaften Schritte in eine industrielle Zukunft. Zweihundert kleine Fabriken machen den Anfang. Auf den großen Volkskommunen hält die Technik mit Traktoren und Mähdreschern Einzug. Große Bewässerungsprojekte intensivieren die Landwirtschaft. Bezahlt wird dieser Fortschritt zum größten Teil von den Chinesen. Das Jahresbudget Tibets beläuft sich auf vier- bis fünfhundert Millionen Yüan, das sind 480 bis 600 Millionen DM, die zu über neunzig Prozent von der chinesischen Regierung aufgebracht werden. Am stärksten zeigen sich die Veränderungen in Lhasa und seiner Umgebung, während die Nomaden der riesigen Hochebenen des Nordwestens vom Fortschritt noch kaum berührt sind.

Die drei größten Städte Tibets sind Lhasa, Shigatse und Gyangtse, mit hunderttausend, vierzigtausend und zwanzigtausend Einwohnern. Sie alle haben ihre Einwohnerzahl in den letzten zehn Jahren vervielfacht. 97 Prozent der ländlichen Bevölkerung Tibets lebt gegenwärtig in Kommunen, also Zusammenfassungen kleinerer Dorfeinheiten. Jeder Arbeiter einer Volkskommune erhält einen gewissen Prozentsatz des Ernteergebnisses, überwiegend in der Form von Naturaldeputaten, beispielsweise einer bestimmten Menge Getreide, aus der er dann das tibetische Hauptnahrungsmittel Tsanpa herstellen kann. Dazu erhält er einen geringfügigen Bargeldbetrag, mit dem er sich Gegenstände des persönlichen Bedarfs kaufen kann. Der materielle Lebensstandard des einzelnen Tibeters ist in den letzten Jahren zweifellos gestiegen. Kleine Kommunen oder Dörfer haben vielleicht hundert Mitglieder, die großen bis zu fünfzehntausend. Angebaut werden Gerste, Weizen, Gemüse, Zuckerrüben, Raps für die Ölproduktion. Die Viehwirtschaft spielt eine große Rolle. Auf den abgelegenen Hochebenen Tibets stellt sie die einzige Art der Bewirtschaftung dar. Sie beruht auf Yak-, Schaf- und Ziegenherden.

Eine Gesellschaft von Adeligen und Leibeigenen

Nach chinesischen Angaben für die Zeit vor 1959 lebte der größte Teil der Bevölkerung Tibets im südlichen Zentraltibet. Die meisten Tibeter waren von Geburt an als Leibeigene an bestimmte Landgüter gebunden. Andere waren Pächter von landwirtschaftlichem Land und stellten ihrerseits Landarbeiter an. 95 Prozent des Landes war im Besitz des Adels, der großen Klöster oder wurde direkt von der Regierung bewirtschaftet. In der Theorie war der Staat Eigentümer des gesamten Landes, der es an die großen Klöster und die adeligen Grundbesitzer in Pacht gegen bestimmte Gegenleistungen weitergab. Diese Pacht war in der Regel erblich. Die Adeligen bezahlten mit Naturalabgaben oder leisteten dafür Dienst als Regierungsbeamte. Kamen sie ihren Verpflichtungen nicht nach, so konnten ihre Güter wieder eingezogen werden, was nicht selten geschah. Die Klöster dienten dem Staat, indem sie durch Gebete und Gottesdienste Götter für die Regierung einnahmen.

Die drei Gruppen der Privilegierten umfaßten 120 000 bis 150 000 Mönche und 13 000 Nonnen, zehntausend Adelige aus zweihundert Familien, und die Regierung, bestehend aus 333 Lamas und 280 Adeligen. Der Rest war schlicht Bevölkerung. Das heißt, entweder leibeigene Bauern, die ein Stück Land pachtfrei besaßen und im übrigen das Land des Grundherrn bearbeiten mußten, oder Kleinbauern, die ihr Land direkt von der Regierung erhalten hatten, es in eigener Regie bearbeiteten und dafür ihrerseits wieder Landarbeiter anstellten, die aber nicht den Status von Leibeigenen hatten.

Die tibetische Gesellschaft war keine offene Gesellschaft. Man blieb in der Regel, was man von Geburt an war: Adeliger oder Leibeigener. Nur für den geistlichen Stand galten andere Regeln. Dort konnte man von ganz unten nach ganz oben aufsteigen, auch wenn man nicht Inkarnation eines göttlichen Wesens war. Die hohen geistlichen Würdenträger kamen nicht selten aus den untersten Volksschichten, worin sich viele Parallelen zur europäischen Geschichte zeigen. Da ein großer Teil der tibetischen Männer als Mönche im Zölibat lebte, war in den gehobenen tibetischen Kreisen Polygamie üblich. Auf der anderen Seite gab es aber auch Vielmännerei, wenn mehrere kleine Landeigentümer eine Ehefrau teilten, um auf diese Weise ihren Landbesitz nicht zu zersplittern. Die Grundlage der tibetischen Volkswirtschaft war eine Naturalwirtschaft, Geld spielte keine große Rolle.

Das Erziehungswesen

Ein Erziehungswesen im westlichen Sinn gab es vor 1950 in Tibet praktisch nicht. Nur in den gehobenen Familien lernten alle Kinder lesen und schreiben. Es gab eine amtliche Schule, die jungen Adeligen die Grundlagen der lamaistischen Religion, Korrespondenz und die Grundrechenarten beibrachte. Das Bildungswesen lag, wie im europäischen Mittelalter, überwiegend in den Händen der Kirche. Die Mönche in den Klöstern erhielten einen wesentlich gründlicheren Unterricht. Sie beschäftigten sich mit Philosophie, Logik, Rhetorik und dem Auswendiglernen religiöser Bücher. Die Mehrzahl der Mönche kam allerdings über die Kenntnis des Lesens und Schreibens nicht hinaus. Unter der Ebene dieser Eliteschulen gab es in den Städten Schulen, die jedem Kind gegen ein geringes Schulgeld offenstanden. So kam es, daß ein nicht einmal so kleiner Teil der städtischen Bevölkerung lesen und schreiben konnte. Auf den großen Gütern gab es vom Grundherrn eingerichtete Schulen für die ländliche Führungsschicht, also für die Kinder der Grundbesitzer selbst. Heute gibt es etwa 300 000 Schüler in einigen hundert Schulen, darunter vier Gymnasien.

Der Verkehr in Tibet

1950 bestand der gesamte tibetische Kraftfahrzeugpark aus drei Wagen. Heute herrscht auf den tibetischen Straßen ein lebhafter Verkehr. Ganze Lastwagenkolonnen fahren regelmäßig die großen Strecken durch das Innere Tibets und zwischen Tibet und den benachbarten Provinzen. Vor 1950 gab es einen einzigen Generator, der die Wohnungen einiger Adeliger mit Elektrizität versorgte. Heute hat ein Drittel Tibets Zugang zu elektrischer Energie, die durch die fast überall vorhandene Wasserkraft erzeugt wird.
Batterien, Zement, Textilien, Schuhe, Streichhölzer und Tapeten produziert Tibet heute selbst.
Im August 1979 wurde das bis dahin regierende Revolutionskomitee durch die Volksregierung der autonomen Provinz Tibet abgelöst, deren Vorsitzender ein Tibeter ist. In Peking wurde mir später erzählt, daß künftig Tibet überwiegend von den Tibetern regiert werden solle.

Nach allem, was ich in der Zwischenzeit über das Land auf dem Dach der Welt erfahren hatte, war die Rätselhaftigkeit, die ich seit der Kindheit mit dem Namen Tibet verband – und damit auch meine Neugier – keineswegs geringer geworden. Im Gegenteil. Und schon kurz nach dem Telefongespräch mit Botschaftsrat Chi im Februar 1979, erreichte mich ein Telegramm aus China: Ich sollte im Mai nach Peking kommen, um dort einen Vertrag über die Expedition abzuschließen, und gleichzeitig mit einer Gruppe von sechs deutschen Bergsteigern zum Shisha Pangma reisen. Wir könnten so an Ort und Stelle durch eigenen Augenschein die Expedition vorbereiten. Wir einigten uns darauf, daß wir Ende Mai nach China kommen wollten, und zwar mit drei Personen, da sechs Personen unsere finanziellen Möglichkeiten bei weitem überschritten. Mit Günter Sturm und Fritz Zintl machte ich mich an die Vorbereitungen. Wir fieberten dieser Reise entgegen, die für sich schon ein großes Abenteuer zu werden versprach. Lhasa, Shigatse, tausend Kilometer in das Innere Tibets zum Shisha Pangma – in meinen Träumen bewegte ich mich schon auf den Spuren Sven Hedins. In der Hektik des Parlamentsbetriebes und des beginnenden Semesters an der Universität kam ich leider nicht dazu, mich so vorzubereiten, wie es für eine so wichtige und abenteuerliche Reise eigentlich notwendig gewesen wäre.
Mit der Lufthansa kamen wir am 25. Mai in Hongkong an und flogen dann mit der chinesischen Luftlinie über Kanton nach Peking. Dort trafen wir gegen 21.30 Uhr in der Nacht übermüdet ein. Am Flughafen wurden wir sehr herzlich vom Präsidenten des chinesischen Bergsteigerverbandes Shiza Zhuan und einigen chinesischen Freunden empfangen, die uns in das Min-Zu-Hotel begleiteten. Schon unterwegs erfuhren wir, daß wir am

anderen Tag bereits um die Mittagszeit nach Tschengtu weiterfliegen sollten, von wo uns dann am folgenden Tag eine Maschine nach Lhasa bringen würde. Die Chinesen baten uns unmittelbar nach unserer Ankunft, mit ihnen noch ein Protokoll über Ablauf und Kosten der Vorexpedition zu vereinbaren. Schon nach wenigen Minuten mündeten die höflichen und freundschaftlichen Begrüßungsgespräche in sehr zähe Verhandlungen ein. Übermüdet saß ich in der Hotelhalle und war kaum mehr in der Lage, den chinesischen Vorschlägen zu folgen.

Die Chinesen schlugen uns vor, von Lhasa aus mit zwei Jeeps und drei chinesischen Begleitern zum Basislager des Shisha Pangma zu fahren, wofür uns Kosten in Aussicht gestellt wurden, die etwa bei 30 000 DM lagen. Dafür sollten wir außerdem noch vorab eine Kaution stellen. Wir hatten auch nicht annähernd diesen Betrag bei uns, von einer Kaution ganz zu schweigen. Um 2 Uhr morgens brachen wir dann ohne Ergebnis die Verhandlungen erschöpft ab. In der Frühe gegen 8 Uhr, nach einigen Stunden unruhigen Schlafs in der heißen Pekinger Nacht, gingen die Verhandlungen weiter. Dabei habe ich der chinesischen Seite sehr höflich eröffnet, was ich am Abend vor dem Abbruch der Verhandlungen angedeutet hatte: Ich würde, bei Lage der Dinge, vorschlagen, daß nur mit einem Jeep gefahren wird und jede Seite nur zwei Teilnehmer für die Vorexpedition bereitstellt. Ich selbst würde auf eine Teilnahme verzichten. In diesem Stadium kam uns der Präsident entgegen, indem er nur einen Jeep und zwei chinesische Begleiter in Rechnung zu stellen versprach und auf die Kaution ganz verzichtete. Auf dieser Basis einigten wir uns. Ich fuhr also mit.

Alle Verhandlungen an diesem Sonntag, dem 27. Mai, verliefen in äußerster Hektik und Eile, weil wir um 12 Uhr zum Flugplatz fahren und außerdem vorher noch für alle Teilnehmer Verpflegung im »Freundschaftsladen« für die zehn Tage in Tibet einkaufen sollten. Entnervt, gestreßt, schwitzend – das Wasser lief an mir in Strömen herab – erreichten wir dann gegen 12 Uhr den Flughafen von Peking, wo wir noch einen kurzen Mittagsimbiß einnahmen, an dem die gesamte chinesische Verhandlungsdelegation einschließlich ihres stellvertretenden Präsidenten teilnahm. Die zähe und manchmal verbissene Atmosphäre der Verhandlungen war wie weggewischt. Alle waren fröhlich, heiter und äußerst höflich. Das bot mir einen gewissen Vorgeschmack für die Hauptverhandlungen, die nach unserer Rückkehr aus Tibet in Peking stattfinden sollten.

↑ Shiza Zhuan und der Autor vor der Unterzeichnung des Expeditionsvertrages in Peking.

Gegen 13 Uhr flogen wir dann mit einem dreistrahligen Verkehrsflugzeug nach Tschengtu ab, der Hauptstadt der Provinz Setschuan, wo wir etwa drei Stunden später ankamen. Ein tropisch heißes, fast unerträglich feuchtes Klima empfing uns. Wir waren in dem gleichen Gästehaus untergebracht, in dem ich ein Jahr zuvor schon einmal einige Tage verbracht hatte. Nachmittags und abends bummelten wir durch die dichtbevölkerten Straßen von Tschengtu, wo wir nicht geringes Aufsehen erregten. Offensichtlich kamen nicht allzu häufig Europäer in diese Stadt. Der Vertreter des chinesischen Sportverbandes, der uns vom Flughafen Tschengtu abgeholt hatte, brachte uns auch in der Frühe des anderen Tages gegen 6 Uhr zum Flughafen, wo wir im Flughafenrestaurant unser chinesisches Frühstück einnahmen. Das ganze Restaurant war bis zum letzten Platz mit Chinesen gefüllt, die sich offensichtlich vor ihren Reisen in die verschiedenen Landesteile noch stärkten – eine äußerst sympathische Gewohnheit. Nach vielen Gängen – bereits das Frühstück weist eine chinesische Reichhaltigkeit und Vielfalt auf – gingen wir dann über ein weites Vorfeld zu einer riesigen viermotorigen Turbopropmaschine des Typs Iljuschin, die uns nach Lhasa bringen sollte. Die Maschine war größtenteils mit Soldaten belegt. Der Rest bestand aus einigen Zivilisten, die aber offensichtlich in offizieller Mission nach Lhasa reisten. Wie wir später hörten, sind die Maschinen nach Lhasa drei Monate im voraus ausgebucht, und viertausend Chinesen stünden auf der Warteliste. Wir saßen mit unseren chinesischen Begleitern in der hinteren Kabine der Maschine: Der Dolmetscher Herr Wang, Herr Tseng und ein weiterer Herr des chinesischen Bergsteigerverbandes. Herr Tseng war bei der ersten Expedition zum Shisha Pangma dabeigewesen. Er sollte uns an Ort und Stelle Informationen über die erste Besteigung geben.

Über Setschuan lagen dichte Wolken. Die Wolkenbasis breitete sich knapp fünfhundert Meter über dem Land aus. Die Gipfel der umliegenden Berge steckten alle in den Wolken. Langsam gewann die Maschine Höhe. Sie brauchte für die etwa 1 300 Kilometer Luftliniendistanz nach Lhasa zweieinhalb Stunden. Allmählich lockerte sich die Bewölkung auf. Durch die den Himmel unter uns nur teilweise abdeckenden Haufenwolken erhielten wir einen ersten Eindruck von Ost-Tibet. Im Süden, also links von der Kabine, sahen wir in der Ferne die Schneegipfel des Himalaja auftauchen. Unter uns lag braunes, kahles Land, tiefe Täler, gelegentlich eine Siedlung in einem Flußtal, wenig Grün. Über die Wolken schoben sich immer wieder hohe, schnee- und eisgekrönte Gipfel, wohl an die siebentausend Meter hoch. Ein phantastischer Anblick! Die meisten dieser Gipfel sind noch unbestiegen. Eine ganze Generation von Bergsteigern kann hier noch den Gipfelruhm von Erstbesteigungen ernten. Allerdings sind diese Berge großenteils äußerst schwer zugänglich, denn es gibt keine Verkehrswege zu ihrer Basis. Aber wem danach steht, der kann dort noch die letzten Abenteuer in einer überzivilisierten Welt erleben. Immer wieder tauchte unter uns das schmale, fast fadenartige helle Band der von den Chinesen von Tschengtu über Tschamdo nach Lhasa gebauten Straße auf. Kühn schwingt sich diese Straße über einige der gefährlichsten Pässe der Welt, die über Höhen bis zu fünftausend Meter führen, um dann wieder in abgrundtiefe Täler zu tauchen. Eine Fahrt mit dem Lkw auf dieser serpentinenreichen Strecke kann zwei Wochen dauern.

Soldaten der Roten Armee und tibetische Arbeiter haben die Straße in jahrelanger Arbeit aus den gigantischen Felswänden herausgehauen. Unter schwierigsten Verhältnissen haben sie die Straße so angelegt und befestigt, daß beladene Lkws an fünfhundert Meter tiefen Abgründen vorbei die engen Haarnadelkurven befahren können.

Plötzlich wandelt sich der Landschaftscharakter unter uns. Die Hochtäler werden etwas freundlicher. Grün breitet sich über Terrassen die Hänge empor. Häufiger zeigen sich jetzt Siedlungen. Wir fliegen in das Tal des Tsangpo, des Oberlaufs des Brahmaputra ein, das sich in einem hellen, angenehmen Grün zeigt. Wohltuend hebt es sich von dem tristen Braun und Sandgelb der übrigen tibetischen Hochebene und der Berge ab.

In Flugrichtung rechts, also nördlich des Tsangpo-Tales, erscheint jetzt eine Bergkette, die bis zum Horizont reicht, mit weißen Gipfeln, die kühn in den blauen Himmel vorstoßen. Es sind die Berge der von Sven Hedin erforschten, das Tsangpo-Tal nördlich begrenzenden Transhimalaja-Bergkette. Die Maschine verliert Höhe. Wir merken es auch in den Ohren, denn der Druck nimmt zu.

→ Landung in Lhasa *

Plötzlich zieht unter uns die Landebahn des Flughafens von Lhasa vorbei. Wir befinden uns bereits im Gegenanflug zur Landung. Die Maschine fliegt in gleicher Höhe wie die zum Greifen nahen Berggipfel. Wir schwenken in ein Seitental des Tsangpo nach rechts ab. Die Kämme der Berge liegen jetzt bereits über uns. In einer engen Kurve fliegt die Maschine wieder im Queranflug ins Tsangpo-Tal ein und schwebt dann in einem langen Endanflug auf die Landebahn von Lhasa zu. Wegen der großen Höhe des Platzes benötigt die Maschine eine größere Anfluggeschwindigkeit, da die dünne Luft weniger trägt als tiefere Luftschichten. Langsam rollt die Maschine aus. Direkt auf der Abstellrampe vor dem Empfangsgebäude kommt sie zum Stehen. Bald treten wir ins gleißende, fast erbarmungslos grelle Licht auf dem 3 700 Meter hoch gelegenen Flugplatz im Tsangpo-Tal. Der tiefblaue, makellose Himmel und das grelle Weiß

* Dieser Pfeil →|← verweist jeweils auf die zweite Spalte der Seite

der zahlreichen Polizisten, die auf dem Flugplatz stehen, überstrahlen alle anderen Farben – die zahlreichen Schattierungen im Braun und Gelb der Berge, die die Hochebene einsäumen, das Olivgrün der vielen Soldaten, die mit uns zusammen das Flugzeug verlassen, das zarte, zurückhaltende Grün des weiten Tales. Auf der Rampe werden wir bereits von Repräsentanten der örtlichen und regionalen Verwaltung sowie Vertretern des allchinesischen Bergsteigerverbandes von Tibet erwartet. Im Empfangsgebäude des Flughafens werden uns heißer Jasmintee und heiße, feuchte Tücher serviert, zur inneren und äußeren Erfrischung. Wo immer man in China ankommt, wird ein derartiger Willkommensgruß angeboten, der sich als bemerkenswerte Wohltat für einen abgespannten, müden Reisenden erweist. Überall trifft man auch das gleiche Zeremoniell des Empfangs an, die gleichen Räume mit den gleichen Bildern von Mao, Hua und Stalin, dazu Marx und Engels. Auf meine Frage, wieso denn Stalin immer dabei sei, der doch eine Politik betrieben habe, die den chinesischen Interessen diametral entgegengelaufen sei, antwortete mir bei meinem ersten Besuch der Dolmetscher Hsü: Stalin habe sich nur zu vierzig Prozent geirrt und Fehler gemacht; zu sechzig Prozent habe er richtig gehandelt, und deshalb hänge sein Bild auch in den Empfangshallen. Ich vermute, daß Stalin hauptsächlich aus dem Grund in den chinesischen Empfangshallen hängt, weil er aus den sowjetischen Empfangshallen verschwunden ist. Wenn er dort wieder auftaucht, wird er wahrscheinlich aus den chinesischen Empfangshallen verschwinden.

Wir fahren vom Flugplatz auf einer staubigen Straße im Tsangpo-Tal nach Westen. Nach einigen Kilometern biegen wir links in das Tal des Kyitschu ab, in dem Lhasa liegt. Vorbei an tibetischen Dörfern mit ihren ebenerdigen Lehmhäusern und kleinen Klöstern, führt die Fahrt auf einer guten, aber staubigen Straße nach Westen. Die Fahrzeuge wirbeln riesige Sandstaubwolken hervor, die es verbieten, ein Fenster des Autos herunterzukurbeln. Aber auch durch die geschlossenen Fenster dringt der Sandstaub in Augen, Nase und Mund.

Das klare Wasser des Kyitschu, der in mehreren Armen das Tal durchfließt, dient der Bewässerung der Felder, auf denen kleine Gruppen bei der Arbeit sind. Das Grün greift terrassenförmig die Berghänge empor, bis Sand und Fels den weiteren Ausbau unmöglich machen.

Nach etwa eineinhalb Stunden Autofahrt glitzern uns von einem das Tal beherrschenden Hügel am Horizont die goldenen Dächer des Potala entgegen, den wir schon lange mit den Augen gesucht hatten. Das war er also, der weltberühmte Palast des Dalai Lama, das Zentrum des Buddhismus, einstiger Mittelpunkt einer Weltreligion. Der letzte Dalai Lama war 1959 in einer dramatischen Flucht aus Lhasa geflohen und lebt heute in Indien.

Zum ersten Mal: die goldenen Dächer des Potala

Immer wieder suchen unsere Augen den Potala, den wir von vielen Abbildungen her kennen. Es dauert noch mehr als eine Stunde, bis wir schließlich in Lhasa eintreffen. Wir fahren am Fuße des Potala vorbei zu dem einzigen Gästehaus, das Lhasa gegenwärtig besitzt und in dem wir drei Deutsche zusammen mit unseren Begleitern die einzigen Gäste sind.

Als wir unser Gepäck die Treppen hoch in unsere Zimmer tragen, macht sich die Höhe doch bemerkbar. Solange wir ruhig im Auto saßen, machte sie uns kaum zu schaffen. Aber die plötzliche Höhenveränderung von vielleicht achthundert Metern in Tschengtu auf fast viertausend Meter Höhe in Lhasa strapaziert unseren Organismus mehr, als wir wahrhaben wollen, obwohl wir drei eigentlich ganz gut trainiert sind. Zwei Mitglieder unserer Begleitung erreichen, wie Betrunkene schwankend, ihr Zimmer. Sie müssen sofort an die in jedem Zimmer befindlichen großen Sauerstoffflaschen angeschlossen werden. Einer verliert jede Farbe aus seinem Gesicht und zeigt so bedenkliche Symptome, daß wir die Hilfe einer überaus freundlichen chinesischen Ärztin in Anspruch nehmen, von der auch wir anderen uns – da sie schon einmal da ist – mehr aus Neugier als aus Notwendigkeit Puls und Blutdruck messen lassen. Es ist zu unserer Beruhigung alles in Ordnung.

In der Zwischenzeit hat sich bei mir ein Riesenhunger und ein brennender Durst entwickelt. Offensichtlich geht es Günter Sturm und Fritz Zintl genauso. Allein sitzen wir an der großen Tafel im Gästehaus und essen wie die Scheunendrescher. Mit Tsingtau-Bier und einigen Gläsern Mao Tai, den man auch als Flugzeugtreibstoff verwenden könnte, feiern wir unseren Einzug in Lhasa gebührend.

Zum ersten Mal in Lhasa

↑ Tibetischer Mönch.

Das neue Lhasa ist eine freundliche, helle, etwas farblose Stadt mit geraden, baumgesäumten Straßen. An jeder Ecke steht ein Schutzmann in blendend weißer Uniform, der den spärlichen Verkehr regelt.
Es zieht uns natürlich zuerst zum Potala. Wir streifen auf dem Weg dorthin durch die engen Gassen und Höfe eines kleinen Dorfes, das am Fuße des riesigen Felsens, auf dem der Potala erbaut ist, liegt. Hier erhalten wir einen ersten Einblick in ursprüngliches tibetisches Leben. Im ersten Stock leben die Menschen, im Erdgeschoß die Pferde. Es scheint sich hier um eine Art Karawanserei zu handeln. Esel-, Pferde- und Yak-Karawanen bilden auch heute noch in Tibet wichtige Verkehrsmittel.
Bereits bei unseren ersten Schritten außerhalb des Gästehauses bilden wir für die Einwohner Lhasas einen Anziehungspunkt erster Ordnung. Wir können uns zwar nicht verständigen, aber wenn wir lachen, wird dieses Lachen jedesmal erwidert. Offensichtlich handelt es sich um sehr freundliche Menschen. Vom Potala lenken wir dann unsere Schritte auf das Zentrum des alten Lhasa zu, das wir nach einem Fußmarsch von zwanzig Minuten erreichen. Nach kurzer Zeit begleitet uns eine wahre Völkerwanderung. Es sind wohl einige hundert Leute, die mit uns ziehen und uns begaffen, als wären wir Wesen von einem fremden Planeten. Unmittelbar mit uns zieht auch ein Bettelmönch, den wir von seinem Rosenkranz, dessen Perlen ständig durch seine Finger gleiten, doch sehr stark abzulenken scheinen. Weiße müssen in Lhasa noch zu den Raritäten gehören. In der Tat waren vor uns im Jahre 1979 erst zwei Engländer, ein Amerikaner und ein Däne in Lhasa. Außer einem deutschen Journalisten, der ein Jahr zuvor einen kurzen Besuch absolvierte, sind wir seit 1957 die ersten Deutschen hier. Davor lebten Heinrich Harrer und Peter Aufschnaiter nach ihrer berühmt gewordenen Flucht aus einem englischen Internierungslager nach Ende des Zweiten Weltkrieges für einige Jahre hier.
Neugierig, freundlich und gaffend zieht die ganze Menschenmasse mit uns um den Parkhor, den inneren Ring des alten Lhasa, der das älteste tibetische Heiligtum, den Jokhang, umschließt. Der alte Bettel-Lama, der ständig in unserer unmittelbaren

Nähe bleibt, läßt sich nichts von unseren Bewegungen, Reden, fotografischen Manipulationen entgehen, während er mit der einen Hand den Rosenkranz betet und mit der anderen pausenlos eine tibetische Gebetsmühle dreht.
Etwas schlaff erreichen wir wieder unser Gästehaus. Nach einer ausgiebigen Mahlzeit mit vielen Gängen, begleitet von köstlichem Bier, legen wir uns schlafen. Es wurde jedoch eine unruhige Nacht. Ich verspürte etwas Kopfweh. Wahrscheinlich hatten wir uns bei unserem Spaziergang übernommen. Wie ich von meinen Freunden am anderen Morgen hörte, war es ihnen genauso ergangen. Uns allen waren diese Symptome von früheren Aufenthalten in großen Höhen nicht unbekannt. In La Paz in Bolivien war es mir vor zwei Jahren genauso ergangen. Noch nicht einmal die annähernd fünfhundert DM, die wir pro Person und

↓ Lhasa mit Potala und Flußbett des Kyitschu im Hintergrund.

Nacht zu bezahlen hatten, garantierten uns einen guten Schlaf. Man sieht, daß mit Geld doch nicht alles zu bewirken ist, jedenfalls habe ich für einen erheblich geringeren Preis schon sehr viel besser geschlafen.

Berichte früherer Lhasa-Reisender

Wenn ich an die Schilderungen anderer Lhasa-Reisender denke, die vor Generationen in diese Stadt kamen, so muß ich zuerst feststellen, daß sich in der Zwischenzeit Lhasa gründlich verändert hat. Von diesem alten Lhasa war nicht mehr viel wiederzuerkennen, wenn ich einmal vom historischen Kern, der sehr sorgfältig gepflegt wird, absehe. Noch Heinrich Harrer schilderte, wie er in den vierziger Jahren in einem Strom von Pilgern in Lhasa eingezogen ist. In der Tat war ja Lhasa für Millionen Gläubige des Lamaismus so etwas wie Rom für die Katholiken oder Mekka für die Mohammedaner. Aus den Weiten Asiens, aus den fünf chinesischen Provinzen, in denen Tibeter wohnten, aus den anderen Teilen Chinas, in denen Buddhisten leben, aus der Mongolei, aus Teilen Rußlands, aus Sibirien, aus Nepal, Kaschmir, Bhutan, Sikkim – von überall her kamen sie, um wenigstens einmal im Leben in Lhasa zu sein, wo sie inbrünstig beteten und opferten, um eine bessere zukünftige Reinkarnation und schließlich das Nirwana zu erreichen. Denn das Leid und Elend im gegenwärtigen Leben galt in ihrer Vorstellung als Strafe für die Sünden eines vergangenen Lebens. Die Straßen waren angefüllt mit den Pilgern, die die Tempel und Klöster besuchten, vor den Göttern knieten und zu ihnen beteten. Die Gläubigen aus der ganzen lamaistischen Welt trafen sich hier.

»In dieser Stadt herrscht ständig Aufregung und Lärm, Gedrängel und Wettstreit. Jede Menschenseele ist leidenschaftlich an dem großen Geschäft des Kaufens und Verkaufens beteiligt. Handel und Glaubenseifer ziehen unablässig eine endlose Zahl Fremder herbei, die Straßen sind immer überfüllt. Eine wundersame Mannigfaltigkeit von Gesichtern, Volkstrachten, Sprachen. Die Mehrzahl dieser vielen Leute ist nur vorübergehend hier«, schrieb der Pater Huc im Jahre 1846. Und noch Winnington berichtete im Jahre 1957: »Wie ein Wandteppich aus dem europäischen Mittelalter des 7. Jahrhunderts zeigt sich Lhasa. Mönche, Beamte, Nomaden, Bauern im geschäftigen Gewimmel des Kaufens und Verkaufens, des Betens, Bettelns und der Demut der Gebärden.« Spencer Chapman, der Sekretär der britischen Mission war, schrieb 1936 über seine Eindrücke in Lhasa, daß er überall Bettler angetroffen habe, »manche waren krank oder verkrüppelt, andere hatten jedoch heile Glieder und machten ein großes Geschrei. Nichts hätten sie nötiger gehabt als eine tüchtige Tracht Prügel«. Die Mönche beschreibt er als »ungewaschene freche Schmarotzer; nie bin ich einer übleren Gesellschaft begegnet«.

Unrat und Hunde scheinen in hohem Maße das äußere Bild der Stadt Lhasa geprägt zu haben. Pater Huc berichtet von räudigen, aussätzigen und tollwütigen Hundemeuten, die die Straßen der Stadt unsicher machen. Winnington berichtet noch 1955 von »offenen Unrathaufen, die meist nur einmal jährlich gesäubert werden, ein Gemisch verfaulender Substanzen, aus denen die grünroten Kadaver verwesender Hunde hervorragen. Überall sind herrenlose Hunde, sie bellen und jaulen die ganze Nacht. Sie rotten sich in Meuten zusammen und fallen die Passanten an, so daß es recht gefährlich ist, nach Einbruch der Dunkelheit zu Fuß auszugehen.« Noch 1962 hatten Stewart und Roma Gelder »einen widerwärtigen Eindruck von Schmutz und Unrat ...« mitgenommen – offensichtlich weil es noch »keine Kanalisation in den Häusern und auch sonst keine Vorkehrung zur Entfernung der Abwässer gab«.

Heinrich Harrer schrieb in seinem Buch »Sieben Jahre in Tibet« über die Toilettenhygiene: »Diese Angelegenheit ist ein düsteres Kapitel in ganz Tibet. Man benimmt sich völlig ungezwungen. An das Wohnhaus angebaut ein etwas erhöhtes Gemäuer, zu dem einige Stufen hinaufführen, auf der Plattform des Mäuerchens ein paar Öffnungen, an seinem Fuß ein Loch zum Ausräumen, das ist der Gipfelpunkt des Komforts, und nicht überall gibt es eine derartige Anlage.«

In der Zwischenzeit hat sich all dies verbessert. Seit 1975 gibt es eine Kanalisation und öffentliche Bedürfnisanstalten. Auch die Hunde sind verschwunden. Gelder schildert, wie man der Hundeplage Herr wurde: »Weil die Tibeter als Buddhisten keine Lebewesen töten dürfen, konnte keiner dieser jämmerlichen Kreaturen, ganz gleich wie verletzt oder verseucht sie war, der Garaus gemacht werden. Während der Zeit, die wir in Tibet verbrachten, haben wir keinen einzigen dieser streunenden Hunde gesehen. Wir erkundigten uns, was mit ihnen geschehen sei. Die neuen Gesundheitsbehörden hatten diese Gefahr für die Bevölkerung nicht länger dulden können, aber sie wollten die Tiere auch nicht töten, um die religiösen Gefühle der Einheimischen nicht zu verletzen. So wurden die Hunde also eingefangen und in Verschläge gesperrt, wo sie einfach ihrem Schicksal überlassen wurden. Nach und nach fraßen sie sich gegenseitig auf, bis der letzte Überlebende schließlich verhungerte. Die Tibeter – damit frei von der Sünde, ein Tier getötet zu haben – waren zufrieden mit dieser makabren Lösung.«

Wir erlebten ein ungleich saubereres Lhasa. In den Außenvierteln herrschten neue kubische Häuser vor, mit flachen Dächern, weiß gekalkt oder angestrichen, an geraden Straßen gelegen mit Gehwegen. Es war sauber, wenn man von dem ständigen Staub und Sand absieht, gegen den sich nichts unternehmen läßt, da er vom Wind bis in die letzte Ecke getrieben wird – im ganzen Land. Lhasa ist heute eine Stadt von etwa hunderttausend Einwohnern. Früher hatte sie vielleicht zehntausend. Ganz genau wußte man das nie. Das neue Lhasa könnte auch an einer anderen Stelle Asiens liegen. Es wurde von Stadtplanern nach modernen Gesichtspunkten angelegt: luftig, sonnig, langweilig, ohne besondere Anziehungskraft. Man sieht keine Feudalherren mehr mit ihrem Gefolge durch die Straßen reiten. Hohe Beamte oder geistliche Würdenträger in farbenprächtigen Gewändern prägen nicht mehr das Bild der Straßen. Die Pilgerscharen bleiben in den Weiten, aus denen sie hergekommen waren. Nur das alte Lhasa atmet noch den Geist der Vergangenheit.

Als wir wenige hundert Meter von unserem Gästehaus entfernt in den Parkhor, den inneren Ring, einbogen, entdeckten wir links und rechts an der Straße einen Teil der alten Adelshäuser, in denen hundertfünfzig der zweihundert Adelsfamilien Tibets gelebt hatten. Es war auch hier üblich, daß die Großgrundbesitzer selbst in ihren Stadthäusern in der Hauptstadt lebten. In vielen dieser Häuser befanden sich im Erdgeschoß kleine Werkstätten und Läden. Der Parkhor war früher das eigentliche Stadtzentrum, die City, das Hauptgeschäftszentrum. Gleichzeitig ist der Parkhor der innere geheiligte Ring, der um den Jokhang, den Haupttempel Tibets, ja der ganzen lamaistischen Welt, führt. Wir liefen mit unserem ständig größer werdenden tibetischen Gefolge im Uhrzeigersinn durch den Parkhor. Erst nachher haben wir erfahren, daß wir dadurch von den Göttern einen nicht unbeachtlichen Nachlaß unserer Sünden erhalten hatten. Hätten wir anstatt unserer Fotoapparate Gebetsmühlen bearbeitet, wäre der Ablaß noch größer ausgefallen. Noch größeres Wohlgefallen erregt bei den Göttern, wenn man in der gleichen Richtung rund um den Linkhor, den äußeren Ring, geht, der früher genau um die Stadt Lhasa führte. Diesem äußeren Ring mit seinen acht Kilometern waren wir jedoch – gerade erst in Lhasa angekommen – physisch noch nicht gewachsen. Einige unserer Reisebegleiter waren noch nicht einmal in der Lage, ihr Hotelzimmer zu verlassen. Höchste Anerkennung bei den Göttlichen und einen vollkommenen Ablaß erhält man, wenn man die ganze Strecke sich in den Staub werfend zurücklegt. Der gläubige Büßer muß sich am Anfang jedes Rundgangs mit dem Gesicht nach unten und mit ausgestreckten Armen der ganzen Länge nach auf den Boden legen, wieder aufstehen, bis zu der Stelle gehen, die er mit den Fingerspitzen erreicht hat und sich wieder hinwerfen. Um die ganze Strecke des Linkhor zurückzulegen, muß sich der Büßende etwa fünftausendmal hinwerfen. Üblicherweise schützt man dabei die Handfläche mit Leder oder Stoff. Wir sahen eine alte Büßerin, die sich Stücke von Autoreifen an den Händen festgebunden hatte und völlig unbekümmert von der Umwelt und uns fotografierenden Touristen ihren Bußgang auf dem äußeren Linkhor vollzog. Es kam nicht selten vor, daß ältere und kranke Pilger bei der Bußübung der Schlag getroffen hat. Ihnen ist dadurch eine besondere Gnade widerfahren, denn wer bei dieser Bußübung auf dem äußeren Linkhor stirbt, dem werden seine Sünden sofort vergeben, und er hat Aussicht, ins Nirwana einzugehen und nicht mehr auf diese Erde zurückzukehren. Was allerdings passiert, wenn ein Stellvertreter anstelle des Sünders bei seinen Bußübungen vom Tod ereilt wird, läßt sich nicht erfahren. Bis in diese Einzelheiten hinein gibt es Parallelen zu christlichen Praktiken im europäischen Mittelalter, wo es ebenfalls möglich war, gegen ein entsprechendes Entgelt sich einen Stellvertreter für Bußübungen zu engagieren. Gerechterweise wird man in einem Todesfall nicht nur dem Auftraggeber, sondern auch dem Durchführenden völlige Absolution erteilen.

Bußübungen des Lamaismus

← Im Parkhor

Im Jokhang – Zwischen Buddhas und Butterlampen

Der Vormittag des folgenden Tages war einem Besuch des Jokhang, des ältesten der Stadttempel, gewidmet. Auf den glatt gescheuerten Bordsteinplatten vor dem Jokhang, der auch die Kathedrale von Lhasa genannt wird, lagen zahlreiche ältere Frauen und Männer auf den Knien und beteten unbehelligt ihren Rosenkranz. Andere lagen langgestreckt mit dem Gesicht nach unten auf dem Boden. Drinnen in der großen Halle der Kathedrale brannten früher 108 goldene Buddha-Lampen, die Padma Sambhava, der Gründer der Lama-Religion, selbst angezündet haben soll.

↓ Mehrgeschossige Häuser am Parkhor.

→ Im Inneren des Jokhang

Der Jokhang, das älteste und berühmteste Heiligtum in Tibet, ist wie die mittelalterlichen Kathedralen in Europa von einem Gewirr enger Gäßchen umgeben und eingekreist von kleinen Häusern, die sich an seine Mauern anlehnen. Man kann ihn nicht aus einer angemessenen Entfernung betrachten, sondern steht bei einem Stadtbummel ganz plötzlich vor ihm und seinem herrlichen Eingangstor mit den Golddächern. Kein Gebäude hat so die tibetische Geschichte in Triumph und Niederlage begleitet wie dieses altehrwürdige Bauwerk, das im Jahre 652 anläßlich der Hochzeit des Königs Srong Tsen Gampo mit der chinesischen Prinzessin Weng Sheng, einer der drei offiziellen Frauen des Königs, erbaut wurde. Es sollte den großen Buddha Thi jo aufnehmen, den Weng Sheng mitgebracht hatte. Der Jokhang war auch am letzten Kapitel des alten Tibet beteiligt, dem Aufstand von 1959, als sich rebellierende Mönche und Einheimische mit Gewehren und alten Maschinengewehren auf seinen Dächern verschanzt hatten. Aber offensichtlich hat er bei diesen Kämpfen keinen Schaden gelitten. Da er großenteils aus Holz gebaut ist, wäre er bei einer Beschießung mit schwereren Waffen sofort in Flammen aufgegangen. Es klingt glaubhaft, wenn der Hauptmann Jang King Hwei, der bei diesen Kämpfen eine Kompanie Infanterie anführte, erklärt, er habe den Befehl erhalten, den Potala, den Norbulingka und den Jokhang-Tempel nicht zu beschießen.

An dem von einem Eisengitter gegen die Straße abgegrenzten Vorplatz mußte die uns begleitende Menge zurückbleiben. Wir durchschritten das rotlackierte Eingangstor mit seinen goldenen tibetischen Inschriften, das in einen bezaubernden Hof führt. Am Haupttor empfing uns ein kahlgeschorenes, freundliches Männchen, das in die roten Gewänder der Lamas gekleidet war. Es stellte sich heraus, daß es der Prior der Kathedrale war. Von den vielen Mönchen, die einst die Pflichten des Gottesdienstes in diesem Tempel wahrnahmen, sind nur noch neun übriggeblieben. Der Jokhang besteht aus Gebäudeteilen, die in verschiedenen Jahrhunderten erbaut wurden. Alte und neue Gebäude wurden dabei ineinander verschachtelt, erneuert, vergrößert, umgebaut. Der mit Steinplatten ausgelegte Innenhof ist von den Pilgerscharen vieler Jahrhunderte spiegelglatt poliert worden.

Vom Innenhof gelangen wir in den geheimnisvoll düsteren Innenraum der ersten Gebetshalle. In ihrem mystischen Dunkel verbreiten die flackernden Lichter der Buddha-Lampen ein mattes Licht. Die letzten Lamas der Kathedrale tauchen aus dem Dunkel des Hintergrundes schweigend zwi-

← Balkon über dem Eingang des Sommerpalastes des dreizehnten Dalai Lama.

schen den Säulen hervor, die Schatten einer untergegangenen Zeit. Die Butterlampen und Räucherstäbchen füllen die Luft mit einem schweren, tranigen Weihrauchgemisch. Flackerndes Licht huscht über die beunruhigten Züge der Götter.

In die dicken Innenwände sind wie bei gotischen Kathedralen in einem Kranz kleine Kapellen eingelassen, die fast ganz von Statuen ausgefüllt sind. Der Hauptgebetsraum wird von einem riesigen goldenen Buddha beherrscht, der mehrere Stockwerke einnimmt. Vom dritten Geschoß aus ist man unmittelbar mit seinem rätselhaften Lächeln konfrontiert, das eine gelassene Ruhe ausstrahlt. Zahllose Butterlampen verbreiten in dem Tempelraum ein mystisches Licht, das in den Kapellen ein unruhiges Flackern annimmt, wenn wir an den vielen Buddhabildern vorbeigehen. Die kleinen Kapellen scheinen mit unendlich vielen Statuen angefüllt, die mit allen Variationen der Physiognomie den gläubigen Betrachter ansehen. Unter den Säulengängen stellen Freskoszenen Götter, Teufel und Dämonen dar, die in der Hölle und im Himmel ihr Wesen treiben. Auch Darstellungen der tibetischen Geschichte, wie die der Ankunft der Prinzessin Weng Sheng in Tibet, finden sich dort. Nach der Legende soll damals an der Stelle des Jokhang eine Quelle aufgesprudelt sein. Doch im wasserreichen Tal des Kyitschu ist es nicht allzu schwierig, eine Quelle sprudeln zu lassen.

Ein schweres Gemisch aus Weihrauch und dem verbrannten Fett der Butterlampen liegt in der Luft und unterstreicht die Heiligkeit des Tempels. Früher wurden allein im Jokhang täglich viertausend Pfund Butter verbrannt. Noch 1962 sollen es wöchentlich vierzehntausend Pfund gewesen sein. Ein Drittel der gesamten Butterproduktion Tibets wurde in den Tempeln zu Ehren der Götter verbrannt. In jeder der Kapellennischen finden sich einige bronzene Schalen mit brennender Butter vor, deren zitterndes Licht Unruhe unter den erhabenen Götterbildern verursacht. Plötzlich stehen wir in diesem Labyrinth von Kapellen, Gängen und Hallen der etwa zwei Meter großen Statue von Thi jo gegenüber, die die Prinzessin Weng Sheng zu ihrer Hochzeit König Srong Tsen Gampo aus China mitgebracht hatte. Vor dem Allerheiligsten, dem kostbarsten Abbild tibetischer Frömmigkeit, erfaßt auch uns eine gewisse Ergriffenheit. Von dieser Buddhastatue nahm die buddhistische Bekehrung Tibets ihren Anfang. Die ehrwürdige Figur sitzt auf einem vergoldeten Thron zwischen Säulen aus massivem Silber. Silberne Drachen halten einen Baldachin über dem Haupt des Buddha, das eine mit Türkisen und kleinen goldenen Buddhafiguren geschmückte Goldkrone trägt. Der Türkis in der Mitte ist angeblich der schönste und größte der ganzen Welt und soll ein Geschenk des großen buddhistisch-lamaisti-

Vor dem Allerheiligsten

→ Auf den Dächern des Jokhang

schen Reformators Tsong Khapa gewesen sein, der in der Geschichte des tibetischen Mönchtums etwa die gleiche Rolle spielte wie der heilige Benedikt in der abendländischen Mönchsgeschichte. Eingerahmt ist der Kopf der Statue von einer goldenen Aura mit eingelegten Edelsteinen. Die Brust ist mit Ketten, die aus Gold, Perlen, Türkisen und Korallen zusammengesetzt sind, geschmückt. Die Statue ist so schön und so vollendet modelliert, daß sich die Tibeter nicht vorstellen können, daß ein irdischer Künstler sie geschaffen hat. Deswegen erzählt die tibetische Legende, daß das Abbild Thi jos von Visvakarma, dem Schöpfergeist des Universums, als Symbol für die Struktur der Erde geschaffen wurde. Der Körper der Statue ist in schwere, goldene Brokatstoffe gehüllt. Entrückt blickt das goldene Gesicht mit den blauen Augenlidern durch uns hindurch.

Die Wände des Raumes sind mit kleinen, aus purem Gold oder Silber angefertigten Statuen und Votivgaben der Pilger bedeckt. Auf unserem Rundgang begegnet uns die schreckliche dreiäugige Schutzgöttin von Lhasa, Palden Lhamo, die auf einem Maulesel reitet und dabei das Hirn aus einem Menschenschädel ißt. Wie wir bei Gelder erfahren, glaubten viele Tibeter im neunzehnten Jahrhundert, daß sie in der englischen Königin Viktoria reinkarniert sei. Es ist nicht bekannt, ob das englische Königshaus dies als Schmeichelei empfunden hat.

Die innerste Halle des Jokhang wird von Steinpfeilern gestützt, auf denen Fresken aus der Tangperiode freigelegt worden sind. Sie waren unter einer Schicht von Fett und jahrhundertealtem Ruß aus den Butterlampen verschwunden. Bei unserem Rundgang durch die dunklen Gänge und Kapellen des Jokhang gehen wir noch an den Skulpturen von zahlreichen schreckenerregenden Wächtern, Göttern und Abbildern von Buddha-Inkarnationen vorbei, die unseren Besuch ruhig und gelassen über sich ergehen lassen. Nur manchmal, im gespensterhaften Schein der Butterlampen, scheint es, als ob sie die Augen bewegten und uns zuzwinkern wollten. Als ich einmal plötzlich allein in einer Kapelle stehe, wird mir dabei fast unheimlich. Unter diesen mehr als zweitausend großen und kleinen Statuen finden sich auch die lebensgroßen Standbilder des Gründers von Lhasa, des Königs Srong Tsen Gampo und seiner beiden Ehefrauen, einer Nepalesin und einer Chinesin. Alles ist wie zu der Zeit, als noch Tausende von Pilgern täglich den Jokhang bevölkerten.

Als wir über steile Holztreppen auf die Dachterrasse des Jokhang stiegen, wurden wir von der Sonne geblendet. Aus dem mystischen Dunkel der Transzendenz waren wir plötzlich in die alles durchdringende Helligkeit der irdischen Realität gelangt. Ein atemberaubendes Panorama bot sich uns. Blau, Braun, Gold und Weiß – das waren die beherrschenden Farben, die uns entgegenleuchteten. Das Blau des unendlichen Himmels, das Braun der Berge, das Grün des Tales, das Weiß der Häuser und das Gold der Tempeldächer und Tschorten. Die Glöckchen an den Tschorten und an den goldenen Dächern klingelten im Wind. Goldgetriebene Vögel, Hirsche und Figuren erfüllten die Szenerie der Dächer, Giebel, Friese und Firste. Im Gegensatz zu der mit schwerem Fett und Weihrauch geschwängerten Luft der Tempelhallen, füllten sich unsere Lungen jetzt mit der reinen, kühlen und klaren Luft, die von den schneebedeckten Bergen am Horizont herüberwehte. Über die Stadt hinweg grüßte von der anderen Seite des Tales der Potala mit seinen goldenen Dächern. Die Welt war so schön, daß wir nicht verstehen konnten, wie Menschen ihr Glück statt dessen im Nirwana, einer Loslösung von diesem irdischen Dasein und der herrlichen Umgebung, suchen. Zum Schluß empfing uns noch der ranghöchste Lama, der die Position einer Art Kurator des Jokhang einzunehmen schien. In einem Empfangsraum des Obergeschosses servierte man uns Tee, während er bereitwillig unsere Fragen beantwortete. Er berichtete, daß gegenwärtig noch neun Lamas im Jokhang leben, deren Unterhalt die Regierung bezahlt. Der Jokhang habe nach wie vor die Funktion einer Art theologischen Zentrums, und es kämen zu gewissen Zeiten auswärtige Lamas hierher, um über theologische Fragen zu beraten. Als wir uns von den Lamas verabschiedeten, erwartete uns wieder eine große Menschenmenge vor den Toren.

Wir gingen zurück zu unserer Unterkunft, die im neueren Teil Lhasas lag. Nach der üblichen vielgängigen Mahlzeit war der Rest des Nachmittags nach einer kurzen Ruhe von eineinhalb Stunden, die wir auch wegen der Höhe dringend notwendig hatten, dem Besuch des Potala gewidmet.

Der Potala – Palast der goldenen Dächer

Ein Wagen brachte uns zum Nordwesteingang des riesigen Palastes. Der Potala war der erste entscheidende architektonische Eindruck, den wir von Tibet nach unserer Ankunft auf dem Flughafen von Lhasa empfingen. Schon von weitem leuchtete er uns aus der Ebene entgegen. Ich konnte meine Augen für den Rest der Fahrt, die uns auf Lhasa zuführte, nicht mehr von ihm lösen. Auch später mußte ich immer wieder den herrlichen Bau auf dem roten Hügel über dem Kyitschu-Tal betrachten, der schon in meiner Kindheit meine Phantasien erregt hatte. Es fällt schwer, diesen Bau mit Worten zu beschreiben, fällt es doch schon schwer, ihn mit den Augen bis in seine Einzelheiten zu erfassen.

Der Potala steht völlig allein auf seinem Hügel, in weitem Abstand umgeben von dem Amphitheater der Berge, die das Lhasa-Tal einsäumen. Kein anderes Bauwerk stört seine majestätische Pracht. Auf dem etwa 130 Meter hohen Sockel des roten Hügels erhebt sich der Potala noch einmal weitere 178 Meter hoch und dehnt sich auf dem langen Rücken des Hügels über vierhundert Meter von West nach Ost aus. Auch der Potala ist nicht an einem einzigen Tag, ja nicht einmal in einem einzigen Jahrhundert erbaut worden. Ähnlich wie der Jokhang gehen die ersten Bauteile des Potala auf der Hügelkuppe auf das 7. Jahrhundert zurück, als der König Srong Tsen Gampo dort seine erste Residenz errichtete. Jede Generation baute am Potala weiter. Man kann von außen seine verwinkelte und komplexe innere Struktur erahnen – und ist gerade deshalb über die edlen Ausmaße des gesamten Komplexes erstaunt. Die nach oben abgeschrägten, sich verjüngenden und nach innen neigenden Mauern verstärken den Eindruck enormer Höhe. Auch die perspektivische Flucht der Linien trägt zu diesem erhabenen Anblick bei. Wir fanden dieses Phänomen bei allen größeren tibetischen Bauten wieder.

In tiefem Karminrot leuchtet der obere Mittelteil des Palastkomplexes. Es ist der älteste Teil des Potala. Er ist auf beiden Seiten und unterhalb von den Gebäudemassen des weißen Potala umrahmt. Die Balustraden in der Mitte des roten Potala sind von Markisen abgeteilt, die im Wind spielen und wie ein Wasserfall aussehen, der über den Potala rieselt. Ein Streifen weißen Mauerwerks teilt das obere Stockwerk des roten Potala von den unteren Geschossen, auf dem vier goldgetriebene riesige Monogramme angebracht sind, die wie große Feuer in der Sonne lodern. Die goldenen Dächer über den Gräbern der Dalai Lamas leuchten vor dem Hintergrund der braunen Berge im tiefen Blau eines makellosen Himmels. Riesige steinerne Treppen führen auf beiden Seiten im Westen und im Osten vom Tal zum Potala hinauf. Die steinerne Treppe im Osten ist mit ihren 250 Stufen so breit, daß zwanzig Menschen auf ihr nebeneinander emporsteigen können.

Die Innenarchitektur

So schön und interessant der Potala von außen anzusehen ist, so eigenartig unzugänglich, ja fremd wirkt er von innen. Wer die großen Hallen unserer Dome oder harmonisch gestaltete Räume erwartet, sieht sich enttäuscht. Überhaupt zeigt sich darin wohl der entscheidende Unterschied zwischen der lamaistisch-buddhistischen und der alten klassischen Architektur Europas. Die lamaistischen Architekten haben ein völlig anderes Raumgefühl als wir Europäer. Sie gestatten nicht die Distanz der Betrachtung. Auch wenn die mystische Atmosphäre viele Gemeinsamkeiten aufzeigt, wird der Besucher des Potala und der anderen Tempel und Klöster sehr unmittelbar in das liturgische Geschehen, sei es auch nur von Statuen dargestellt, mit einbezogen. Die himmelstrebende Weite gotischer Kathedralen, die jubilierende Helligkeit der Barockkirchen fehlt völlig. Die Räume des Potala machen eher einen dunklen, bedrückenden Eindruck. Es ist schwierig, darin erhebende, befreiende, glückliche Gefühle zu empfinden.

← Geschichte des Potala

Es wird kaum jemanden geben, der die wohl tausend Räume des Potala alle gesehen hat. Im Gegensatz zu anderen Klöstern, die wir besichtigt haben, leben im Potala keine Mönche mehr. Der Potala war auch kein Kloster im eigentlichen Sinn. Er war die Residenz des Dalai Lama. Innerhalb des Palastes gab es zwar ein kleines Kloster, das wir auch besichtigt haben, in dem früher etwa 170

Mönche lebten, die den unteren Hofstaat des Dalai Lama bildeten. Sie hatten die Gebets- und Wohnräume in Ordnung zu halten und die Sakristandienste zu verrichten. Insgesamt haben in dem riesigen Potala wohl kaum mehr als vierhundert bis fünfhundert Lamas gelebt. Allerdings wurden Hunderte, wenn nicht Tausende von Leibeigenen und Mönchen außerhalb des Klosters benötigt, um den Potala mit allen notwendigen Lebensmitteln, dem Trinkwasser und der Butter für die zahlreichen Lampen zu versorgen. Alle diese Dinge mußten ja vom Tal die 250 Stufen in das Palastinnere hineingetragen werden. Man kann sich vorstellen, welches bewegte Leben sich auf den großen Treppen und Wegen des Potala ständig abgespielt hat. Heute steht der Palast fast vollkommen leer. Seine vielen Räume zu beschreiben, die über Gänge und Treppen erreichbar sind, die hinauf und hinunter führen, da es kein Geschoß gibt, das durch den ganzen Palast auf der gleichen Höhe hindurchgeht, ist unmöglich. Nach einigen Stunden der Besichtigung ist es nicht mehr möglich, sie auseinanderzuhalten. Sie gleichen sich zu sehr, fast alle sind angefüllt mit unendlichen Reihen von Statuen und kostbaren Butterlampen und belegt mit Teppichen. Dazwischen finden sich ganz offensichtlich auch immer wieder Gegenstände, die als Geschenke ausländischer Missionen und Besucher in den Potala kamen. Manchmal ist es schwierig, unbezahlbare Kostbarkeiten von billigem Kitsch zu unterscheiden. Im Thronsaal beispielsweise, einem der wichtigsten Räume des Potala, hängt ein elektrischer Kronleuchter unmittelbar vor dem Thron des Dalai Lama, der ein Geschenk der britischen Mission in Lhasa aus dem Jahr 1936 sein soll. Über den Geschmack des Gebers läßt sich streiten.

Der Thronsaal, in dem die Inthronisierung der jeweiligen neuen Inkarnation stattfand, zeigt an seinen Wänden Gemälde mit Szenen aus der Geschichte Tibets. Wandbehänge und Teppiche tragen zum Innenschmuck bei. Der große, mit rotem Brokat überzogene Thron wird von einem seidenen Deckenhimmel überwölbt. Der Thronsaal ist übrigens ein geschichtsträchtiger Raum. Hier hat beispielsweise der britische Oberst Younghusband nach seiner Strafexpedition 1904 den Ministerrat Tibets zur Unterzeichnung eines Abkommens mit Großbritannien gezwungen. Viele der Räume dienen als Kapellen, deren Ausgestaltung sich aber kaum von den übrigen unterscheidet. Sie enthalten fast alle die gleichen oder ähnliche Schreine mit Figuren. In der ältesten Kapelle stehen die lebensgroßen Statuen des Gründerkönigs Srong Tsen Gampo, der Prinzessin Weng Sheng und seiner nepalesischen Frau mit einem Kochtopf, in dem sie tausend Jahre, bevor der große fünfte Dalai Lama den roten Potala errichtet hat, für die königliche Familie gekocht haben soll. Im gleichen Stockwerk wie diese älteste Kapelle befindet sich auch das Staatssekretariat des Dalai Lama, das Yig-Tshang, das »Nest der Buchstaben«. Die zu den Akten geschriebenen Fälle hängen hier in Stoffrollen eingeheftet an den Säulen und Wänden.

→ Blick aus dem Flugzeug über die Gebirgsriesen von Osttibet.

Ähnlich wie die Peterskirche in Rom ist auch der Potala ein großes Grabdenkmal der Päpste des Lamaismus. Alle Dalai Lamas, außer dem sechsten und außer denen, die nie als volljährige Dalai Lamas die Regentschaft antreten konnten, sind im Potala beigesetzt. Ein enger, dunkler Gang führt an ihren Mausoleen vorbei. Zwei dieser Mausoleen fallen besonders auf: die des fünften und des dreizehnten Dalai Lama. Es sind wohl die beiden bedeutendsten Persönlichkeiten in der Geschichte der Dalai Lamas. Das Mausoleum des fünften Dalai Lama ist rund zwanzig Meter hoch, das der dreizehnten Inkarnation noch einige Meter höher. Sie reichen aus der Mitte des Palastes bis auf das Dach, das sie noch um ein Stockwerk überragen. Das letzte und schönste Mausoleum im Potala enthält die sterbliche Hülle des dreizehnten Dalai Lama. Fünfhundert Kilogramm Gold verkleiden den Sockel und den ausladenden Mittelteil, in dem der Leichnam ruht. Das stupaförmige Mausoleum steht in einem kaum zwölf Quadratmeter großen Raum, der Gegenstände aus dem persönlichen Besitz des Dalai Lama enthält. In einer großen Kugel darüber sitzt in der Haltung Buddhas die sterbliche Hülle, die mit einer salzigen Lösung eingerieben, mit Lehm bedeckt und schließlich mit einer dicken Schicht aus Blattgold überzogen wurde. Kostbare Gewänder umhüllen diese Goldstatue auf ihrem Thron. In Reichweite von ihr liegen Bücher, Schreibutensilien und Schriften, die der Verstorbene besonders geliebt hat. Die kugelförmige Grabkammer mündet in einen bis unter das Dach reichenden Kegel, an dessen Spitze eine

↓ Tibetische Gesichter: Neugierig, mißtrauisch, schwer zu enträtseln. . .

→ Eingangsportal des Jokhang mit wehenden Tüchern und klingenden Tschorten – der Zaun ist sicher neueren Datums.

←Die Faszination unserer Kameras ist in den fragenden Mienen zu lesen.

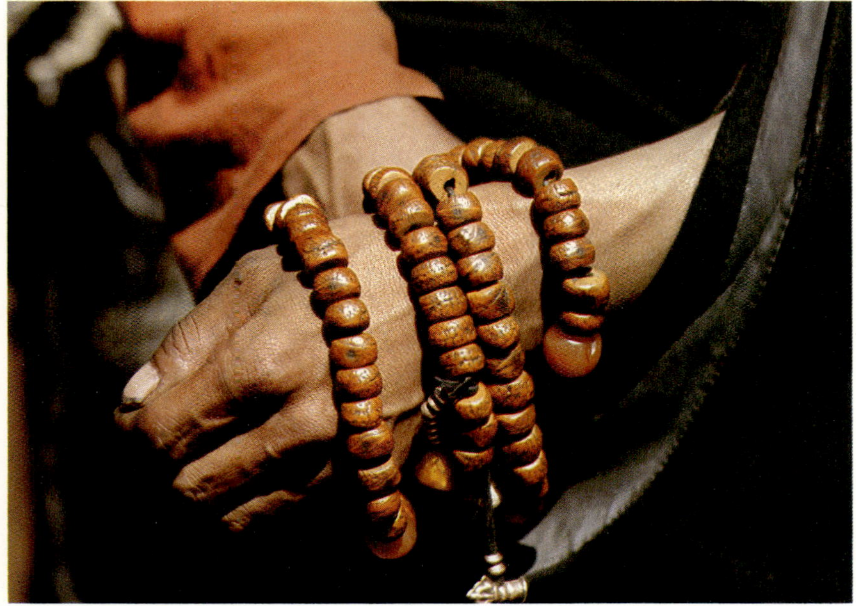

←Ein lamaistischer Rosenkranz in wettergegerbten Händen.

←←Eine der Butterlampen des Tempelinnenraumes.

→ Blick über Dachreiter und Tschorten des Jokhang zum Berg des Potala, der sich majestätisch über der Stadt Lhasa erhebt.

↓ Ein Bild aus der Vergangenheit: Vier Frauen tragen einen schweren Balken zum Potala empor.

→ Wie ein Wasserspeier an einer gotischen Kathedrale reckt sich der Drachenkopf über die flachen Dächer Lhasas.

↑ Die anfängliche Scheu wich bald freundlicher Offenheit.

→ Ein Glockenspiel im Himalajawind.

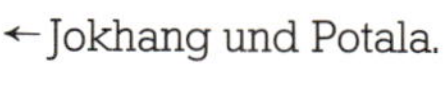

← Jokhang und Potala.

↓ Eines der goldenen Dächer des Jokhang.

Dreimal der Potala. »Jede Generation baute am Potala weiter. Man kann von Außen seine verwinkelte und komplexe innere Struktur erahnen – und ist gerade deshalb über die edlen Ausmaße des gesamten Komplexes erstaunt. Die nach oben abgeschrägten, sich verjüngenden und nach innen sich neigenden Mauern verstärken den Eindruck enormer Höhe«.

→ Der weiße Potala.

→ → Der rote Potala.

→ Nachfolgende Doppelseite: Buddha mit Katas (Glücksschleifen) und Tschorten des fünften Dalai Lama.

←Vorherige Doppelseite: Sitz des letzten, vierzehnten Dalai Lama im Audienzzimmer seiner Sommerresidenz.

→ Tschensig Podang, die Sommerresidenz, von der aus der letzte Dalai Lama nach Indien floh.

↓ Eingang zu den Privatgemächern des »Vierzehnten«.

→ Trebung: Lamas sind auf die Treppen vor der Hauptgebetshalle herausgetreten.

↓ Pilger unterwegs zum »Reishaufen«.

→ Zwei Mönche in Trebung.

↑ Kunstvoller Fries vom Eingangstor der Hauptgebetshalle von Trebung.

← An den Geröllufern des Kyitschu. Links im Hintergrund ist der Potala zu sehen.

←Lackfarbengemälde der Stadtanlage von Taschilunpo – links der Haupttempel, rechts die weiße Mauer zum Aufhängen der bemalten Tankas.

↓ Der Potala spiegelt sich im See.

← Taschilunpo: hingeschmiegt an den Berghang, überragt vom mächtigen Haupttempel.

↑ Ein alter Tibeter, dem wir in Lhasa begegneten.

←Zwei Lamas am Eingang zum Heiligtum von Taschilunpo.

↓ Die Tibeterinnen sind immer zum Lachen aufgelegt.

↑ Alte Aktenbehälter, in denen Schriftrollen aufbewahrt sind.

← Wie ein Juwelenkästchen steht der Tempel von Taschilunpo am Fuß des Felsabhangs.

↑ Bücher des Kandschur, der tibetischen Übersetzung des buddhistischen Kanons. Diese Bibel des Lamaismus umfaßt 108 Bände von je etwa 400 Seiten.

→ Die reichverzierte Fassade eines der Paläste Taschilunpos.

↑ Zwei Mönche sind auf die Treppe zum Mausoleum eines Großlamas herausgetreten.

← Ein tibetischer »Schriftsetzer« mit Hammer und Meisel.

↓ Die große Galerie und der Innenhof des Klosters Taschilunpo, die Schauplatz prächtiger lamaistischer Kirchenfeste waren.

← Eine alte Tibeterin blinzelt gegen die Sonne und unsere Photoapparate.

→ Folgende Seite: Ruinen einer alten Festungsanlage an der ehemaligen Karawanenstraße von Indien nach China.

Glocke mit den eingravierten Bildern von Sonne und Mond den Abschluß bildet. In verschwenderischer Fülle bedecken Türkise, Amethyste, Lapislazuli, Saphire, Onyxe, Korallen, Diamanten und Rubine die kunstvolle Grabkammer.

Wie ein Penthaus befinden sich die Privatgemächer des Dalai Lama im obersten Stockwerk des roten Mittelbaus. Hier wohnte der Hierarch während der Wintermonate von November bis März. Die kleinen Zimmerchen sind zwar mit kostbaren Brokatstoffen und Seide ausgeschlagen und die Böden mit Teppichen bedeckt, aber sie enthalten bei weitem nicht den Komfort, den man bei einem Dalai Lama für angemessen halten würde. Es gibt keine Heizung und keine sanitären Einrichtungen. Auch die auf die Erde zurückgekommenen Gottkönige müssen während ihres Aufenthalts in den Wintermonaten ziemlich gefroren haben. Die Toilette des Dalai Lama bestand aus einem kleinen, fensterlosen Klosett, in das man von seinem Privataudienzzimmer gelangen konnte. Die im Fußboden angebrachten Löcher führen in Senkgruben, die 120 Meter tiefer liegen. Herrliche Teppiche schmücken den Boden des Wohnzimmers. Bemalte Täfelung, auf der Tiere, Vögel, Fabelwesen, Szenen aus der lamaistischen Religion dargestellt sind, schmücken die Wände. Goldene Gottheiten thronen dazwischen. Silberne Schalen mit geweihtem Wasser stehen auf einem langen Seitenbord. Die das Dach schützenden Säulen sind mit bunten, reich verzierten Behängen verkleidet. Das Schlafgemach umfaßt zwei Räume, darunter ein mit Wandgemälden aus der Tantra-Mythologie geschmücktes Schlafzimmer, in dem ein kurzes, mit Schnitzwerk verziertes Bett steht. Unsere Führerin erklärt uns, daß, entsprechend dem vorgeschriebenen Ritual, der Dalai Lama in der Stellung eines Buddha mit angezogenen Knien geschlafen habe, was für ihn – trotz seiner göttlichen Natur – sehr anstrengend gewesen sein muß: In einem schmucklosen Nebenraum steht ein einfaches Eisenbett, wie man sie bei uns in Krankenhäusern findet – wie es im übrigen auch, was ich kürzlich bei einem Besuch in Wien feststellte, Kaiser Franz Joseph in seiner Burg benützte; in diesem Bett wird der Dalai Lama dann wirklich geschlafen haben, wenn das offizielle Schlafritual ihn überanstrengt hatte. In dem großen privaten Audienzraum steht der Thron des Dalai Lama auf einem Podest vor einer Wand mit religiösen Darstellungen. Auch hier waren die Säulen mit kostbaren Teppichen verkleidet, ihre Kapitelle geschmückt mit religiösen Schnitzereien.

Zwischen den vielen Statuen, Buddha-Lampen und Vasen finden sich hier und da Schalen aus Menschenschädeln und Schenkelknochen, die bei den Zauberzeremonien der Lamas benutzt wurden.

← In den Privatgemächern des Dalai Lama

Schließlich betreten wir die Dachterrassen des Potala. Die muffige, etwas bedrückende Atmosphäre des Inneren weicht sofort der strahlenden Helle, die uns entgegenschlägt. Wir befinden uns in unmittelbarer Nähe der herrlichen goldenen Dächer, die aus der Tiefe der Grabmäler emporragen. Ihre vorspringenden Drachenköpfe, die glocken- und kegelförmigen Firstreiter, die Symbole an den Giebeln leuchten im Gegenlicht vor einem tiefblauen Himmel. Hier auf dem Dach werden auch die Edikte des chinesischen Kaisers Tsieng Lung in einem besonderen Heiligtum aufbewahrt. Die Aussicht, die man auf Stadt und Berge hat, ist atemberaubend schön. Von West nach Ost erstreckt sich, soweit das Auge reicht, die grüne Ebene des Kyitschu-Tales, eingesäumt von beigen und braunen Bergen, die in der Ferne von den weißen Spitzen des Himalaja und Transhimalaja gekrönt werden.

Auf den goldenen Dächern

Unter uns liegen die hellen Quader der Stadt Lhasa. Über die breiten Treppen im Osten des Potala steigen wir wieder in die Stadt hinab. Unten am Potalahügel befanden sich früher die Gefängnisse, in denen die Häftlinge, größtenteils Schuldner, eingesperrt wurden.

Als wir später mit dem Vorsitzenden des Revolutionsrates der Stadt Lhasa sprachen und ihn dabei fragten, ob die Chinesen dem vierzehnten Dalai Lama gestatten würden, nach Tibet wieder zurückzukehren, meinte er, dem stünde nichts entgegen. Doch in seine alten Funktionen dürfte er nicht mehr eintreten. Man würde ihm wahrscheinlich seine Sommerresidenz im Norbulingka, dem Edelsteingarten, wieder zurückgeben, aber mit der Herrschaft über Tibet hätte er nichts mehr zu tun. Und, so fragten wir weiter, was wird geschehen, wenn der gegenwärtige Dalai Lama stirbt und sein Geist eine neue Inkarnation sucht? Darauf wußten auch die Chinesen keine Antwort. Ob sie eine solche Inkarnation zulassen würden, vermochte

Darf der Dalai Lama zurückkehren?

→ Der Potala im Mittagslicht.

keiner zu sagen. Auf der anderen Seite kann natürlich keine Macht der Welt den Gott Tschenresig daran hindern, sich eine neue Inkarnation zu suchen. Vielleicht wirkt die chinesische Regierung sogar mit, eine solche Inkarnation zu suchen. Ich würde das nicht einmal für ausgeschlossen halten. Ob sich allerdings in zehn, zwanzig oder dreißig Jahren die Menschen noch dafür interessieren, in welchem Körper sich der Gott Tschenresig befindet, vermag niemand vorherzusagen.

Im Edelsteingarten Norbulingka

Am folgenden Tag besuchten wir den Edelsteingarten Norbulingka, der etwa fünf Kilometer vom Potala entfernt in einem ebenen, 400 000 Quadratmeter großen Park liegt. Durch das von zwei steinernen Löwen bewachte Haupttor gelangten wir in das Innere des von Mauern umschlossenen Parks. Gepflegte Rasenflächen, Blumenbeete, Springbrunnen, ein Wasserlauf, über den sich Marmorbrücken schwingen, zierliche Pavillons, umrahmt von Wassergräben, stehen in deutlichem Gegensatz zum ernsten Potala. Es ist gut verständlich, daß die beiden letzten Dalai Lamas, der »Dreizehnte« und der noch lebende »Vierzehnte«, am liebsten im Norbulingka lebten. Dieser größte Park Tibets wurde im Jahre 1755 angelegt. Der Hauptpalast im Norbulingka, der neue Norbulingka und Tschensig Podang wurde von 1954 bis 1956 unter dem letzten Dalai Lama neu erbaut. Im Verhältnis zum Potala ist er von sehr bescheidenen Ausmaßen. Der farbig bemalte Holzbau ist dafür viel lichter und heiterer, ja, im Vergleich zu den Räumen des Potala, fast gemütlich. Bunte Farbigkeit ist der beherrschende Eindruck in den Privaträumen, auch wenn sie jetzt ebenfalls, da seit langem unbewohnt, musealen Charakter angenommen haben. Das vergoldete, reich verzierte Bett des Dalai Lama ist frisch überzogen und zurückgeschlagen, so daß er bei seiner Rückkehr jederzeit wieder hineinsteigen könnte. Ein anderer Raum im Privattrakt des Dalai Lama enthält eine Badewanne und ein WC. Entrückte Buddhas sitzen in Vitrinen, zierliche religiöse Gefäße und Buddha-Lampen stehen davor, Schnitzereien und Gemälde bedecken die Wände der Räume, Gänge und Höfe. Nicht mehr aufzufinden ist der Kinoraum, von dem uns Heinrich Harrer berichtete, der hier während seines Aufenthaltes in Tibet zum ersten Mal mit dem Dalai Lama zusammengetroffen ist.

Taschilunpo – Klosterstadt über dem Tsangpo-Tal

Am Abend vor unserer Abfahrt zum Basislager des Shisha Pangma gab uns der chinesische Bergsteigerverband in Lhasa noch ein Abendessen. Daran nahm eine der berühmtesten Damen Chinas, Frau Pandong, teil. Sie hatte als erste und einzige Chinesin zusammen mit der chinesischen Bergsteigerexpedition den Mount Everest zum ersten Mal über den Nordgrat von Tibet aus bestiegen. Die Chinesen dachten damals, Frau Pandong werde die erste Frau sein, die auf dem höchsten Berg der Welt, den sie Chomolungma nennen, stehen würde. Sie hatten während der Besteigung keine Kenntnis davon, daß ihnen eine Japanerin um wenige Tage zuvorgekommen war. Ich hatte nicht den Eindruck, daß Frau Pandong dadurch sehr betrübt war. Ihr waren im übrigen bei der damaligen Expedition drei Zehen erfroren, die amputiert werden mußten. Wir haben uns mit ihr und auch mit den anderen Chinesen sehr gut unterhalten. Frau Pandong war überaus freundlich, fast lustig, aber dennoch ausgeglichen – ihr Erfolg war ihr keineswegs zu Kopf gestiegen. Sie hatte, wie man sah, eine überaus kräftige Konstitution. Die Chinesen hatten sie nicht umsonst für die Besteigung des Mount Everest ausgewählt. Nicht diese Besteigung jedoch, sondern ihre drei Kinder waren ihr ganzer Stolz! Bei der Besteigung des Mount Everest war sie immerhin schon 37 Jahre alt gewesen, wie ich nachträglich erfuhr.

Am nächsten Tag brachen wir sehr früh von unserem Gästehaus auf. Das ganze Personal versammelte sich zu unserer Verabschiedung. Die hübsche, zierliche Hosteß, die ständig guter Laune war, und der Hotel-Boy, den wir, weil er immer lachte, Charlie Chaplin nannten. Er sprach gut Englisch. Der Gouverneur von Tibet hatte uns am Abend zuvor noch ausrichten lassen, daß er zu unserem Schutz noch einen dritten Jeep mitgeben werde, der mit einigen bewaffneten Chinesen besetzt sei. Eingehüllt in eine riesige Staubwolke fuhren wir dann am Kyitschu-Fluß entlang in Richtung Osten, bis wir das Tsangpo-Tal erreichten. Wir überquerten den Tsangpo und kletterten dann auf einer langen, kurvenreichen Paßstraße 4600 Meter hoch. Zahlreiche Lastwagen begegneten uns. Überholmanöver bildeten stets eine riskante Angelegenheit. Selbst das Passieren des entgegenkommenden Verkehrs verschlug uns manchmal den Atem. Häufig fuhren wir mit den Reifen am äußersten Rande des Abgrundes. Von der Paßhöhe bot sich uns nach Westen eine herrliche Aussicht. Wir sahen tief unter uns den 4000 Meter hoch gelegenen heiligen Yangzeyong-See, an dessen buchtenreichen Ufern wir danach fast zwei Stunden entlangfuhren. In seinen glasklaren Wassern spiegelten sich die Schneegipfel des Karola-Massives.

Am Nordwest-Ufer des Sees machten wir in einer Militärstation Mittagspause. Der Ordonnanzoffizier begrüßte uns mit den obligatorischen feuchtwarmen Tüchern und Jasmintee. Die Soldaten zügelten nur mühsam ihre Neugierde. So seltene Gäste hatten sie in ihrem Militärlager offensichtlich noch nie beherbergt. Nach etwa sechs Stunden Fahrt gelangten wir wieder in das Tsangpo-Tal. Nach dem Braun und Grau der hinter uns liegenden Erosionslandschaft bildete das angenehme Grün des fruchtbaren, weiten Tsangpo-Tals eine Erholung für unsere Augen. Nach weiteren neun Stunden Fahrt – wobei wir mehrere Kilo Staub und Sand vertilgen mußten – erreichten wir Shigatse, die Hauptstadt der Provinz Tsang, wo wir ähnlich wie in Lhasa in einem Gästehaus untergebracht wurden, das in einem weitläufigen Hof errichtet war. In den anderen eingeschossigen Gebäuden, die neben dem Gästehaus lagen, waren offensichtlich Soldaten untergebracht. Niedrige, weißgekalkte Häuser säumten die Straßen.

↑ Frau Pandong, die zweite Frau auf dem Mount Everest.

Wir erreichen Shigatse

Unmittelbar nach unserer Ankunft machten wir einen kleinen Rundgang durch die Stadt. Bei uns würde man sie trotz ihrer 25000 Einwohner ein Dorf nennen. Auf einem Hügel über der Stadt liegt Shigatse Dsong, das alte Rathaus, das heute eine Ruine ist. Seine dunkle Silhouette zeichnet sich scharf gegen den klaren Himmel ab. Was es in Shigatse zu sehen gibt, hat man auf einem kleinen Rundgang rasch erfaßt. Doch plötzlich stehen wir an den Mauern eines großen Parkes, durch dessen Tor wir die goldenen Dächer von Taschilunpo in den letzten Strahlen der Abendsonne funkeln sehen.

Sven Hedin in Taschilunpo

Taschilunpo – welch geheimnisvoller Klang! – ist eine Klosterstadt und Sitz des Pantschen Lama. Die Erzählungen Sven Hedins von seinen abenteuerlichen Fahrten durch das Innere Asiens, die einige Zeit die Phantasie meiner Knabenjahre erfüllten, kamen mir in die Erinnerung zurück. Nie hätte ich damals gedacht, daß ich selbst einmal diesen Ort erreichen würde, über den Sven Hedin nie hinausgekommen ist. Hier wurde er aufgehalten und mußte umkehren. Hier kreuzten wir seine Reiseroute; wir kamen von Osten, er von Westen. Sein großes Ziel Lhasa hat er nie gesehen. Zu Zeiten Sven Hedins hatte die kleine Stadt Shigatse nicht mehr als dreihundert Häuser. Doch nicht Shigatse, sondern Taschilunpo war damals das bedeutende Zentrum West-Tibets. Diese Klosterstadt hatte erheblich mehr Einwohner als die kleine Stadt Shigatse. Shigatse war unbedeutend dagegen. Sven Hedin beschreibt damals seinen ersten Eindruck von Shigatse so:

»Die Häuser sind weiß abgeputzt und haben oben einen schwarzen oder roten Rand. Mit wenigen Ausnahmen sind sie nur ein Stockwerk hoch. Das Dach ist immer flach und mit einem Geländer versehen. Die Fenster und Türen sind in demselben Stil gehalten, wie die der Klöster. Von der Straße gelangt man in einen Hof, wo gewöhnlich ein großer, bissiger Hund an der Kette liegt. Die Dächer sind mit einem ganzen Wald von Reisigbündeln und Gerten verziert, an denen Gebetswimpel in allen Regenbogenfarben hängen. Sie haben den Zweck, die Dämonen in die Flucht zu jagen. Zwischen den unregelmäßigen Häuserreihen ziehen sich schmale Gassen und Wege hin, auf denen schwarze Schweine in weggeworfenen Abfällen wühlen, tote Hunde umherliegen und stinkende Lachen stehen. Aber dann passieren wir auch offene Plätze, teils mit Teichen. Diese ganze Stadt trägt den Charakter des Gleichmäßigen und Abgeplatteten, das mit dem ›Dsong‹, der sich stolz auf dem Gipfel ihres Felsens erhebenden Burg, und den goldenen Tempeldächern Taschilunpos am Fuß des Gebirges in scharfem, demütigendem Kontrast steht. Der Erdboden besteht aus gelbem Staub, und hier und dort kommen wir an einer scharf abgeschnittenen Lößterrasse vorbei. Der vom Wind aufgewirbelte Staub liegt auf allen Häusern und Wegen.«

Viel von dieser Beschreibung erinnert auch noch an das heutige Shigatse. Gebetswimpel wehen auf den Häusern keine mehr. Auch die schwarzen Schweine und Hunde sind aus den Straßen und Höfen verschwunden. Aber tiefer, gelber Staub prägt diese Stadt noch genauso, wie er es zu Beginn dieses Jahrhunderts beschrieben hat.

Der Bürgermeister von Shigatse, ein großer, schlanker, zurückhaltend höflicher Chinese, und sein Stellvertreter begrüßten uns bald nach unserer Ankunft. Sie luden uns für den frühen Abend zum Essen ein. Ich glaube, wir haben dabei keinen guten Eindruck gemacht. Hungrig und durstig wie wir waren, haben wir gleich so zugegriffen, daß wir schon nach dem siebten Gang zu gesättigt waren, um bei den übrigen zwanzig Speisenfolgen mehr als nur noch gelegentliche Höflichkeitshäppchen zu uns nehmen zu können. Zum Essen gab es Jasmintee. Nach der Staubschlacht des zurückliegenden Reisetages wäre uns ein Bier natürlich willkommener gewesen. Besonders Günter Sturm und Fritz Zintl vermißten diese heilsame Flüssigkeit.

Nach dem Essen zog es uns nach Taschilunpo. Obgleich schon die Dämmerung eingebrochen war, wollten wir unter allen Umständen noch einen unmittelbaren Eindruck von dieser faszinierenden Klosterstadt mit ins Bett nehmen. Vor der Tür unserer Unterkunft warteten zwei kleine Tibeterjungen von vielleicht acht und neun Jahren auf uns, zwei dunkelhäutige, struppige Lausbuben. Ich fragte den einen von ihnen durch den Dolmetscher: »Was willst du denn einmal werden?« Er sagte: »Chauffeur.« Ich fragte sie beide: »Wißt ihr, wer wir sind?« Sie antworteten: »Ausländer!« Ich sagte ihnen, daß wir aus Deutschland kämen, und fragte sie weiter, ob sie denn wüßten, wo das liege. Sie hatten keine Ahnung davon. Plötzlich machte der eine einen Satz, streckte gleichzeitig Arm und Finger in die Höhe und rief: »Die Deutschen, das sind doch die Männer mit den Helmen.« Wir haben alle schallend gelacht. Auch Wang, unser Dolmetscher, mußte lauthals mitlachen. Unser kriegerischer Ruf war offensichtlich bis in diesen Winkel der Welt gedrungen. Wie wir erfuhren, dient ein ehemaliger Gebetssaal des Klosters Taschilunpo jetzt als Kino für die Einwohner der Stadt. Von dort

↑ Taschilunpo mit der riesigen Wand zum Aufhängen der Tankas.

haben die kleinen Lausbuben wahrscheinlich ihre Kenntnis über die kriegerischen Deutschen bezogen.

In der beginnenden Nacht gingen wir durch die schmalen Gassen, die zwischen den nach oben zurückweichenden Mauern der steinernen Mönchshäuser, Paläste, Tempel und Grabkapellen hindurchführten. Kleine offene Plätze waren durch Treppen und Gänge mit Terrassen verbunden. Ohne einheimischen Führer hätten wir uns in diesem verwirrenden Labyrinth der Gäßchen und Treppen, Gänge und Höfe, Passagen und Terrassen hoffnungslos verlaufen.

Den eigentlichen, fast hätte ich gesagt offiziellen Besuch in Taschilunpo machen wir erst bei unserer Rückfahrt vom Shisha Pangma. Um die Mittagszeit werden wir am Haupttor des Klosters von einer kleinen Gruppe von Lamas, mit dem Verwalter des Klosters an ihrer Spitze, empfangen. Das eigentliche Oberhaupt, der Pantschen Lama oder Taschi Lama, lebt nicht mehr in Taschilunpo. In der Empfangshalle hängen Bilder von Mao und Hua Guo-Feng. Der Pantschen Lama, der in Peking leben soll, ist nicht darunter. Er hätte auch herzlich wenig zu den beiden anderen gepaßt. Anschließend gehen wir zusammen mit unserem Lama-Führer eine steinerne Treppe empor in das Zentrum der Klosterstadt, die wir von unserem abendlichen Rundgang schon etwas kennen. Jetzt teilt die grelle Mittagssonne die Stadt in helle Sonnenflächen und scharf kontrastierende Schatten. Früher hat es in diesen Gassen von Mönchen und Pilgern gewimmelt. Man lese nur noch einmal die Schilderungen von Sven Hedin.

Wie Trebung, das wir in Lhasa besichtigt hatten, besteht auch Taschilunpo nicht aus einem einzelnen Klostergebäude. Es bildet vielmehr eine ganze Klosterstadt, wenn auch nicht von den Ausmaßen wie Trebung. Zu Zeiten des Besuchs von Sven Hedin um die Jahreswende 1906/1907 lebten in Taschilunpo 3 800 Mönche. Heute wohnen noch dreihundert dort. Auch hier fehlt der Nachwuchs völlig. Man kann sich ausrechnen, wann die Mönche aus den tibetischen Klöstern vollends verschwunden sein werden.

← Besuch im Kloster

Die Beschreibung des Klosters Taschilunpo würde, wie die des Potala, einen Band für sich füllen. Das Kloster liegt im unteren Teil eines Südabhangs, der zu einem sich einige hundert Meter über dem Tsangpo-Tal erhebenden Bergrücken gehört. Eine fensterlose Mauer in der rechten oberen Ecke der Klosterstadt leuchtet dem Besucher bereits von weitem entgegen. Von ihrem oberen Rande wurden an den hohen lamaistischen Festtagen die weißen religiösen Fahnen und die großen bunten Tankas mit religiösen Malereien zur Erbauung des frommen Publikums aufgehängt. Etwas weiter links davon erhebt sich der die

Klosterstadt beherrschende Bau des Labrang, des Palastes des Pantschen Lama, unter dem einige im Stil chinesischer Pagoden erbaute Gebäude den Blick auf sich ziehen. Ihre goldenen Dächer, die im Sonnenlicht schimmern, bilden, von Ost nach West angeordnet, die Mausoleen der verstorbenen Pantschen Lamas.

Dalai Lama und Pantschen Lama

Taschilunpo wurde im Jahre 1445 von Gedundup, dem Neffen des Begründers der Gelugpa-Sekte, Tsong Khapa, gegründet. Tsong Khapa war das erste Oberhaupt der Gelben Sekte des Lamaismus. Den Titel Dalai Lama erhielt er erst später. Als die Inkarnationen im Lamaismus aufkamen, galt der Pantschen Lama als die Inkarnation Amithabas, einer Gottheit, die durch übernatürliche Weisheit und Allwissenheit ausgezeichnet war. Im Glauben der Tibeter weiß Amithaba nicht nur über das Geschehen in Vergangenheit und Gegenwart Bescheid, sondern er sieht auch in die Zukunft. Der Pantschen Lama wird in einem ähnlich komplizierten Auswahlverfahren wie der Dalai Lama gefunden. Gültig wird jedoch die Entscheidung der Lamas, die den Knaben als Inkarnation des Amithaba anerkennt, erst, wenn sie vom Dalai Lama bestätigt wird. Von ihm wird der neue Pantschen Lama auch geweiht. Der erste Pantschen Lama versah sein hohes Amt von 1569 bis 1662, also 93 Jahre lang. Daher rührt es auch, daß die Zahl der Pantschen Lamas erheblich geringer ist, als die der Dalai Lamas, die eine Zeitlang die Volljährigkeit nicht erreichen konnten.

Nicht zuletzt wegen der eindrucksvollen Schilderungen Sven Hedins ist der Pantschen Lama neben dem Dalai Lama die bekannteste Persönlichkeit Tibets im Westen geworden. Sven Hedin neigte dazu, den Pantschen Lama in seiner Bedeutung, zumindest in religiöser Hinsicht, über den Dalai Lama zu stellen. Das gilt sicher nicht für den weltlichen Bereich, obwohl dem Pantschen Lama von verschiedenen Seiten wiederholt das Angebot gemacht wurde, auch seine weltliche Herrschaft in Tibet auszudehnen. Es war verständlich, daß politische Interessenten versucht waren, die beiden bedeutendsten Inkarnationen des tibetischen Lamaismus gegeneinander auszuspielen. Doch der Dalai Lama und die Regierung in Lhasa haben solche Versuche niemals anerkannt.

Nach tibetischer Auffassung und Theologie lagen die Bedeutungen und die Rechte des Pantschen Lama hauptsächlich auf geistlichem Gebiet. Aber auch hier läßt sich nicht sagen, daß in geistlicher Hinsicht der Pantschen Lama dem Dalai Lama übergeordnet sei. In weltlicher Hinsicht gebot der Pantschen Lama über die ausgedehnten Güter des Klosters Taschilunpo, die ungefähr die Provinz Tsang ausmachten. Insofern übte er, wenn auch regional umfangreicher, die gleichen Herrschaftsrechte aus, die die anderen großen Klöster und die tibetischen Feudalherren genossen.

Der Dalai Lama und der Pantschen Lama sind sogenannte Bodhisatvas. Sie haben also bereits in einem früheren Leben jenen äußersten Grad an Vollkommenheit und Erkenntnis erreicht, der sie der Notwendigkeit, wiedergeboren zu werden, enthebt. Dennoch sind sie auf diese Welt als Menschen zurückgekehrt, um anderen Menschen zu helfen, das Nirwana zu erreichen. Von einigen dieser Bodhisatvas wird geglaubt, daß sie immer wieder in einer festen Reihenfolge in bestimmten Lamas reinkarnieren. Die berühmtesten unter diesen festen Sukzessionen sind der Dalai Lama und der Pantschen Lama.

Der fünfte Dalai Lama, der die Wiedergeburten in der Gelbmützensekte eingeführt hatte, wurde von einem sehr gelehrten Lama namens Lobsang Chökyi Gyaltsen unterrichtet. Diesen Lehrer verehrte er sehr. Als Dank ernannte er ihn zum Abt des Klosters Taschilunpo und erklärte ihn gleichzeitig zur Inkarnation des Dhyani-Buddha-Amitabha. Der tibetische Name für dieses göttliche Wesen heißt Öpame. Ferner bestimmte er, daß sich Lobsang immer wieder in einen Mönch mit dem Titel Pantschen Lama reinkarnieren werde. Der Dalai Lama gilt als eine Inkarnation des Avalokiteshvara, auf tibetisch Tschenresig. Beide Gottheiten repräsentieren Buddha in der materiellen Welt, wenn auch in verschiedenen Formen.

→ Im Bibliothekssaal

Der große Bibliothekssaal Kantschur La Kang, in dem die heiligen Bücher des Lamaismus seit Jahrhunderten aufbewahrt werden, erinnerte mich mit seinem Wald rot angestrichener Holzsäulen an die ehemalige islamische und heute christliche Kathedrale von Cordoba in Andalusien. In keinem anderen Raum habe ich so viele Hunderte, wenn nicht Tausende von kunstvollen Tankas, die die Wände und Säulen zieren, gesehen.

Die Mausoleen des ersten, zweiten und dritten Pantschen Lama, von denen Sven Hedin erzählt, sind nicht mehr vorhanden. Wie uns gesagt wurde, sind sie während der Kulturrevolution verschwunden. Auch die Grabstätte des dritten Pantschen Lama findet sich nicht mehr. Wir kennen die Geschichte des dritten Pantschen Lama, der während eines Besuches bei dem chinesischen Kaiser Kiang-lung unter geheimnisvollen Umständen gestorben ist. Vielleicht erregte sein prunkvoller Sarg, der von demselben Kaiser gestiftet wurde, bei den Roten Garden der Kulturrevolution Anstoß. Es befinden sich nur noch die Mausoleen des vierten Pantschen Lama und des ersten Dalai Lama in Taschilunpo. Auf den Wänden zu beiden Seiten des Eingangstors der Grabkapelle des vierten Pantschen Lama sind die »vier großen Könige« Namböse, Jukorschung, Pagjepo und Tscheumigseng abgebildet. Die Aufgabe dieser Wächterkönige ist es, über den Tempelfrieden zu wachen und Dämonen abzuhalten. Mit ihren Spießen, Schwertern und Bogen sehen sie – umgeben von wilden Tieren – in der Tat sehr abschreckend aus. Ihre gewaltigen Bewegungen erinnern an eine Art asiatischen Barockstil.

Ähnlich wie in den Grabmausoleen der Dalai Lamas sind die sterblichen Überreste des vierten Pantschen Lama in der Grabpyramide hinter seinem eigenen Bild beigesetzt. Die Wände der Vorräume der Mausoleen sind mit Fresken geschmückt, die Götter, Menschen, Dämonen, Tiger und Drachen aus der lamaistischen Heilsgeschichte darstellen. Unter dem Labrang, dem Palast des Pantschen Lama, öffnet sich ein großer Hof, der von einer zweistöckigen Galerie umgeben ist. Auf der nördlichen Seite führt eine Freitreppe zu einem von Säulen flankierten Portal, das in eine große Tempelhalle mündet. Uns zeigt sich jetzt alles leer, wie eine Theaterkulisse am grauen Morgen nach der Aufführung. Nur unsere Fantasie kann ergänzen, was sich in diesen Mauern abspielte. Immer wieder fühle ich mich an die Schilderungen Sven Hedins über seinen mehrere Wochen umfassenden Aufenthalt in Taschilunpo erinnert. Hier, in diesem großen Hof, müssen die Hauptzeremonien der Feste, die Disputationen und Promotionen der Mönche stattgefunden haben. Hier wurden am tibetischen Neujahrsfest jährlich achtzehn Lamas vom Getsul- zum Gelong-Grad promoviert.

Der lamaistische Mönch, der dem Orden der Gelben Mönche beitrat, wurde nach seiner Novizenzeit ein Mönch ersten Grades, der Getsul hieß. Nach langjährigem Dienst als Getsul, dem Studium heiliger Schriften, aber auch Sakristandiensten in den Tempeln konnte er den Gelong-Grad erwerben, der drei verschiedene Abteilungen aufweist, nämlich Ringding, Riktschen und Katschen. Der Inhaber des letzten Grades hat die Lehrberechtigung, ist also eine Art Professor der Theologie. Die darauffolgenden Grade haben Seltenheitswert. Der Kanpo-Grad ist mit einem Abt gleichzusetzen. Nur die vollständige Beherrschung der heiligen Bücher ermöglicht, auf Vorschlag eines Konklaves der höchsten lamaistischen Würdenträger, den Erwerb und die Verleihung der Würde des Jungtschen-Grades, der unmittelbar unter dem Pantschen Lama steht.

← Die »Vier großen Könige« als Wächter der Grabkapelle

Auf dem Dach des Labrang

Vom Dach des Labrang, des Zentralpalastes, haben wir einen herrlichen Ausblick über das Tsangpo-Tal. Unmittelbar unter uns liegt die Klosterstadt. Doch die Gassen und Plätze, Terrassen und Höfe, Treppen und Galerien, die einst bevölkert waren, liegen schweigend da. Die Hallen, in denen die Mönche beteten, sind leer und verlassen. Anstelle der Rufe der Pilger, der Gesänge der Mönche, des Gemurmels der Prozessionen, des Wirbels der Trommeln, des Dröhnens der Trompeten, herrscht absolute Stille. Nur gelegentlich ist sie unterbrochen von dem leisen Klingeln der vom Wind bewegten Glöckchen an den alten Tschorten, das wie ein Wimmern in der Luft liegt. Darüber wölbt sich wie eh und je ein kalter, blauer Himmel.

Über ausgetretene Treppenstufen und glänzende Bodenplatten, die Millionen von Pilgern in Jahrhunderten blankgescheuert haben, verlassen wir Taschilunpo. Bald verschwinden die Dächer in den Staubwolken, die unsere Toyotas aufwirbeln.

Shigatse ist der Ort, an dem sich unsere Route mit der Sven Hedins berührt. Sven Hedin kam im Jahre 1906 vom westlich gelegenen Ladakh und durchquerte dabei die riesigen menschenleeren Gebiete des Tschang-Tang. In Shigatse wurde er dann gezwungen, wieder umzukehren und nach Westen nach Ladakh zurückzureisen. Wir dagegen kamen vom östlich gelegenen Lhasa, das Sven Hedin nie erreicht hatte. Im Tsangpo-Tal bewegten wir uns kurze Zeit auf seiner Route, um dann allerdings nach Südwesten in Richtung Nepal abzubiegen, wo wir ein Gebiet betreten, das er ebenfalls nie gesehen hat.

← Die Mönchsgrade

Shisha Pangma – Berg der Götter

Abfahrt 1. Juni 1979

Am 1. Juni fuhren wir um 7.00 Uhr in der Frühe von Shigatse ab in Richtung Südwesten. Zweimal mußten wir Pässe von über fünftausend Meter Höhe überwinden. Der höchste Paß lag 5 220 Meter hoch. Links und rechts der Paßstraße hoben sich die Ruinen alter Festungen, die in zurückliegenden Jahrhunderten den Paß bewacht hatten, scharf gegen den leuchtenden Morgenhimmel ab. Wie seit Jahrhunderten zeigte sich die tibetische Landschaft in ihrer archaischen Schönheit. Für die Einwohner Tibets, die uns in diesem abgelegenen Landstrich begegneten, hatte die Neuzeit offensichtlich noch nicht sehr lange begonnen. Unsere chinesischen Begleiter sahen es gar nicht gerne, wenn wir diese dunkelhäutigen, nicht gerade sauberen und meist in Lumpen gekleideten Tibeter fotografierten. Nach ihrer Vorstellung sollten wir lieber Brücken und Traktoren fotografieren, um in unserer Heimat ein fortschrittliches Tibet zu präsentieren. Sie konnten sich gar nicht vorstellen, daß für die Einwohner eines hochindustrialisierten Landes der technische Fortschritt gar nicht so uneingeschränkt attraktiv wirkt und ein überzivilisierter Mitteleuropäer sich viel mehr von dem unveränderten Tibet angezogen fühlt.

→ Zum ersten Mal: Der geheimnisvolle Berg

Gegen 10.30 Uhr machten wir wieder Mittagsrast in einer Militärstation. Kommandant und Kommissar begrüßten uns sehr herzlich. Es gab wieder warmes Wasser, Erfrischungstücher und Tee, dazu eine Schüssel voll chinesischer Bonbons. Kurz danach bot sich uns ein atemberaubendes Panorama. Hinter einer Wegbiegung tauchte plötzlich der Chomolungma – der Mount Everest – auf. Gewaltige Schneefahnen wehten um seinen Nordgrat. Ein mächtiger Sturm mußte dort toben, der die Schneemassen in den Himmel stieben ließ. Die höchsten Berge der Welt lagen in einer Reihe vor uns, der Makalu, der Everest, der Lhotse, der Cho Oyu und der Gyachuengkang. Der Anblick dieser mächtigen Berge über eine weite Hochebene hinweg war atemberaubend. Ich glaube, nur wenige Weiße haben diesen Anblick von Norden jemals erlebt.

Nach einigen Stunden Fahrt landeten wir in dem letzten Militärlager, wo wir wieder überaus freundlich empfangen wurden. Der Kommandant, selbst ein Tibeter von etwa vierzig Jahren, empfing uns. Er zeigte uns auf einem nahe gelegenen Hügel die besten Stellen für Fotoaufnahmen des Himalaja-Everest-Massivs. Direkt unter uns lag ein altes tibetisches Dorf, dessen Einwohner noch in archaischen Zuständen lebten. Vieh, Hühner, Menschen bildeten eine einheitliche Dorfgemeinschaft. Unsere Abendbrotzeit nahmen wir neben den chinesischen Soldaten der Militärstation ein, die zum Essen ihre Gewehre schulterten, wahrscheinlich, um auch in solchen Augenblicken scheinbarer Schwäche verteidigungsbereit zu sein. Als wir den Kommandanten fotografieren wollten, schnallte er als korrekter Soldat zuerst um und holte seine Mütze.

Noch in nächtlicher Dunkelheit verließen wir am anderen Morgen das Militärlager in Richtung Südwest. Nach etwa hundert Kilometern verließen wir die Paßstraße und bogen rechts ab in ein Seitental, durch das wir noch dreißig Kilometer auf einer Straße fahren konnten, die dann direkt in eine steinige, weglose Hochsteppe überging. In zwei, drei riesigen Terrassen erreichten wir eine Hochebene in fünftausend Meter Höhe. Gelegentlich begegneten wir kleinen Yak- und Schafherden. In der Ferne galoppierte eine Gruppe wilder Esel eine Hügelkette entlang. Auch die Yaks machten einen keineswegs domestizierten Eindruck.

Plötzlich erschien in einem Taleinschnitt an der linken Seite der die Ebene begrenzenden Vorberge ein geheimnisvoller Berg: Es war der Shisha Pangma. Ähnlich muß es den Seeleuten auf dem Meer ergangen sein, wenn der Fliegende Holländer plötzlich auftauchte. Es war ein faszinierender, überwältigender Eindruck. Immer wieder verschwand er, um erneut aufzutauchen, bis wir ihn nicht mehr aus den Augen verloren. Das Tal hatte sich nun frei zum Bergmassiv des Shisha Pangma hin geöffnet. Unsere Wagen überquerten einige Arme des Gletscherflusses Jebokangjale, an dessen Ufern wir unsere Zelte aufschlugen. Hier lag das Basislager der ersten Shisha Pangma-Expedition von 1964. Wir konnten uns nicht satt sehen: Mitten in einem riesigen Amphitheater, dessen eine Hälfte sich aus dem riesigen Massiv des Shisha Pangma und aus einer Reihe weiterer unbestiegener Siebentausender aufbaute, genossen wir einen Anblick, den noch nie ein Weißer vor uns erlebt hatte. Die andere Hälfte öffnete sich in unendliche Weiten. Am Horizont lagen zwei große blaue Seen, der Peikutso-See und der Koluangchey-See.

Nachdem wir die Zelte aufgeschlagen und eine Mahlzeit zu uns genommen hatten, stiegen wir vom Basislager auf den Moränenhügel, der den Gletscherfluß westlich begrenzt, in Richtung Shisha Pangma auf eine Höhe von etwa 5600 Metern. Mühsam setzten wir einen Schritt hinter den anderen. Die dünne Luft machte uns zu schaffen. An einer Stelle verfolgte uns neugierig ein Yak, der uns mit zerzaustem Kopf wie ein Wesen aus der Unterwelt über den Rand des Gletschertales hinweg anblickte. Ein makellos blauer Himmel wölbte sich über dieser paradiesischen Urlandschaft.

Nach einer ausgiebigen warmen Mahlzeit mit Suppen, Fleisch, Reis und Tee zogen wir uns in unsere Zelte und Schlafsäcke zurück. Ich schlief verhältnismäßig früh ein und wachte mit leichtem Kopfweh auf. Über mir bedeckte eine Eisschicht die Zeltwand, die mein kondensierter Atem hervorgerufen hatte. Nachts waren die Temperaturen auf fünfzehn Grad unter Null gesunken. Wir nahmen uns Zeit zu einem ausgiebigen Frühstück. Nicht weit von uns entfernt grasten wilde Esel und Yaks. Wir sahen auch Hasen und eine Antilope.

Vor dem Abbruch unserer Zelte studierten wir noch einmal mit unseren Zeiss-Ferngläsern sehr genau die Wände, Grate und Eisfelder des Shisha Pangma. Besonders interessierte uns die aus dem Korridor herausführende und dann über die Eisflanke im Nordosten den Gipfel erreichende Route der Chinesen. Die noch unbestiegene Nordwand nahmen wir uns gesondert vor. Eine Verschneidung, die leicht von links nach rechts zum Hauptgipfel zieht, schien uns für das kommende Jahr begehbar zu sein. Eine gegenläufige, von rechts nach links verlaufende Rinne bot sich als weitere Möglichkeit an.

Das Abenteuer, so war unser gemeinsamer Eindruck, konnte beginnen.

↓ Yaks in der Nähe unseres Basislagers.

Aus dem Tagebuch der Erstbesteigung

Der Shisha Pangma war bisher erst einmal bestiegen worden. Im Jahre 1964 bezwang eine chinesische Gruppe von Bergsteigern den letzten Achttausender, den Menschen erklommen haben. Es war die bis dahin größte Expedition in der Geschichte des Bergsteigens überhaupt. Neunzehn Tonnen Material sind am Berg verwendet worden. Zum Vergleich: Die Engländer hatten 1953 bei der Erstbesteigung des Everest siebeneinhalb Tonnen gebraucht. Wir werden etwas über drei Tonnen dabeihaben. Das Basislager beherbergte fast zweihundert Bewohner, nicht nur Bergsteiger, sondern auch Mediziner, Geographen, Meteorologen, Geologen. Die Chinesen haben ihre großen Expeditionen wie Feldzüge vorbereitet und durchgeführt. Wir hörten, daß die Straße, die in das Seitental von der Hauptpaßstraße abweicht, extra für die Besteigung des Shisha Pangma gebaut wurde. Die Zeltstadt des Basislagers umfaßte große Mannschaftszelte und ein Gemeinschaftszelt, das alle zweihundert Personen auf einmal aufnehmen konnte. Filme werden dort vorgeführt und Versammlungen abgehalten. Radio- und Wetterstationen, Ambulanz, Kantine und Küche sind in besonderen Zelten untergebracht. Eine Kraftwerkstation versorgt das ganze Lager mit elektrischem Licht.

Ich habe bei meinen wenigen Aufenthalten in China die Erfahrung gemacht, daß die Chinesen perfekte Organisatoren sind, so wie wir Deutschen das früher auch einmal gewesen sein sollen. Sie gehen alles systematisch an und erringen damit auch große Erfolge. Das zeigt sich besonders im alpinen Sport. Die Chinesen veranstalten regelmäßig Trainingskurse für ihre Bergsteiger und Träger. 1960 konnten sie so den Mount Everest zum ersten Mal über die Nordseite bezwingen. Es war klar, daß sie den Shisha Pangma, den letzten geheimnisvollen Achttausender, nicht unberührt lassen würden. Schon 1963 erreichte eine Bergsteigergruppe am Shisha Pangma 7 160 Meter. Der 37jährige Hsü Deching, der 1960 als stellvertretender Leiter die Everest-Expedition der Chinesen betreut hatte, wurde auch Leiter der Expedition zum Shisha Pangma 1964. Sein Stellvertreter war der um ein Jahr jüngere Chang Chung Yen. Auch er hatte bereits Expeditionserfahrung. Am Everest war er für die Einrichtung der Lager am Berg und für den Transport des Materials verantwortlich. Die übrigen Mitglieder der Bergsteigergruppe waren ebenfalls erfahrene Bergsteiger, denen Höhen um achttausend Meter nicht mehr neu waren. Tseng, unser Begleiter bei der Vorexpedition, war ebenfalls bei der Expedition, die zum ersten Mal den Shisha Pangma bezwungen hatte, dabei. Er erklärte uns anhand von Skizzen und mit dem Fernglas ganz genau, wie die damalige Expedition vorgegangen war. Bergsteiger und Träger hatten sich im Bett des Jebokangjale-Gletschers vom Basislager aufwärts bis in eine Höhe von 5 300 Metern bewegt. Dort wurde das erste Lager errichtet. Die Distanz vom Basislager zum Lager I in 5 300 Meter Höhe betrug annähernd zwölf Kilometer.

Das zweite Lager haben die Chinesen in 5 800 Meter Höhe aufgeschlagen. Zwischen Lager I und Lager II lagen elf Kilometer, die über Moränen und Eis zurückzulegen waren. Etwas oberhalb vom Lager II kam ein riesiger Eisbruch, der sich quer

↓ Panoramaaufnahme der Chinesen von Shisha Pangma, Jebokangjale und Risum.

über die ganze Gletscherzunge zog. Bizarre Eistürme bildeten ganze Wälder, die die Bergsteiger zu verschlingen drohten. Oberhalb des zweiten Lagers in 5800 Meter Höhe hatte die chinesische Expedition die eigentlichen Schwierigkeiten zu überwinden. Lager III wurde in 6300 Meter Höhe errichtet, und Lager IV lag in 6900 Meter Höhe. Zwischen Lager II und Lager III war eine Entfernung von vier Kilometern, zwischen Lager III und Lager IV eine Entfernung von fünf Kilometern. Die Chinesen brauchten dafür jeweils acht Stunden. Bis zum 6. April waren die Lager III und IV bereits mit fünf Tonnen Ausrüstungs- und Verpflegungsmaterial versehen. Die zwei nächsten Lager errichteten die Chinesen in 7500 Meter und in 7700 Meter Höhe. Bis zum 21. April waren auch diese Lager mit ausreichendem Verpflegungsmaterial und Sauerstoffgeräten ausgerüstet. Von diesen Lagern aus sollte der Angriff auf den Gipfel erfolgen. Das oberste Lager, Lager VI, diente als Sturmlager. Es lag genau 312 Höhenmeter unterhalb des Gipfels und war deswegen so hoch gelegt worden, weil es bei den anderen fast gleich hohen Gipfeln des Shisha Pangma schwierig war, den Hauptgipfel genau auszumachen. Man hatte tatsächlich auch in westlichen Bergsteigerkreisen lange gezweifelt, ob die Chinesen den Hauptgipfel erreicht hatten, was aber der Fall war.

Währenddessen trainierte eine Gruppe der zwölf besten Bergsteiger der Expedition systematisch für den Gipfelangriff. Am 21. April erreichte eine Gruppe von 61 Bergsteigern 6300 Meter Höhe und errichtete dort das Lager III. Am 23. April befand sich die ganze Gruppe wieder in Lager II bzw. Lager I. Am 24. April machten 46 Bergsteiger einen Akklimatisierungsmarsch zu Lager III, um am gleichen Tag wieder zu Lager II und dann zu Lager I zurückzusteigen. Am 25. April starteten 37 Bergsteiger zu Lager II, und setzten dann mit acht Mann ihre Besteigung fort, bis in eine Höhe von 6500 Metern. Der Rest dieser Gruppe folgte einen Tag später auf die gleiche Höhe. Während diese Gruppe wieder abstieg, begann gleichzeitig am 27. April ein Akklimatisierungsmarsch der zwölf besten Bergsteiger, die für den Gipfelsturm ausersehen waren, von Lager I bis in eine Höhe von 6600 Metern. Sie benötigten dafür drei Tage mit Biwaks im Lager II und Lager III und kehrten unmittelbar nach Erreichen der Höhe von 6600 Metern in einem eineinhalbtägigen Rückmarsch wieder zu Lager I zurück. Lager IV wurde vom 4. bis 6. April errichtet. Von hier aus stießen dann noch am 6. April dreißig Bergsteiger auf eine Höhe von 7200 Metern vor. Am 8. April befanden sich wieder alle Chinesen im Basislager auf 5000 Meter Höhe. Am 12. April stiegen 43 Bergsteiger auf, um das fünfte und entscheidende sechste Lager zu errichten, das am 22. April schließlich mit dem notwendigen Material und den Sauerstoffgeräten ausgerüstet war. Am 25. April befanden sich wieder alle Chinesen im Basislager.

Beginn des Gipfelsturms

Dann erfolgte der endgültige Angriff. Dreizehn Bergsteiger der Expedition starteten vom Basislager am 25. April. Die Gipfelmannschaft bestand aus sieben Tibetern und sechs Han-Chinesen. Darunter befanden sich der Expeditionsleiter Hsü Deching, der stellvertretende Leiter Chang Chung Yen und Wang Fu Chou, der sich schon auf dem Gipfel des Mount Everest befunden hatte. Die Meteorologen der Wetterstation des Basislagers hatten für die kommende Woche gutes Wetter gemeldet. Die Bergsteiger, die den Gipfel erreichen sollten, wurden feierlich verabschiedet, so ähnlich, wie wir das in Lhasa in dem Film gesehen hatten, der die Besteigung des Mount Everest durch die Chinesen festhielt. Ebenso muß es – nach der Erzählung des Expeditionsleiters – auch am Shisha Pangma zugegangen sein. Eine Kapelle

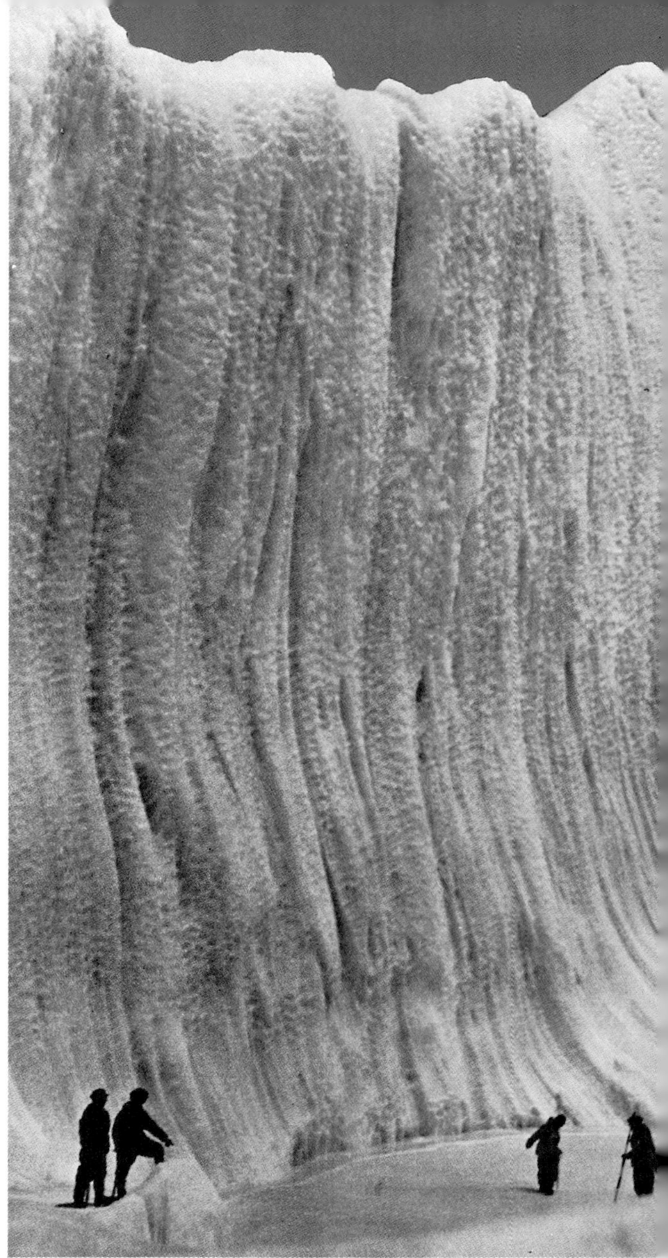

↑ Lager I der Chinesen auf einer Moräne des Jebokangjale in 5 300 Meter Höhe.

→ Vor einer gewaltigen Eiswand des Jebokang-jale-Gletschers.

← Im Labyrinth der Séracs.

← Lager III in 6 300 Meter Höhe.

← Aufstieg in der Korridor-Zone, den Hauptgipfel des Shisha Pangma vor Augen.

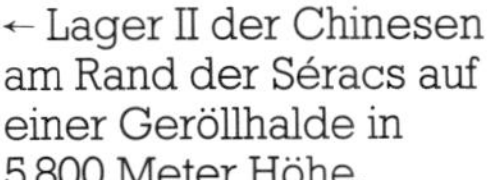

← Lager II der Chinesen am Rand der Séracs auf einer Geröllhalde in 5 800 Meter Höhe.

← Lager IV im Schnee des Korridors in 6 900 Meter Höhe.

← Rast hoch über dem Jebokangjale.

↑ Lager VI der Chinesen unterhalb des »Gendarms«.

←← Aufbruch von Lager V in Richtung Gipfel.

←Die Spitzengruppe auf dem Weg zum Gipfel.

↓ 2. Mai 1964, 10 Uhr 20. Die ersten Menschen stehen auf dem Gipfel des Shisha Pangma.

→ Abstieg nach dem Sieg.

Am 2. Mai 1964 ist der Shisha Pangma zum ersten Mal bestiegen

spielte, Trommeln wurden gerührt, alle sangen die Nationalhymne. Den Bergsteigern wurde die chinesische Flagge und eine Porträtbüste Mao Tse-tungs übergeben, damit sie sie auf dem Gipfel aufstellten. Am 2. Mai um 10.20 Uhr hatten die Chinesen ihr Ziel erreicht. Hsü Deching, mit dem wir im Basislager oft über die Erstbesteigung des Shisha Pangma durch die Chinesen gesprochen haben und der mit seinen Ratschlägen uns am Berg sehr geholfen hat, berichtet über die entscheidenden Tage seiner Expedition aus dem Jahre 1964 folgendes:

Hsü Deching berichtet

»Ein heftiger Schneesturm schlug uns aus Südwest entgegen, als wir an der Nordseite des Gletschers entlangzogen. Wir überquerten ein Labyrinth von Eistürmen und erreichten nach drei Tagen Lager III in 6 400 Meter Höhe. Als wir in der Frühe des 28. April die Zelte verließen, zeigte sich das Wetter von seiner besten Seite. Wir bemühten uns, möglichst rasch auf das Schneeplateau zwischen Haupt- und Nordgipfel zu gelangen, das in 6 900 Meter Höhe liegt und nach Osten leicht ansteigt. Nachdem wir zwei riesige Eis- und Schneehänge überwunden hatten, suchten wir vergeblich unser Lager IV, das schon vorher von anderen Gruppen unserer Expedition errichtet worden war. Auch die Markierungszeichen konnten wir nirgendwo entdecken. Der tiefe Schnee hatte alles zugedeckt, sowohl die Zelte als auch die Wegzeichen. Schließlich haben wir die Zelte aber doch gefunden und konnten sie, wenn auch mühsam, nach zweistündiger Arbeit aus den Schneemassen wieder ausgraben. Am folgenden Tag wurde das Wetter dann so schlecht, daß wir die Zelte nicht verlassen konnten. Erst am 30. April stiegen wir weiter. Durch knietiefen Pulverschnee, der über blankem Eis lag, kämpften wir uns einen steilen Hang empor. Die Steigung betrug an einigen Stellen 45 Grad und mehr. Auf der rechten Seite des Hangs standen Felswände, die fast senkrecht bis zur Basis des Korridors reichten. Wir benötigten fast acht Stunden mühsamen Aufstiegs, um vom Lager IV nach Lager V in 7 500 Meter Höhe zu kommen. Dort zeigte sich wiederum keine Spur von den Zelten. Nachdem wir sie gefunden hatten, brauchten wir wieder zwei Stunden, um sie aus dem Schnee auszugraben. Das Sturmlager in 7 700 Meter Höhe erreichten wir am folgenden Tag, dem 1. Mai. Am Abend dieses Tages gaben uns unsere Meteorologen über Funk aus dem Basislager eine außergewöhnlich gute Wettervorhersage für den 2. Mai. Daraufhin beschlossen wir, an diesem Tag den Gipfel anzugreifen. Da drei Kameraden aus unserer Gruppe offensichtlich etwas höhenkrank waren, kamen wir überein, daß zehn Mann zum Gipfel steigen sollten, während die drei anderen im Sturmlager auf die Rückkehr der Gipfelmannschaft warten und ihr im Notfall eventuell zu Hilfe kommen sollten.

Als noch der Mond am Himmel stand, startete am 2. Mai um 6.00 Uhr in der Frühe bereits die Gipfelgruppe. Sie bildete drei Seilschaften. Wegen der Dunkelheit mußten wir am Beginn des Aufstiegs Lampen benutzen. Als der Tag anbrach, erreichten wir in 7 800 Meter Höhe einen steilen Eishang, der in seinem unteren Teil in eine fast senkrechte Eiswand abfiel. In den kalten Strahlen der Morgendämmerung zeigte das Eis einen gefährlichen bläulichen Glanz. Aber wir waren gezwungen, diesen aus Blankeis bestehenden Hang zu überqueren, um auf den Anstieg zum Gipfel zu kommen. Es blieb uns nichts anderes übrig, als Stufen zu schlagen. Mit einem Eishaken, durch dessen Ring ich ein Nylonseil zog, versuchte ich die Bergsteigergruppe zu sichern. Trotz unserer Vorsicht brach unter den Füßen unseres Schlußmannes eine Stufe aus. Es war der Geologe Wang Fu Chou. Er rutschte aus und pendelte etwa zwanzig Meter in die Tiefe. Wir konnten ihn aber rasch wieder bergen. Obwohl die gefährliche, glatte Eisstelle nicht breiter als zwanzig Meter war, benötigten wir mehr als eine halbe Stunde, um sie zu überwinden. Nach dieser Überquerung stiegen wir senkrecht einen etwa 45 Grad geneigten Hang in Richtung Gipfelgrat hinauf. Wir mußten unsere Eisbeile zu Hilfe nehmen, um die hartgefrorenen Schneeplatten zu überwinden. Mit schweren Beinen und jagendem Atem gewannen wir mühsam an Höhe. Wir waren so fertig, daß wir eine kurze Rast einlegen mußten, um die letzten fünfzig Meter bis zum Gipfelgrat zurückzulegen. Dort sanken wir bis zu den Knien in den Schnee ein. Der Gipfel! – schrie einer von uns. Plötzlich sahen wir ihn auch. Er ragte vielleicht noch zehn Meter über uns hinaus und hatte alle Schrecken verloren. Es war eine schneebedeckte Kuppe, sonst nichts. Wir waren indessen so erschöpft, daß wir nicht unmittelbar zu dem so nahen Gipfel weitersteigen konnten. Wir mußten

← Zwei chinesische Bergsteiger erkunden eine luftige Gletscherbrücke.

zuerst noch einmal rasten, ehe wir die letzten Meter in Angriff nahmen. Über uns strahlte die Sonne von einem wolkenlosen Himmel. Nur der Wind war unangenehm. Er wehte mit einer Stärke von 25 Metern pro Sekunde aus südwestlicher Richtung. Mit schweren Schritten passierten wir eine kleine Wächte, die wie ein flacher Kegel aussah, und erreichten einen windgepreßten Grat. Nach wenigen Metern senkte sich dieser Schneegrat wieder: Wir standen auf dem Gipfel des Shisha Pangma. Er bestand aus einer kleinen, harten Schneefläche von etwa fünf Quadratmetern. Wir genossen ringsum eine schier unendliche Aussicht. Der Wind konnte uns auf dem Gipfel mit ungehemmter Heftigkeit angreifen. Aus Richtung Südost strahlte die Sonne von einem blauen Himmel. Unter uns zogen einige kleine Wolken dahin. Um 10.20 Uhr standen alle auf dem Gipfel. In meinen Taschenkalender schrieb ich mit Bleistift auf die Seite des 2. Mai:
Zehn chinesische Bergsteiger haben unter Leitung von Hsü Deching am 2. Mai 1964 den Shisha Pangma erstiegen.

Dann riß ich den Zettel aus dem Kalender heraus und gab ihn dem Tibeter Sodnam Dorje, der aus seinem Rucksack die Nationalflagge Chinas und eine Büste Mao Tse-tungs holte. Er steckte alles zusammen in ein Schneeloch, das wir auf dem Gipfel ausgehoben hatten. Wir fotografierten und filmten diese Szene. Dann machten wir noch Aufnahmen von der ganzen Gruppe. Der Ausblick war herrlich. Im Südosten sahen wir den höchsten Berg der Welt, den Chomolungma. Unter uns im Norden lagen die Weiden des tibetischen Hochlandes. Das silberne Band des Bangchuflusses zog durch die grüne Fläche. Die beiden großen Seen im Norden schimmerten wie zwei riesige Spiegel. Im Süden ragten die Schnee- und Eisgipfel der Bergketten des Himalaja. Um 11.00 Uhr machten wir uns an den Abstieg. Bereits am Mittag erreichten die drei Seilschaften wieder das Sturmlager.«

Die Chinesen wählten also den natürlichsten Weg auf den Gipfel des Shisha Pangma. Sie folgten, soweit es ging, dem Bett des Gletschers Jebokangjale. In einer riesigen S-Form kamen sie auf diese Weise zum eigentlichen Sockel des Shisha Pangma. Zuerst führte die Route nach Süden auf die Nordseite des Shisha Pangma, folgte dem Gletscherfluß nach rechts, d. h. nach Westen, um dann – in einer riesigen Schleife hinter dem 7 500 Meter hohen, noch unbestiegenen Nordwestgipfel nach Osten – in den Eis- und Schneekorridor, der vom Haupt- und Nordgipfel gebildet wird, einzubiegen. Im Korridor liegt das vierte Lager, 6 900 Meter über dem Meeresspiegel. Über die Kante des Grates, der Haupt- und Nordgipfel verbindet, hinwegsteigend, erreichten sie die nordwestliche Eis- und Schneewand, auf der sie Lager V und VI errichteten. Sie benötigten in Lager V in 7 500 Meter Höhe insgesamt etwa 250 kg Material. Davon entfielen auf Ausrüstung und Brennstoff ca. 75 kg, an Sauerstoff 170 kg und auf Nahrungsmittel 55 kg. Im Stoßlager in 7 776 Meter Höhe benötigten sie etwas über 200 kg Material. Davon ca. 105 kg Sauerstoff, 65 kg Ausrüstung und 35 kg Nahrungsmittel.

Meteorologische Schwierigkeiten

Die meteorologischen Schwierigkeiten des Shisha Pangma-Massivs sind erheblich. Für eine Besteigung kommen nur zwei Perioden in Betracht, einmal unmittelbar vor Beginn der Monsunzeit im Mai und dann noch einmal im September und Oktober nach Beendigung des Monsuns. Die Chinesen erzählten uns, daß es im Mai, während drei kurzer Schönwetterzyklen, möglich ist, den Gipfel zu erreichen. Diese Zyklen sollen normalerweise höchstens zwei bis drei Tage andauern, ehe wieder schlechtes Wetter eintritt. Die Windgeschwindigkeiten erreichen mehr als fünfzig Meter pro Sekunde. Die Temperaturen sinken bis auf minus dreißig bis vierzig Grad Celsius ab. Die Besonderheit des Shisha Pangma liegt außerdem in den großen Distanzen, die in großer Höhe zurückzulegen sind. Die Entfernung vom Basislager zum Gipfel beträgt 38 Kilometer. Eine Zerreißprobe auch für guttrainierte Bergsteiger!

Eine kleine Geschichte Tibets

2

Zwei Mönche am Eingang zum Mausoleum des vierten Pantschen Lama.

Gelbmützen und Rotmützen

→ Der Ursprung des Lamaismus

Einer alten Tradition zufolge war der erste Vorfahre der Tibeter ein Affe, der über den Himalaja aus Indien kam und eine Teufelin heiratete, die in einer Höhle am Tsangpo-Fluß hauste. Allmählich sollen sich dann die Nachkommen dieses Ehepaares zu Menschen entwickelt haben, allerdings – wie sich aus Berichten der kultivierten Chinesen entnehmen läßt – zu wilden barbarischen Scharen, die irgendwo in den hohen, unzugänglichen Bergen im Westen in den Wolken oder über den Wolken lebten und grausamen Kulten anhingen. Die in viele kleine Königreiche aufgeteilten kriegerischen Tibeter waren tatsächlich in ganz Asien gefürchtet.

Srong Tsen Gampo

König Srong Tsen Gampo, der historisch bedeutendste König der tibetischen Geschichte, einigte diese kleinen Königreiche mit starker Hand, besser gesagt, er unterjochte sie. Zur Frau nahm er Bhrikuti, die Tochter des Königs von Nepal und eine Tibeterin. Als er mit einem wohlgerüsteten Heer auch die chinesischen Truppen des Kaisers Taitsung besiegte, nahm er gemäß dem Friedensvertrag die chinesische Prinzessin Weng Sheng als zweite Gattin. Die beiden hochkultivierten Frauen gehörten der buddhistischen Religion an, während ihre Untertanen noch dem alten Bonpo-Kult anhingen, der die Ahnenverehrung, Blutopfer von Menschen und Tieren und vielerlei Zauberei zum Inhalt hatte. Zauberer, Schamanen und Priester deuteten die Zukunft, heilten Krankheiten und konnten das Wetter beeinflussen. Herr des Himmels, der Erde und der Unterwelt war Adibuddha, der Blaue Adler, der von oben Herabschauende, der alle Gottheiten beherrschte, der Bodhisatva Samantabhadra. Die Schamanen riefen den Blauen Adler und die anderen Götter mit ekstastischen Tänzen an.

Unter dem Einfluß seiner buddhistischen Frauen bekehrte sich der König zum Buddhismus und machte diesen zur herrschenden Religion im Schneeland. Aus China übernahm er die Sitten und Gebräuche, aus Indien die Gelehrsamkeit, das Sanskritalphabet und die Religion. Damit bezog er die Geschichte Tibets in das Spannungsfeld zwischen Indien und China ein. Unter dem Einfluß des Buddhismus wurden die Tibeter allmählich friedliche Menschen, soweit man das von Menschen und zumal von so kriegerischen überhaupt sagen kann.

Der Nachfolger des großen Königs Srong Tsen Gampo, der König Khri Srong Tsan, holte den größten zeitgenössischen buddhistischen Heiligen, Padmasambhava, aus Indien nach Tibet. Diese beiden Männer gründeten die ersten Klöster und schufen durch die Aufnahme zahlreicher Elemente der alten Bön-Naturreligion in den Buddhismus den Lamaismus, der als ein besonderer Zweig des Mahayana-Buddhismus angesehen werden kann.

In den folgenden Jahren wurden die Klöster immer zahlreicher und mächtiger. Die Äbte mischten sich in die Politik ein und fingen allmählich an, neben der geistlichen auch die weltliche Herrschaft auszuüben. Schließlich riß der Abt des Klosters Sakya im westlichen Tibet sogar die Königsherrschaft an sich.

Als Kublai Khan, der Sohn des großen mongolischen Eroberers Dschingis Khan, der erste Mongolenkaiser von China wurde, nahm er nach vielen Jahren des Studiums und der Durchforschung aller ihm bekannten Religionen den lamaistischen Buddhismus an und ließ seine Herrschergewalt vom Abt von Sakya segnen. Es handelte sich dabei um so etwas wie die Krönung der mittelalterlichen Kaiser durch den Papst. In der Tat erkannte Kublai Khan als Gegenleistung den Lama-König als königlichen Landesherrn von ganz Tibet und als obersten Priester der buddhistischen Welt an. Diese geistliche und weltliche Herrschaft hielt sich mehrere Jahrhunderte lang, während derer der Lamaismus sich über große Teile Asiens verbreitete und die Mongolei durchdrang.

Als die Herrschaft der Sakya-Päpste Zerfallserscheinungen zeigte und die gesamte lamaistische Geistlichkeit in den Sog des sittlichen Niedergangs geriet – sie verletzte zunehmend die ursprünglichen Regeln priesterlichen Lebens –, traten mehrere Reformatoren auf. Auch hier zeigen sich Parallelen zur christlichen Geschichte des abendländischen Mittelalters. Der bedeutendste dieser Reformatoren hieß Tsong Khapa und kam aus dem Zwiebelland von Nordosttibet. Er vertrat einen gereinigten Lamaismus und verbot den Mönchen die Ehe, die Trunksucht und das Rauchen. Seine Anhänger hießen die Gelugpas oder »die auf dem Pfad der Tugend Wandelnden«. In Anspielung auf ihre neue gelbe Ordenstracht, die Tsong Khapa einführte, nannte man sie auch die Gelbmützen. So nennt man sie übrigens heute noch. Man spricht auch von der Gelben Sekte im Gegensatz zur vorangegangenen Roten Sekte und ihren Mitgliedern, die die Rotmützen hießen. Tsong Khapas Reform erneuerte den Lamaismus so gründlich und anhaltend, daß er von den Tibetern als der zweite Buddha bezeichnet wurde. Viele Generationen gab es nun die Gelbmützen und die Rotmützen nebeneinander, die – wie unter verschiedenen Spielarten der gleichen Religion oder Weltanschauung üblich – sich heftig bekämpften. Wir kennen das ja. Schließlich setzte sich die Gelbe Sekte durch. Vier Ursachen spielten dabei eine entscheidende Rolle: erstens die buddhistische göttliche Vorsehung, zweitens die Schaffung der Dalai Lamas, drittens das Entstehen der Lehre von lebenden Buddhas und viertens die Anwendung von Gewalt.

Gegen Ende des 14. Jahrhunderts wuchs in einem sehr abgelegenen Tal des westlichen Tibets Gedundup als Sohn eines einfachen Schäfers auf, der dort seine Schafe hütete. Er stammte aus der gleichen Gegend wie Tsong Khapa und soll dessen Neffe gewesen sein. Eine Begebenheit ließ Großes von ihm erwarten. Als seine Eltern vor Räubern fliehen und den kleinen Knaben unter Steinen verborgen zurücklassen mußten, fanden sie ihn bei ihrer Rückkehr zusammen mit einem riesigen Geier, der ihn bewacht hatte. Dieser kleine Junge wurde ein berühmter Mönch, der viele religiöse Bücher schrieb. Zahlreiche Anregungen erhielt er von dem alten Reformator Tsong Khapa. Er gründete zwei der größten Klöster Tibets, wahrscheinlich sogar der ganzen Welt, nämlich Trebung in der Nähe von Lhasa, den »Reishaufen«, und Taschilunpo, den »Berg des Segens«, bei Shigatse. Gedundup wurde der erste Abt des Klosters Trebung, wo er nach Meinung seiner Zeitgenossen schon bei Lebzeiten Buddhaschaft erreichte oder, wie man in Tibet dazu sagte, »über das Leiden hinausgelangt« war. Doch damit war seine Wirkung keineswegs beendet. Einige Jahre nach seinem Tod stellte man fest, daß sein Geist in den Körper eines anderen Lama übergegangen war, der als sein Nachfolger Abt von Trebung wurde. Das bedeutete etwas völlig Neues. Für die buddhistische Welt war ein Wunder geschehen. Eine Seele, die nach einem vollkommen reinen Leben Anspruch darauf hatte, in die absolute Freiheit von Leiden, in die absolute Loslösung von allen Bedürfnissen in das Nichts einzugehen – also die letzten und äußersten Wonnen der Buddhaschaft zu genießen –, hatte sich freiwillig entschlossen, wiedergeboren zu werden, sich erneut den Leiden dieser Welt auszusetzen, um den anderen Menschen und fühlenden Wesen zu helfen. Damit war der zweite Abt des Klosters Trebung der erste lebende Buddha, den die buddhistisch-lamaistische Welt kannte. Dessen Nachfolger, also der dritte Abt von Trebung, erhielt von den mongolischen Fürsten, die er zum Buddhismus bekehrt hatte, den Titel Dalai Lama, also allumfassender Lama oder auch der Lama, der so weit wie das Weltmeer ist, oder kurz: der Ozeanpriester. Er wurde damit also der dritte Dalai Lama, ebenfalls eine Inkarnation des ersten und zweiten. Der Abt von Trebung war zwar das anerkannte Haupt der Gelugpas, der Gelbmützensekte, doch die weltliche Macht in Tibet lag immer noch bei dem König von Tsang, dem Papst von Sakya, der das Haupt der Tugpas, der Rotmützen, also der alten lamaistischen Sekte aus der Zeit vor Tsong Khapa war. So blieb es bis zum fünften Dalai Lama, bis zu Lobsang, dem Beredten. Dieser fünfte Dalai Lama war eine außergewöhnliche Persönlichkkeit. Er strebte nicht nur die religiöse Herrschaft, sondern auch die weltliche Herrschaft über ganz Tibet an. Er sagte den Tugpas den Kampf an!

Als es wieder einmal zu kriegerischen Unruhen in Nord-Tibet kam und der Abt von Sakya in blutige Auseinandersetzungen mit Mongolen, Tataren und Turkmenen verwickelt war, packte Lobsang die Gelegenheit beim Schopf und brach im Bündnis mit Gusri Khan, dem mächtigsten der Tataren-Fürsten, die Macht der Rotmützen. Von da an lag auch die politische Macht in Lhasa ausschließlich in den Händen des Dalai Lama.

Der Dalai Lama ist damit, als das Oberhaupt der tibetischen Theokratie, geistlicher und weltlicher Herrscher.

← Tsong Khapa, der Gründer der Gelbmützen-Sekte

Der erste lebende Buddha des Lamaismus

Das Regierungssystem der tibetischen Theokratie

Für den weltlichen und den geistlichen Verwaltungsbereich gibt es im ehemaligen Tibet je einen Verwaltungszweig, die beide in der Person des Dalai Lama gipfeln, während seiner Minderjährigkeit in der Person des Regenten. Der Dalai Lama übt wie ein absolutistischer Herrscher unbegrenzte Macht über seine Untertanen aus. Das gilt nicht nur für das Diesseits, sondern auch für das Jenseits, denn der Dalai Lama kann die Folge der Wiederverkörperungen bestimmen. Im Glauben der Lamaisten ist er der höchste lebende Buddha auf Erden. In ihm verkörpert sich der Schutzgott Tschenresig von Tibet. Er ist allwissend und hat freiwillig auf die Glückseligkeit des Nirwana verzichtet, um den anderen Menschen, die noch auf der Erde leben müssen, zu helfen.

→ Die vergoldeten Füße einer Buddhastatue.

Der im Falle der Minderjährigkeit des Dalai Lama bestellte Regent ist ebenfalls eine Inkarnation Buddhas. Doch sie genießt ein geringeres Ansehen als die des Dalai Lama. Außerdem ist der Regent im Gegensatz zum Dalai Lama, der niemandem Rechenschaft schuldet, dem Tsong-Du, dem tibetischen Parlament verantwortlich.

Die eigentliche Regierung Tibets stellt der Kashag dar. Das ist ein Ministerrat, bestehend aus einem Mönch und drei Laien. Über dem Kashag steht der Premierminister oder Lönchen.

Unterhalb der Regierungsebene leiten vier Tzepöns die weltliche Verwaltung. Auf der Ebene der unteren Verwaltungsbezirke bilden die Tsongpöns eine Art Regierungspräsidenten. Die öffentlichen Kassen des weltlichen Staates Tibet verwaltet ein Schatzmeister. Besondere Dienststellen gibt es für das tibetische Militärwesen. Als die internationalen Probleme für Tibet drängender werden, wird ein besonderes Auswärtiges Amt errichtet, dem die Beziehungen zur Außenwelt obliegen.

Unter diesen Institutionen der Regierung und den obersten Verwaltungsbehörden stehen die verschiedenen Rangstufen der übrigen Beamtenschaft, die Bezirksamtmänner, die Richter, die Polizeipräsidenten, die Bürgermeister, die Finanzbeamten und eine Reihe von Inspektoren für besondere Verwaltungsgebiete wie das Gesundheitswesen, das Ernährungswesen und die Landwirtschaft. In den guten alten Zeiten gibt es in Tibet eine überlieferte feste Zahl von 350 Beamten. Doch im Laufe der Zeit erhöht sich diese Zahl erheblich. Auch in Tibet nehmen Staatsgewalt und Staatstätigkeit im Laufe der Jahre einen immer größeren Umfang an.

Das Parlament Tsong-Du ist eher mit dem Landtag eines deutschen Territoriums des achtzehnten und neunzehnten Jahrhunderts zu vergleichen als mit einem modernen demokratisch gewählten westlichen Parlament. Diese tibetische Nationalversammlung tritt in einer der weiten Hallen des Jokhang zusammen. Im Parlament sind die geringeren Grade der weltlichen und geistlichen Beamten, die sich während der Sitzungsperiode gerade in Lhasa aufhalten, vertreten. Dazu kommen die Äbte und Schatzmeister der »drei Säulen des Staates« sowie die Äbte der vier Königsklöster im Stadtbereich. Besonders die Äbte der »drei Säulen des Staates« haben großen Einfluß, denn sie sprechen für fast 25 000 in der unmittelbaren Nachbarschaft Lhasas lebende Mönche, die, wie Beispiele zeigen, auch nicht davor zurückschrecken, ihre Interessen mit Waffengewalt wahrzunehmen. Der Tsong-Du hat keine feste Geschäftsordnung. Er ist weder in Fraktionen und Ausschüsse gegliedert, noch entscheidet er anstehende Fragen im Wege einer Abstimmung. Die einzige Ähnlichkeit, die er mit einem modernen Parlament aufweist, liegt darin, daß auch im Tsong-Du viel geredet wird. Der dreizehnte Dalai Lama, nicht gerade ein Muster-

← Große Buddhastatue im Stadttempel von Lhasa, dem Jokhang.

beispiel eines demokratischen Herrschers, sagt von ihm etwas verächtlich: »Der Tsong-Du redet und redet und kommt nur sehr schwer zu Entschlüssen.« Wenn nach langen Debatten unter Konsum großer Mengen von Buttertee sich allmählich die Meinung einer Mehrheit abzeichnet, gilt diese als Beschluß des Parlamentes. In der Regel handelt es sich dabei um die Meinung der oberen in der Nationalversammlung vertretenen Lamas und Beamten. Denn die Beamten der sechsten und siebten Rangstufe wagen es nicht, im Parlament ihren Vorgesetzten zu widersprechen.

Die geistliche Verwaltung liegt in der Hand eines unter dem Dalai Lama stehenden Mönchskabinetts, dem Tse-Khor. Ein Oberstkämmerer verwaltet die kirchlichen Finanzen, ein Klosterrat, Yig-Tsang, übt die Aufsicht über die Klöster aus.

Die Beamtenstellen sind in Tibet hauptsächlich dem Adel vorbehalten, was von diesen keineswegs als besonderer Vorteil angesehen wird. Die Beamten müssen in der Provinz arbeiten, die bei weitem nicht die Abwechslungen und das angenehme Leben wie die Hauptstadt Lhasa bieten. Doch wenn sie nicht ihre umfangreichen Privilegien und ihren Landbesitz verlieren wollen, müssen sie einen Großteil ihres Lebens als Beamte verbringen. Der Adel besitzt die Gerichtsbarkeit über die Pächter und Bauern, die auf den großen Ländereien, die dem Adel gehörten, leben. Diese Gerichtsbarkeit besitzt große Ähnlichkeit mit der Patrimonialgerichtsbarkeit, die der europäische Landadel auf seinen Gütern ausübte. Der dreizehnte Dalai Lama, der so entscheidenden Einfluß auf die Verfassung Tibets ausübt, verbietet, daß sich die Adeligen bei der Ausübung des Beamtendienstes durch einen dritten vertreten lassen. Er ordnet an, daß jeder Beamte abwechselnd drei Jahre in der Provinz und in Lhasa arbeiten muß.

Vom großen fünften Dalai Lama

→ »Der Körper ist ein Gewand, das man anlegt und ablegt.« Eine Inkarnation des Gottes Tschenresig im mystischen Dunkel des Jokhang-Tempels.

→→ Folgende Doppelseite: Goldskulpturen auf einem Tempeldach im Sonnenlicht: Das »Rad des Seins«, dessen acht Felder zwischen den Speichen die acht Seinsstufen des lamaistischen Kosmos symbolisieren.

Der große fünfte Dalai Lama war der eigentliche Begründer der tibetischen Theokratie. Er war in einer Person Gott, Priester und König. Er herrschte unumschränkt über seine Untertanen, über ihr diesseitiges und jenseitiges Leben und auch über ihre Wiedergeburten. Er konnte sie beliebig lange auf dem Rad des Seins schmachten lassen. Der fünfte Dalai Lama bezeichnete sich als eine Wiederverkörperung des großen Königs Srong Tsen Gampo, der seinerseits wiederum eine Inkarnation des Gottes Tschenresig, des Herrn des Mitleids, des Schutzgottes von Tibet, war. Bei der Bekehrung der Rotmützensekte zeigte sich der »Fünfte« nicht wählerisch. Wer sich nicht sofort zur Gelugpa-Sekte bekehrte, wurde einfach umgebracht. Dank diesem großzügig rücksichtslosen Verfahren gehören seit dieser Zeit über neunzig Prozent der tibetischen Lamas zur Gelbmützensekte. Die letzten Rotmützen überlebten in den Bergen von Bhutan. Der geschichtskundige christliche Leser wird leider wenig Veranlassung finden, den fünften Dalai Lama wegen seiner Bekehrungsmethoden zu kritisieren.

Unter der Regierung des fünften Dalai Lama kam es auch zu ersten Kontakten mit Europäern. Ein österreichischer Jesuit, Pater Gruber, war nach Lhasa gelangt. Er beschrieb den »Fünften« als »diesen teuflischen Gott-Vater, der alle, die sich weigern, ihn anzubeten, töten läßt«. In der Tat wurde mancher Lama-Würdenträger der Rotmützen gefangengenommen und in die Kerker von Lhasa geworfen. Man klagte ihn dann vor dem Kirchengericht wegen Teilnahme an der Verschwörung gegen die heilige Kirche an und richtete ihn wegen Ketzerei hin. Die Sitze der Rotmützen wurden in Klöster der »Tugendhaften« verwandelt und ihre heiligen Schriften, soweit man ihrer habhaft werden konnte, verbrannt.

Um diese Zeit saß in Peking der letzte Sproß der Dynastie der Ming-Kaiser auf dem Drachenthron. Die Mongolen überfluteten bereits China. Tschung Teh, ein Kaiser aus dem Geschlecht der Mandschu, war bis nach Peking vorgestoßen. Da es sich bis nach Tibet herumgesprochen hatte, daß die Ming-Dynastie wackelte, schrieb der fünfte Dalai Lama dem Mandschu Tschung Teh: »Du bist die Inkarnation eines der Söhne Buddhas, denn die Götter haben es mich wissen lassen«. Er bezeichnete ihn als Beschützer der Religion. Der Mandschu deutete dieses Handschreiben dahin, daß sich der Dalai Lama als seinen Vasallen betrachtete. Da man letztlich nie wissen kann, nahm der Priester des weiten Ozeans auch Brief und Siegel als Zeichen der Anerkennung seiner Inkarnation vom letzten Ming-Kaiser entgegen.

1651, im Jahr des eisernen Hasen, das im 11. Zyklus der tibetischen Zeitrechnung liegt, begab sich der fünfte Dalai Lama auf Einladung des neuen Mandschu-Kaisers nach Peking. Schon vorher hatte er die innere Ordnung der Gelben Kirche festgelegt, die Inkarnationen aller Groß-Lamas bestimmt und das Kloster Taschilunpo bei Shigatse wiederaufgebaut.

Es war auch der fünfte Dalai Lama, der zu der Erkenntnis kam, daß die neue Macht der Gelben Religion in einem glänzenden Bauwerk zum Ausdruck kommen und die Gläubigen beeindrucken sollte. Auf dem Mapori, dem Felsenhügel über Lhasa, sollte anstelle der alten Königsburg der neue Sitz der Inkarnationen des Tschenresig stehen. Santi Taso, eine Art Balthasar Neumann der tibetischen Architektur, sollte »den aus Stein gemeißelten Traum überirdischer Vollkommenheit« erbauen. Nach seinen Plänen ist 1644 mit dem Bau des Potala begonnen worden. »Tausende von Fronknechten schichteten die Steine und fügten sie zu dem im Purpurglanz strahlenden Palast des Ripotala, der den bösen Geistern verschlossen war«. Zunächst entstand der rote Palast.

Die Rotmützensekte war damals zwar schon besiegt und spielte keine Rolle mehr; doch die alten Zauberkulte verfügten in der Bevölkerung noch über einen großen Anhang. Der fünfte Dalai Lama hielt es für klug, diese Zauberkulte in die neue Gelbe Staatskirche einzubeziehen. Dazu gehörte auch die Einrichtung des offiziellen Staatsorakels von Netschung, das eine ähnliche Bedeu-

← Im Potala steht der Tschorten des großen fünften Dalai Lama, des Festigers der herrschenden Gelbmützen-Sekte:

Auf einem pyramidenartigen, juwelengeschmückten Unterbau steht das prunkvolle Gehäuse der Buddhafigur.

↑ Tsong Khapa (1357-1419), der große Reformator des Lamaismus und Begründer der Gelbmützen-Sekte, der von den Tibetern als zweiter Buddha bezeichnet wurde. Neben ihm stehen die Büsten anderer Inkarnationen.

↑ Siegessäule vor der Südseite des Potala, deren Inschriften aus dem Jahre 764 von den Siegen des tibetischen Königs Tri Song Dentsen über die Chinesen berichten.

← Mit starren, ins Jenseits gerichteten Augen blicken zwei Inkarnationen ins Dunkel des Jokhang.

↓ Eine prachtvolle Buddhastatue, erhellt vom flackernden Licht der Butterlampen im Jokhang.

↑ Das Lächeln des großen »Fünften«.

↑ Wie eine Erinnerung an die grausamen Kulte der tibetischen Urzeit: ein Dämon bleckt seine Zähne gegen den Betrachter.

→ Mahakala, der dunkelhäutige Dämon, der mit erhobenem Zepter die Feinde der Gelben Kirche zerschmettert.

←← Ein Buddha hält Katas, weiße Glücksschleifen in Händen.

← Srong Tsen Gampo (617-699) und seine Frau, die chinesische Prinzessin Weng Sheng.

→ Maitreya, der Buddha des kommenden Weltalters.

↓ Der Kirchenvater Tsong Khapa, umgeben von Jüngern.

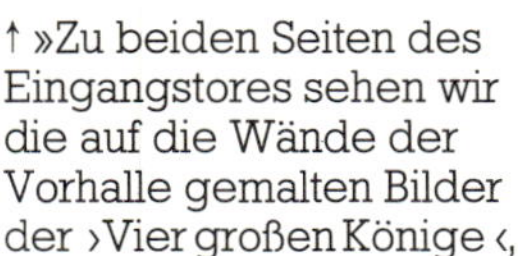

↑ »Zu beiden Seiten des Eingangstores sehen wir die auf die Wände der Vorhalle gemalten Bilder der ›Vier großen Könige‹, deren Aufgabe es ist, böse Dämonen fernzuhalten . . . sie sehen, von einem Gewirr von Wolken, züngelnden Flammen, Tigern, Drachen und anderen wilden Tieren umgeben, geradezu abscheulich aus.« (Sven Hedin)

→ Tsangpa, einer der schrecklichen Götter, auf einem Schimmel reitend.

→ Ein goldgetriebener Grabtschorten, mit klingenden Glöckchen behangen.

→→ Noch einmal der große »Fünfte«, der auch den Potala begründete. Er läßt seine Hände sprechen.

← ← Padmasambhava, der Gründer der Lama-Religion.

←Der dreizehnte Dalai Lama (1876-1933), der neben dem »Fünften« als bedeutendster Priesterkönig Tibets gilt.

→ Blick in den Innenhof des Potala.

↓ Das Staatsorakel Netschung, in einem kleinen Tempel unterhalb des Klosters Trebung.

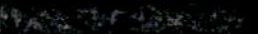

→ Auf den goldenen Dächern des Potala, die weit ins Tal des Kyitschu hinausleuchten. »Schließlich betraten wir die Dachterrassen des Potala. Die muffige, etwas bedrückende Atmosphäre des Inneren wich sofort der strahlenden Helle, die uns entgegenschlug. Wir befanden uns in unmittelbarer Nähe der goldenen Dächer, die aus der Tiefe der Grabmäler emporragten. Ihre vorspringenden Drachenköpfe, die glocken- und kegelförmigen Firstreiter, die Symbole an den Giebeln leuchteten im Gegenlicht vor einem tiefblauen Himmel.«

↓ Wie eine Erscheinung aus vergangener Zeit: Ein Mönch tritt hinter einer Holzsäule hervor ins Blitzlicht unserer Photoapparate.

→ Mit bunten Tankas geschmückte Säulen im Inneren des Klosters Sera.

→ Eine Gasse in Taschilunpo, wie sie schon Sven Hedin beschrieben hat.

↑ Eine tibetische Büßerin, die mit ihrem Körper den Linkhor, die äußere Ringstraße Lhasas, durchmißt.

↑ Das unergründliche Lächeln des Buddha.

← Aus dem mystischen Dämmerlicht der Gebetshalle von Trebung leuchtet das verklärte Antlitz des Erlöser-Buddhas.

→ Folgende Doppelseite: Der Potala erhebt sich majestätisch aus dem Morgendunst.

←← Tsogpuri, die ehemalige lamaistische Medizinschule.

← Goldener Amithaba-Buddha im Kloster Sera.

← Mahakala, den die Inder Shiva nennen, schwingt die Totenkopfkeule.

↙ Norbulingka, der »Juwelengarten«, war die Sommerresidenz des letzten Dalai Lama.

← Yama, der stierköpfige Todesgott.

↑ → Ein lamaistischer Mönch führt uns durch die leeren Hallen und düsteren Gänge des Klosters. Seine Pechlampe wirft zuckende Schatten über die bemalten Wände. Wir sind für ihn Gäste aus einer anderen Welt.

tung für Tibet gewinnen sollte wie das Orakel von Delphi für die Griechen. Was die Seher von Netschung verkündeten, wurde zum Gebot der Kirche. Bei wichtigen Entscheidungen wurde das Orakel von Netschung konsultiert. Diese Seher-Mönche, die zum Kloster Trebung gehörten, galten als die Sprecher des Gottes Pedkar. Zu Beginn waren die Orakelpriester ehemalige Rotmützenmönche, weil sie die Schwarze Magie am besten beherrschten. Neben Netschung gab es noch andere königliche Orakel. Die Lamas des Götterschreins Munuputra in Lhasa hatten die gleiche Bedeutung. Auch das Kloster Ganden, eine der »drei Säulen des göttlichen Staates«, besaß ein Orakel.

Der Sohn des Mandschu-Kaisers Schung-schi, der Kaiser Kang-hsi, beauftragte einige an seinem Hofe als Mathematiker und Astronomen wirkende Jesuitenpatres mit einer kartographischen Darstellung der Gebiete Chinas. Das daraus resultierende Kartenwerk von 1718 wies Tibet als Teil Chinas aus, obwohl es nicht zu einer militärischen Unterwerfung gekommen war. Der weltliche König von Tibet war damals immer noch Gusri Khan, der Gesetzeskönig, der die Rotmützen unterworfen hatte. Als er 1654 starb, übte der Dalai Lama immer mehr auch die tatsächliche weltliche Regierung aus.

Ehe der »Fünfte« seine irdische Hülle abstreifte, verlieh er noch seinem alten Lehrer den Titel »Zweiter verkörperter Lama« oder »Zweiter lebender Buddha« und machte ihn zum Abt des Klosters Taschilunpo. Sein neuer Name lautete von da an Pantschen Rinpotsche oder »kostbarer großer Weiser«. Seine Nachfolger sind die Pantschen Lamas, auch Taschi Lamas genannt. Sie gelten als Inkarnation Amitabhas oder des Buddhas des unermeßlichen Lichts, dessen geistiger Sohn der Gott Tschenresig wiederum im Dalai Lama verkörpert ist. Das Ganze ist etwas kompliziert und hat manche Beurteiler zu der irrigen Ansicht verführt, der Pantschen Lama sei – wenn auch nicht in weltlicher, so doch in geistiger Beziehung – dem Dalai Lama übergeordnet. Seitdem gibt es oder gab es in Tibet viele lebende Buddhas, die auf das Vorrecht »über das Leiden hinaus zu gelangen« verzichtet haben und wieder auf die Welt zurückkamen, um den lebenden Wesen zu helfen. Man nannte sie Tulkos oder Scheinkörper. Auch diese Lehre geht auf den fünften Dalai Lama zurück. Als solche Tulkos werden häufig die Häupter der bedeutendsten Klöster angesehen, die aber über ihre geistige Rolle als anzubetende lebende Gottheiten hinaus keine politische Bedeutung haben. Wann der fünfte Dalai Lama gestorben ist, weiß man nicht ganz genau. Vermutlich 1682. Daß man das nicht genau weiß, rührt daher, daß Sangs, sein leiblicher Sohn, der neue Regent, den Tod seines Vaters verheimlichte. Er veröffentlichte von Zeit zu Zeit Bulletins, aus denen sich ergab, daß Seine Heiligkeit sich ständig tiefen Meditationen ergab und in seiner Zwiesprache mit den Göttern nicht gestört werden dürfe.

Die Zeiten waren unruhig, und es gab Gründe genug, vor einem Herrscherwechsel Angst zu haben. Ob ein Nachfolger auch die Macht und das Ansehen des »Fünften« haben würde, wußte jedoch kein Mensch.

Außerdem basierte die Macht des tüchtigen Sangs weitgehend auf der Tatsache, daß der fünfte Dalai Lama sein Vater war. Dessen Prestige und Macht wollte er gerne noch eine Weile genießen, auch wenn der »Fünfte« selbst nicht mehr lebte. Jeder, der einmal im Potala war und seine ungeheuren Dimensionen, die großen Hallen, Hunderte von dunklen Räumen und verwinkelten Gängen kennenlernte, weiß, daß es nicht allzu schwer war, irgendwen im Potala zu verbergen. Dennoch ist es merkwürdig, daß es Sangs gelungen war, den Tod des Papstes und Herrschers neun Jahre lang zu verheimlichen, denn es mußte Mitwisser gegeben haben. Die Leiche des »Fünften« mußte ja in Butter abgekocht, einbalsamiert, mit Gold überzogen und beigesetzt werden. Das wurde sie auch, und zwar in einem neunzehn Meter hohen Tschorten im Potala, in dem sie heute noch ruht. Wir haben diesen Tschorten ehrfurchtsvoll angesehen, ohne allerdings beim ersten Mal ganz genau zu wissen, um welche Persönlichkeit es sich innerhalb des Tschorten handelte. Die Erklärungen unserer chinesischen Führer waren etwas dürftig. Der Kaiser von China, der stets, wie wir wissen, ein großes Interesse an den Vorgängen in Tibet hatte, wurde ebenfalls im unklaren über die Rolle des fünften Dalai Lama gelassen bzw. er wurde in einem Schreiben, das das Siegel des fünften Dalai Lama trug, darüber informiert, daß Seine Heiligkeit sich von allen weltlichen Dingen abgewendet und der Meditation hingegeben habe, was in einer gewissen Hinsicht ja auch stimmte, denn Seine Heiligkeit ruhte schon seit Jahren in dem hohen Tschorten im Potala.

↑ Butterlampen brennen vor einer Statue des großen »Fünften«.

Ein lebenslustiges Herrscherjuwel

Der Sohn des »großen Fünften« als Gesetzgeber

Sangs, der Sohn des »großen Fünften«, war eine bemerkenswerte Persönlichkeit. Er kodifizierte das geltende Recht, hauptsächlich das Strafrecht, und stellte es in einem Gesetzesspiegel zusammen, in dem sich die Auffassungen der Kirche zeigten. Wie damals auch in anderen Ländern üblich, waren für die Gesetzesbrecher drastische Strafen vorgesehen. Erst unter dem dreizehnten Dalai Lama – wieder einer herausragenden Persönlichkeit in der Kette der lamaistischen Päpste – wurde das Strafrecht wesentlich gemildert. Von da an waren die Todesstrafen nur noch selten. Verräter verloren aber auch dann noch alles, was sie besaßen, auch ihren Namen und ihre Frauen, die gewöhnlich – und unter Einbeziehung von Besitztum und Stellung – verdienten Männern zugesprochen wurden. Nach dem Recht Sangs' war es streng verboten, nach Metallen und Erzen im Boden zu graben, weil dadurch die Erdgeister beunruhigt werden konnten. Die Nutzung der Weidegründe wurde geregelt. Eine Vorschrift, wie wir sie im Grundgesetz kennen, wonach Familie und Ehe unter dem besonderen Schutz des Staates stehen, kannte das Recht Sangs' allerdings nicht. Im Gegenteil, es begünstigte die Vielmännerei der Frauen und förderte den Zustrom in die Klöster. Um die Mönche nicht zu sehr in Versuchung zu führen, durften sich die Frauen in Lhasa nur mit geschwärzten Gesichtern zeigen. Der Kodex des Sangs regelte fast alle Einzelheiten des Lebens. Darüber hinaus kümmerte er sich auch um die Medizin. Er ließ ein Handbuch der Medizin schreiben, den »Blauen Lapislazuli-Spiegel«, der auch die Beschwörungsformeln aus den geheimen Schriften für die Lama-Ärzte enthielt. Er baute die Medizinschule auf dem Tsogpuri, die der fünfte Dalai Lama gegründet hatte, weiter aus und erweiterte auch den Potala – der ihr gegenüberliegt – um zahlreiche weiße Anbauten, Paläste und Wohnungen, die wir heute noch bewundern können. Eine andere Episode fällt in dieses Jahr: Eine Schar Kapuzinermönche war von China nach Lhasa gezogen und hatte nach abenteuerlicher Reise wohlbehalten die heilige Stadt erreicht. Der Regent Sangs zeigte sich, anstelle sie des Landes zu verweisen – was zu erwarten gewesen wäre –, liberal und tolerant; er erlaubte ihnen sogar, innerhalb Lhasas eine Kapelle zu errichten, von der aus die Patres zu missionieren hofften. Im kleinen Turm der Kapelle hing eine Glocke, die nach der Auflösung der christlichen Mission in Lhasa in den Jokhang wanderte. Sie trug die Aufschrift: »Te deum laudamus«.

Wir haben bei unserem ersten Besuch im Jokhang die Glocke nicht gesehen, aber wir haben von ihr auch nichts gewußt. Das zweite Mal werden wir sie suchen.

→ Die »Reischristen«-Mission

Die Mission der Patres ließ sich gar nicht so schlecht an. Einige tausend Einwohner Tibets ließen sich taufen, wobei es allerlei mißgünstige Gerüchte über deren Motive gab. So wurde diesen neuen tibetischen Gläubigen unterstellt, die Aussicht auf eine von den Missionaren gewährte tägliche Reismahlzeit sei der Hauptanlaß gewesen, den fremden Glauben anzunehmen. Jedenfalls hieß man sie die »Reis-Christen«. Es gibt jedoch keinen Grund, daran Anstoß zu nehmen; Gott bedient sich der verschiedensten Mittel, die Menschen dem jeweiligen wahren Glauben zuzuführen: Auch die Erfolge mancher amerikanischer Sekten im Deutschland der Nachkriegszeit beruhten nicht zuletzt auf den Kakaospeisungen für die Umworbenen. Neben den Kapuzinern gab es noch zwei Jesuiten, die Patres Desidère und Freyre, die bis ins mittlere Tibet ihre Missionsversuche unternahmen. Doch abgesehen von der Glocke im Jokhang hinterließ die christliche Mission in Tibet keine Spuren. Ein Gutes hatte die Missionierung jedoch dadurch, daß wir aus den Berichten jener Missionare einiges über die turbulenten Ereignisse der Jahre, die sie in Lhasa verbrachten, wissen. Es war der chinesische Kaiser Kang-hsi, der der christlichen Mission in Tibet ein Ende bereitete. Doch darüber soll erst etwas später die Rede sein, sonst vergessen wir nämlich den sechsten Dalai Lama, der zwar nicht als bedeutend, aber als immerhin bemerkenswert gelten kann. Sangs, der Regent, mußte – es blieb ihm nichts anderes übrig – für eine Inkarnation sorgen. Ein Bonpo, d. h. Rotmützen-Wahrsager, hatte einen Knaben als Wiedergeburt anerkannt. Sangs hatte den Knaben dann dem Abt eines am unteren Lauf des Kyitschuflusses gelegenen ehemaligen Rotmützenklosters übergeben, das zum Gelben Glauben übergetreten war. Darin zeigte er sich als leichtsinnig. 1696 wurde der sechste Dalai Lama am 25. Tag des elften Monats im Thronsaal des Potala inthronisiert und ausgestattet mit dem Namen »Weises Kleinod«. Doch nichts an diesem Namen paßte zum sechsten Dalai Lama, mit dem es Streit und Ärger geben sollte. Auch der fünfte Dalai Lama war nicht unschuldig an der weiteren Entwicklung. Es ist für eine so erfahrene realistische Persönlichkeit wie den »Fünften« eigentlich recht unverständlich, daß er sich als sterbliche Hülle für seinen weiteren Erdenwandel das »Weise Kleinod« ausgesucht hatte – aber vielleicht wollte er sich etwas von den Strapazen der Laufbahn des »Fünften« erholen. Das »Weise Kleinod« erwies sich jedenfalls in den Vergnügungen dieser Welt entschieden besser bewandert als in der Liturgie und Theologie der Gelben Kirche. Dem Regenten Sangs entglitten die Dinge zunehmend. Dem Herrscherjuwel waren die Meditationsübungen, die Götterdienste, der Ritus und die Gelbe Theologie letztlich gleichgültig. Er hielt nichts von den heiligen Tugenden, dagegen um so mehr von den irdischen Freuden, denen er sich im Rahmen von Trinkgelagen mit leichtfertigen Frauen ausgiebig hingab. Nebenbei verschönerte er etwas den nüchternen Potalapalast. Er ließ über dem Tschorten seines Vorgängers ein goldenes Dach bauen und richtete den Schlangengöttern eine kleine Kapelle im Potala ein. Lange konnten die hohen Würdenträger des Potala die seltsamen Neigungen des Mensch gewordenen Gottes vor der Öffentlichkeit nicht verbergen. Bald raunten sich die Menschen in Lhasa zu, der Dalai Lama verweile lieber in den Quartieren der Dirnen als in den Kapellen der Klöster. Aber es drang auch an die Ohren des chinesischen Kaisers. Immerhin handelte es sich ja um den Papst der weitestverbreiteten Religion in Asien. Anstatt heilige Schriften zu verfassen, schrieb er Spottverse und Liebeslieder, die großenteils von den Menschen der heiligen Stadt gesungen wurden. So etwas hatte Lhasa noch nicht erlebt. Hier eine Kostprobe:

Das Selbstverständnis des sechsten Dalai Lama

»Im Potala leb ich allein
und bin ein Gott auf dieser Welt
doch in der Stadt beim süßen Wein
bin ich zum Fürst der Lust bestellt«.

Noch Jahrhunderte nach dem Tod seiner Heiligkeit füllten die Gesänge und Gedichte des sechsten Dalai Lama einen ganzen Band: »Die Gesänge des Gyal Patsang Yang Gyansu«. Das »Weise Kleinod« und sein unheiliges Leben führten an der Wende vom 17. zum 18. Jahrhundert zu einer schweren Erschütterung der Gelben Kirche. Ganze Kirchenprovinzen drohten mit dem Abfall. So etwas ist ernst zu nehmen, wie wir aus unserer Kirchengeschichte wissen!

↑ Der Potala. Deutlich sind die Gebäudekomplexe des weißen und des roten Potala zu unterscheiden.

Der Jokhang, der so vieles in der Geschichte Tibets und der Gelben Kirche erlebt hatte, sah damals in seiner großen Halle ein Konzilium der obersten Würdenträger. Es gab Nachrichten, daß Kang-hsi, der chinesische Kaiser, in einem kriegerischen Unternehmen sich des Schneelandes bemächtigen und zum Retter der Religion aufwerfen wolle. Das »Weise Kleinod« wurde zur Rechenschaft vor dem Konzilium aufgefordert. Er gab seine Sünden zu, erklärte sie aber als Voraussetzung für die Buße. Zudem berief er sich auf Stellen in den geheimen Schriften, nach denen er nur die weibliche Kraft in sich aufgenommen habe, um seine schwierigen Aufgaben bewältigen zu können. Der sechste Dalai Lama setzte sein unheiliges Leben fort. Das Ansehen der Kirche verfiel weiter. Schließlich schritt Kang-hsi, der Kaiser des Reiches der Mitte, ein. Er beauftragte den Mongolenfürsten und Heerführer, Latsal Chagan, der schon bisher der Statthalter Chinas in Tibet war, die Situation zu bereinigen. Die Gelbe Kirche und ihre Würdenträger waren aus eigener Kraft nicht in der Lage, mit ihrem Hohen Priester fertig zu werden. Das war verständlich. Immerhin war er ja ihr Gott, und seine Inkarnation als Irrtum hinzustellen, hätte die Autoritäten der Gelben Kirche in schwere Bedrängnis gebracht. Die höchsten Würdenträger der Gelugpa setzten gegenüber Latsal Chagan noch einmal einen Aufschub durch. Wieder sollte ein Konzil zusammentreten. Allerdings ließ Latsal Chagan keine Unklarheit darüber, was er von diesem Konzil erwartete, nämlich einen Verzicht des Dalai Lama auf seinen Papstsitz. Doch der Kirchenrat weigerte sich geschlossen, den Forderungen des Mongolenfürsten zu entsprechen. Vielmehr teilte man diesem mit, der Kaiser möge dem Dalai Lama verzeihen; Seine Heiligkeit habe zwar gesündigt und die göttliche Eingebung verloren, diese könne jedoch jederzeit zurückkehren.

Der »Sechste« wird entführt . . .

Damit war die Geduld Latsal Chagans beendet. Er drang in den Potala ein und bemächtigte sich des Dalai Lama, den er inmitten seiner Krieger nach Osten entführte. Es gab zwar noch einmal Schwierigkeiten, als nämlich die Mönche des Klosters Trebung, an dem er vorbeizog, den Dalai Lama befreiten. Doch Latsal stürmte die Tempelfestung und führte den sechsten Dalai Lama über die kahlen Hochsteppen weiter in Richtung China. Auf dieser Reise starb jedoch das »Weise Kleinod« unter geheimnisvollen Umständen. Es wird berichtet,

. . . und erdrosselt

daß Latsal Chagan ihn mit eigenen Händen in seiner Jurte erdrosselt habe. In Zusammenhang mit dieser Strafexpedition wurde übrigens auch Sangs, der Regent und Sohn des fünften Dalai Lama, von Latsal Chagan getötet. Der Mongolenfürst wurde von dem chinesischen Kaiser Kang-hsi für seine erfolgreiche Mission hoch geehrt und im Jahre 1707 als König über Tibet eingesetzt.

Doch die Priesterhierarchie gab sich damit nicht zufrieden. Sie beschäftigte sich unablässig mit Konspirationen, zettelte stets von neuem Unruhen an, so daß keineswegs die Rede davon sein konnte, die Mandschu-Herrschaft auf dem Dach der Welt sei jetzt gesichert. Im Gegenteil, Unruhen und Aufstände prägten die künftigen Jahrzehnte. Latsal Chagan setzte sich auch nicht damit durch, daß er einen ihm genehmen Mönch auf den Sitz der Dalai Lamas hievte. Die Hierarchie der Gelbmützen akzeptierte den ihnen oktroyierten Papst nicht. Sie wählte vielmehr ihre eigene Inkarnation, die am 19. Tag des siebten Monats des Erdmausjahres 1708 geboren wurde. Schließlich entschloß sich auch der chinesische Kaiser, um endlich Ruhe zu gewinnen, den siebenten Dalai Lama als Oberhaupt der Kirche anzuerkennen. Ein Sohn des Kaisers Kang-hsi, der als Feldherr die Tibetischen Aufstände niedergeworfen und Ruhe im Land herbeigeführt hatte, sprach im Namen seines Vaters am 15. Tage des neunten Monats des Jahres 1720 die kaiserliche Bestätigung der Wiedergeburt aus und übergab dem Dalai Lama während einer feierlichen Handlung im Thronsaal des Potala das kaiserliche Siegel. Über all diese Begebenheiten berichteten in ihren Tagebüchern die christlichen Missionare, die immer noch in Lhasa weilten und alle Kriegswirren erlebt und überlebt hatten. Gleichzeitig mit der Anerkennung des Dalai Lama verkündete Kang-hsi erneut die Oberhoheit Chinas über Tibet in einem besonderen Edikt.

Der Dalai Lama war bei seiner Inthronisierung erst zwölf Jahre alt. Deswegen mußte ein Regent ernannt werden, zu dem der chinesische Kaiser einen Vertrauten, den König Lobsang, bestimmte. Die geistliche Regierung übertrug er der um diese Zeit fünften Inkarnation des Pantschen Lama, dem »Lehrer-Juwel« von Taschilunpo. Außerdem erhielt Lhasa eine ständige chinesische Garnison, die unter der Führung von zwei chinesischen Residenten, später Amban genannt, standen. Diese Statthalter des chinesischen Kaisers übten die eigentliche Regierungsgewalt aus. Eine kleine Episode aus der Strafexpedition des im Auftrag des chinesischen Kaisers Kang-hsi entsandten Tataren-Generals soll hier noch angeführt werden. Dieser sandte während der Belagerung des Nonnenklosters Samdin, das er gerade besetzen wollte, im Jahre 1717 eine Spottbotschaft an die Äbtissin, der er versprach, das Kloster nicht zu plündern, wenn sich die Äbtissin vor seinen Augen in ein Schwein verwandelte. Diese Dame bat ihn, das Kloster zu schonen und umzukehren. Als die Tataren jedoch entgegen der Bitte der Äbtissin in das Kloster eindrangen, wimmelte das ganze Gebäude von Schweinen. Entsetzt flohen die Tataren aus dem Kloster Samdin, um niemals wiederzukommen.

Unter chinesischem Protektorat

Tibet war also chinesisches Protektorat geworden. Allerdings sollten die Chinesen an dem Schneeland keine rechte Freude haben. Es erwies sich als ein äußerst schwieriges und unbequemes Untertanenland.
1782 trat Yung-tscheng, der in Tibet siegreiche Feldherr, an die Stelle seines verstorbenen Vaters Kang-hsi in Peking. Er kannte sich in Tibet aus und traute dem Frieden nicht. Vor allem traute er der ewig unruhigen und konspirierenden Priesterschaft der Gelben Kirche nicht. Zu Recht nicht, wie die Ereignisse des Jahres 1727 zeigten, als der König Lobsang und die chinesischen Statthalter während eines Aufstandes in Lhasa niedergemacht wurden. Der Kaiser zog mit seiner Kriegsmacht nach Tibet. Alle Beschwörungen und aller Zauber selbst der besten Spezialzauberer der Gelben Kirche nützten gegen die in Eilmärschen heranrückenden Truppen des chinesischen Kaisers nichts. Götter und Dämonen versagten ihre Hilfe. Schon damals hatten also Götter und überirdische Kräfte ihre Schwierigkeiten mit hochgerüsteten Armeen. Die Chinesen rückten erneut in Lhasa ein, nahmen den Dalai Lama und sein Gefolge gefangen und führten sie scharfbewacht nach China, wo sie sich in Peking vor dem Kaiser zu verantworten hatten. Nach den Berichten tibetischer Geschichtsschreiber wurde der fünfte Pantschen Rinpotsche, das »Lehrer-Juwel«, zum Oberhaupt der Religion bestellt. Es hatte den Anschein, als ob es mit den Dalai Lamas jetzt zu Ende gegangen sei, als ob ihre unruhigen Geister endgültig das Nirwana aufgesucht hätten. Auf Bitten des Pantschen Lama und aus Rücksicht auf die dem Dalai Lama ergebenen Mongolen-Völker gab Yung-tscheng den Dalai Lama jedoch wieder frei und gestattete ihm, in den Potala zurückzukehren; allerdings mit der Auflage, sich nur noch um die geistlichen Angelegenheiten zu kümmern.

← Besetzung Lhasas und Entführung des Dalai Lama

Kurz danach starb der chinesische Kaiser, und Kiang-lung, der größte Mandschukaiser, bestieg den chinesischen Thron. Mit ihm begann die glanzvollste Epoche des Reiches der Mitte. Dieser Kaiser sah in der Lama-Religion das gemeinsame geistliche Band, das die Völker des von ihm zusammengeschmiedeten Imperiums zusammenhalten sollte. Das hieß aber nicht, daß er Tibet aus der chinesischen Oberhoheit entließ, im Gegenteil, er band Tibet noch enger an China und isolierte es von den anderen Ländern. Er war es auch, der anordnete, daß die christlichen Missionare Lhasa verlassen mußten. Kiang-lung regelte im Jahre 1751 in einem großen Verfassungswerk die Bindung Tibets an China, die für die folgenden zweihundert Jahre ihre Gültigkeit behielt. Er ließ den siebenten Dalai Lama aus seinem chinesischen Exil zurückkehren, was ihm dieser mit seiner Ergebenheit dankte. Die weltliche Herrschaft wurde einem Regenten übertragen, über den zwei Amban, »Statthalter des Himmelssohnes«, wachten. Das folgende Jahrzehnt zeichnete sich durch relative Ruhe aus – bis es dann wieder zu einem Aufstand kam, in dem sowohl der tibetische König und Regent als auch die beiden chinesischen Amban den Tod fanden. Es kam dabei zu einem Massaker, dem die Chinesen in der heiligen Stadt Lhasa zum Opfer fielen. Weil der Dalai Lama sich aber dieses Mal aus den Aufständen herausgehalten hatte, betraute ihn der Sohn des Himmels jetzt auch mit der weltlichen Regierung Tibets.

Bindung Tibets an China verfassungsmäßig geregelt

Die von Kaiser Kiang-lung modifizierte Verfassung des tibetischen Kirchenstaates sah nun so aus: An der Spitze stand der Dalai Lama als das geistliche und weltliche Oberhaupt. Die zweite Rangstufe in der geistlichen Hierarchie nahm der Pantschen Lama ein, der jedoch theologisch den gleichen Grad an Heiligkeit besaß. Darüber hinaus wurde der Pantschen Lama zum »Kostbaren Lehrer-Juwel« ernannt und seinen künftigen Inkarnationen die unbeschränkte weltliche Herrschaft über Shigatse und die zugehörige Provinz Tsang zuerkannt. Dem »Herrscher-Juwel«, also dem Dalai Lama, wurde ein Regent beigegeben, der aus den göttlichen Inkarnationen der Erz-Äbte der vier Königsklöster Tsomo-Ling, Tanry-Ling, Mok-Ling und Kung-Ling ausgewählt wurde. Dieser Regent durfte den mongolischen Titel Nomunchan führen, d. h. den Titel eines Gesetzeskönigs. Solange der Dalai Lama unmündig war – und wie sich die Dinge entwickelten, kam er häufig über dieses Stadium überhaupt nicht hinaus –, führte der Regent die Regierung. An der Spitze der staatlichen Verwaltung stand ein Premierminister und drei Minister, die der Dalai Lama – während seiner Unmündigkeit natürlich der Gesetzeskönig – ernannte, wofür er aber die Bestätigung durch das Staatsorakel und die Zustimmung des chinesischen Kaisers brauchte. Hinter den drei Ministern überwachten vier Staatssekretäre mit den Insignien eines goldenen Griffels und goldgerahmter Tafeln am Gürtel die Ausführungen ihrer Weisungen. Sie trugen außerdem noch zum Zeichen ihrer Würde einen roten Knopf auf dem mongolischen Hut. Ein pelzverbrämtes Gewand aus gelbem Brokat bildete ihr Amtskleid. Neben den Sekretären, die im Staatsrat zusammengefaßt waren, gab es eine Nationalversammlung, die aus zweihundert Vertretern der bedeutendsten Adelsfamilien und der wichtigsten Klöster Tibets bestand. Unter dieser Spitze stand eine hierarchisch gegliederte Bürokratie, die wiederum von wiedergeborenen Gouverneuren, Magistraten und Lama-Richtern geleitet wurden. Den beiden Amban und Residenten des chinesischen Kaisers kam der Oberbefehl über das Heer zu, das sich in zwölf Fünfhundertschaften gliederte. Ein »Großer General« mit sechs »Kleinen Generalen« unter sich gebot über 26 Befehlshaber der einzelnen Garnisonen und Festungen.

↑ Ein Buddha, in seidene Gewänder gehüllt.

Ein besonderes Edikt des chinesischen Kaisers regelte die Stellung der Amban. Kiang-lung verordnete dazu:

»Der Amban verhandelt mit dem Dalai Lama und den nachgeordneten Inkarnationen nicht als Untergebener, sondern gleichgestellt. Jede Entscheidung, ob sie nun die Kirche oder den Staat betrifft, ist ohne seine Zustimmung wirkungslos. Insbesondere fällt dem Amban der Verkehr mit den Vertretern fremder Völker zu. Jede auswärtige Botschaft, die an den Dalai Lama, den Pantschen Lama, einen Minister oder sonst einen Würdenträger gerichtet sein sollte, muß dem Amban vorher unterbreitet und darf nur durch ihn beantwortet werden.« Dieses Edikt sollte noch die Ursache für mannigfache Schwierigkeiten werden. In der Verfassung des Kaisers Kiang-lung wurde gleichzeitig auch die Ordnung des Vatikans, des Potala, festgelegt. Die wichtigsten Ämter in der Hierarchie des päpstlichen Palastes waren danach der oberste Kammerherr, der Mundschenk, der Oberhofmeister, der Zeremonien-Lama, die Lama-Lehrer des Dalai Lama und der Chef des Protokolls mit der Leibgarde. Damit hatte der Kirchenstaat eine feste Verfassung erhalten, die seinen Rahmen für die künftigen zwei Jahrhunderte bildete. Der siebente Dalai Lama war mit all dem einverstanden und verließ nicht zuletzt deswegen 1758 auf ganz normale Weise seinen irdischen Scheinleib, der wie üblich in Butter abgekocht, eingesalzen, mit Gold überzogen und beigesetzt wurde.

Doch bereits unter dem achten Dalai Lama gab es wieder Ärger. Das Staatsorakel hatte in dem Sohn eines einfachen Viehzüchters, der 1759 in der Provinz Tsang geboren worden war, die achte Inkarnation des Dalai Lama gefunden. Seine Erziehung überwachte der Pantschen Lama, das »Lehrer-Juwel«. Kiang-lung hatte nichts dagegen einzuwenden, einmal weil er das »Lehrer-Juwel« als außergewöhnlich fromm und, was für ihn als den chinesischen Kaiser noch wichtiger war, als treu ergeben betrachtete. Dennoch sollten sich die Beziehungen zwischen dem Pantschen Lama und Kiang-lung fatal entwickeln. Schuld daran waren dieses Mal die Engländer, die sich in diesen Jahren gerade anschickten, Indien der Krone einzuverleiben. Wegen eines Konfliktes zwischen den Engländern und dem Radscha von Bhutan, in die sich der Pantschen Lama für ebendiesen Radscha eingeschaltet hatte, kam es zu ersten Berührungen zwischen Tibet und dem Vereinigten Königreich. Am 4. März 1774 schrieb der Pantschen Lama einen Brief an den britischen Generalgouverneur von Ostindien, Warren Hastings, und stellte auf diese Weise den ersten Kontakt zwischen dem Schneeland und England her. Das hätte er nach der oktroyierten Verfassung Tibets, die wir soeben kennengelernt haben, nicht tun dürfen. Als die Engländer dann auch noch eine Karawane nach Taschilunpo, der Klosterresidenz des »Lehrer-Juwels«, sandten – wahrscheinlich um dabei zu erkunden, ob sich nicht auch Tibet der Krone einverleiben lasse –, und von dem Pantschen Lama freundlich begrüßt wurden, ließ sich der Zorn des »Sohnes des Himmels«, der von allem natürlich erfahren hatte, nicht mehr zurückhalten. Er zitierte den Pantschen Rinpotsche nach Peking. Der reagierte sehr zögernd und machte sich schließlich,

↑ Reichverzierter Grabtschorten mit Glöckchen.

als er keinen Ausweg mehr sah, voll böser Ahnungen auf den Weg nach Peking. Dort sank er, mit äußersten Ehren empfangen, während eines Gastmahls tot vom Stuhl. Der chinesische Kaiser ordnete mit großem Pomp durchgeführte Trauerfeierlichkeiten in Peking an, nach denen die Gelugpa-Priester die Leiche des sechsten »Lehrer-Juwels« in einem silbernen Sarg zuerst nach Lhasa und dann nach Taschilunpo führten, wo sie in einem vom gastfreundlichen Kaiser gestifteten kostbaren Schrein beigesetzt wurde. Man hielt damals offensichtlich noch auf Stil. Gleichzeitig mit den Bekundungen seines Beileids, sprach der Kaiser dem gerade mündig gewordenen Dalai Lama seine Anerkennung aus, wobei er allerdings hinzufügte, daß er künftig die Auffindung der allerhöchsten Wiedergeburten neu zu regeln beabsichtige. Bei der Wiedergeburt des Pantschen Lama kam er allerdings zu spät. Denn die Erz-Äbte hatten sich inzwischen rasch auf einen 1781 geborenen Knaben geeinigt, der in der Familie des Dalai Lama geboren wurde und dessen göttliche Merkmale nach ihrer Deutung auf die siebte Inkarnation hinwiesen. Sie wurde durch das Staatsorakel auch gleich bestätigt. Kiang-lung legte daraufhin in einem besonderen Edikt fest, daß nach dem Tode des Dalai Lama und des Pantschen Lama die Wiedergeburten aus sämtlichen, 49 Tage nach dem Tode der Heiligen geborenen Kindern Tibets und der mongolischen Landschaft Tibets gewählt werden müssen. In einem schwierigen Verfahren legte er die Auswahl fest, mit der ausdrücklichen Bestimmung, daß keine Knaben aus der Sippschaft des Dalai Lama oder des Pantschen Lama oder anderer hoher Würdenträger zu Inkarnationen erklärt werden dürften. Ehe jedoch diese Verordnungen in Kraft treten und praktiziert werden konnten, starb Kiang-lung 1799, worauf die hohen Würdenträger Lhasas sich rasch einigten, daß das Wahledikt des Himmelssohnes dadurch außer Kraft getreten sei. Nach den Überlieferungen ergab sich der achte Lama in seinen letzten Jahren ganz religiösen Übungen und dem Gebet, bis auch er 1804 seine irdische Hülle verließ und Platz für die nächste Inkarnation machte.

Edikt über die Auffindung von Wiedergeburten

→ Große Weltpolitik

49 Tage nach dem Hinscheiden des Gottkönigs erblickte die neunte Inkarnation Srong Tsen Gampos 1805 das Licht der Welt. Die Erz-Äbte von Lhasa teilten sie dem chinesischen Kaiser Kia-King mit, dem, vor vollendete Tatsachen gestellt, nichts anderes übrigblieb, als den neunten Dalai Lama am 15. November 1809 im Alter von vier Jahren inthronisieren zu lassen.

Als der Dalai Lama elf Jahre alt geworden war, streifte er seine sterbliche Hülle ab, wobei man ihm etwas nachhalf. Er wurde nämlich vergiftet.

1820 starb der chinesische Kaiser Kia-King. Daraufhin ging es mit der Mandschu-Dynastie weiter abwärts. Es folgten drei ziemlich bedeutungslose Mandschu-Kaiser auf dem Drachenthron, und erst des letzten Witwe Tze-hsi knüpfte noch einmal kurz an den einstigen Glanz des großen Hauses an. Der 1817 geborene zehnte Dalai Lama entstammte einer chinesischen Familie. Er starb, ebenfalls unter sehr geheimnisvollen Umständen, bereits 1838. Unter geheimisvoll ist hier zu verstehen, daß er umgebracht wurde. In diesem Sinne geheimnisvoll starb auch das zehnte Herrscher-Juwel, 21 Jahre alt. Die 1838 geborene elfte Inkarnation des Dalai Lama vollendete ihren irdischen Lauf schon achtzehn Jahre später. Ziemlich genau an dem Zeitpunkt, da sie das Regierungsalter erreicht hatte.

Werfen wir hier einmal einen kurzen Blick auf die übrige asiatische Welt. England war daran, sein asiatisches Imperium auszubauen. Die Ostindische Kompagnie besorgte großenteils dieses Geschäft, indem sie die ganze Staatenwelt von Afghanistan bis Burma, vom Ozean bis hoch in den Himalaja unterwarf. Sie führte Kriege in China und mischte sich auch in die Händel der anderen Staaten, wie beispielsweise in die Tibets ein. China hatte derweilen auch seine Schwierigkeiten. Der amtierende Mandschu-Kaiser Tao-kuang mußte 1842 nach einer militärischen Niederlage im Frieden von Nanking den Briten die dauernde Besetzung Hongkongs zugestehen und den übrigen großen Häfen des Landes Niederlassungen für ihren Handel öffnen. Christliche Missionare drangen nach China vor, um die Chinesen zu bekehren. Einige Jahre später wurde sogar Peking vorübergehend von Engländern und Franzosen besetzt. Das alles trug nicht gerade zu einer Hebung des Ansehens Chinas in Tibet bei. Offensichtlich gab es noch mächtigere Reiche. Vielleicht sollte man sich nach einer anderen Schutzmacht umsehen. England oder Rußland boten sich an.

Da die Inkarnationen Amitabhas, die Pantschen

Lamas, nicht die obersten geistlichen und weltlichen Herrscher Tibets waren, hatten sie erheblich bessere Chancen, älter zu werden. Als die »Herrscher-Juwele« bereits auf das Dutzend zuschritten, war erst das siebente »Lehrer-Juwel« dabei, seine irdische Hülle abzustreifen. 1860 wurde die zwölfte Wiedergeburt des Dalai Lama auf den Papststuhl im Potala gesetzt. In einer von Intrigen, Kämpfen und Revolten außerhalb und innerhalb des Schneelandes bestimmten Zeit bezog Seine Heiligkeit 1875 im Alter von neunzehn Jahren den nächsten Tschorten nach der elften Wiedergeburt. Wie jeder, der den Potala besucht, gleich feststellt, sind die Tschorten mit den sterblichen Hüllen der neunten, zehnten, elften und zwölften Wiedergeburt keineswegs so prunkhaft wie die des großen »Fünften«.

Die eigentlichen Machtverhältnisse in Tibet waren verworren. Nacheinander und nebeneinander übten die Regenten oder die großen Äbte die Herrschaft aus. Die Amban, die chinesischen Statthalter, genossen wegen der Schwäche des Reiches der Mitte kaum noch Ansehen. Alle Blicke richteten sich jetzt auf die dreizehnte Inkarnation des von oben herabschauenden Buddha. Da die Tibeter der Zahl dreizehn offensichtlich eine andere Bedeutung beimessen als die Europäer, war es dieses Mal eine glückliche Zahl. Das war um so notwendiger, als Tibet schwierige Zeiten bevorstanden. Die künftigen Jahrzehnte waren gekennzeichnet von Aufständen, Kriegen, Feldzügen, Intrigen, Revolten, schwierigen diplomatischen Verwicklungen, dem Auftauchen interessierter Großmächte, neben China England und schließlich auch Rußland. Es bedurfte schon einer starken Persönlichkeit, um das schwache Tibet durch all diese Gefahren einigermaßen sicher hindurchzusteuern. China, das nach wie vor auf seine Oberhoheit über Tibet pochte, war außergewöhnlich mißtrauisch geworden. Dort, wie wir wissen, herrschte die Kaiserinwitwe Tze-hsi, eine außergewöhnlich energische, kluge, mißtrauische und – wenn nötig – skrupellose Dame.

Die Geschichte der Auffindung der dreizehnten Inkarnation des neuen Papstes des Lamaismus war reichlich kompliziert und wirr. Die Trennung der maßgeblichen Persönlichkeiten in Lhasa in zwei Lager trug das übrige dazu bei. Das eine Lager, bestehend aus den Ministern, wollte sich an das Inkarnationsverfahren des chinesischen Kaisers Kiang-lung halten, die anderen wollten sich von der direkten Eingebung des Gottes Pedkar leiten lassen. Die letzteren setzten sich schließlich durch. Einer der heiligsten der Heiligen, der Erz-Abt des Klosters Ganden – wie wir wissen, einer der drei Säulen des Staates –, der, frei von Makel und sündigen Begierden, wegen seiner Frömmigkeit besonders bekannt war, was man den übrigen Heiligen nie zweifelsfrei nachweisen konnte, entdeckte im Spiegel des heiligen Sees Muliding eine neben der Tür eines Bauernhauses sitzende Frau, die einen Knaben stillte. Daneben stand der Vater des Kindes – eine richtige heilige Familie. Als das Bild verschwand, war dem heiligen Lama klar, daß er in dem Knaben den Dalai Lama gesehen hatte. Eine Prozession führte die heilige Familie, wozu auch noch einige weitere Brüder und Schwestern des neuen lebenden Gottes gehörten, im Triumphzug zum Potala.

China fühlt sich herausgefordert

Dem kaiserlichen Hof in Peking wurde die Entdeckung der dreizehnten Wiedergeburt lakonisch mitgeteilt. Das war natürlich eine Herausforderung. Doch China befand sich gerade in kriegerischen Auseinandersetzungen mit England und hatte auch mit einigen Aufständen im Inneren des Landes zu tun, so daß ein weiterer Konflikt an der äußersten Westgrenze im Augenblick nicht ratsam erschien. Die Kaiserin kam deswegen nach langen Beratungen zu dem Schluß, die Mitteilung der Anerkennung durch den kaiserlichen Hof dem Pantschen Lama zu übertragen, was, wenn man so will, eine Bosheit gegenüber den Mächtigen in Lhasa darstellte. Denn der drei- oder vierjährige Knabe Bodhisatva konnte damit ja kaum gemeint sein. Er hätte den Hintersinn dieses Mitteilungsverfahrens sicher nicht verstanden. Der Pantschen Lama überbrachte dem Regenten in Lhasa die kaiserliche Anerkennung und krönte am 31. Juli 1879 selbst den neuen Dalai Lama, indem er ihm die gelbe Mitra-Kappe aufs Haupt setzte und ihm gleichzeitig seinen Namen gab: »Beredter Weiser, machtvoller Priester des weiten Ozeans«. Dieses Mal traf die Bezeichnung auf den künftigen Dalai Lama tatsächlich zu. Welche Gefahren auch einem Gott auf dieser Welt drohen können, zeigen die Schicksale der vorangegangenen göttlichen Inkarnationen.

←Die Auffindung der dreizehnten Inkarnation

Spielball der Großmächte

Aber auch der dreizehnte Hierarch schwebte mehr als einmal in Todesgefahr und verlor zweimal seinen Thron. Doch durch dieses schwierige und gefährdete Leben wurde er eigentlich erst bedeutend. Der Zusammenbruch der Mandschu-Dynastie in China schien für Tibet günstig zu sein. Damit ergab sich seit langer Zeit zum erstenmal die Voraussetzung für die Herstellung eines unabhängigen Kirchenstaates auf dem Dach der Welt. Doch trotz dieser Entwicklung im Lande des östlichen Nachbarn, verkündete 1893 während des Monlam-Betens – einer Art Gebetswoche in Lhasa, die jedes Jahr stattfindet – das Staatsorakel von Netschung, daß die dreizehnte Inkarnation die letzte in der Geschichte der Dalai Lamas sein werde. Damit hatte es fast recht, denn die vierzehnte Inkarnation lebt heute außer Landes.

Tibetische Götterdämmerung

Die Welt war inzwischen kleiner geworden. Nicht so klein wie heute, aber eben kleiner als vor einer Generation. Alles entwickelte sich mit einer erstaunlichen Geschwindigkeit, Verkehrsmittel, Wirtschaftsbeziehungen, auch die Rüstung. Das betraf die individuellen Existenzen genauso wie die staatlichen. Allmählich geriet Tibet in den Einflußbereich von drei Mächten. China ist uns bereits bekannt. England richtete immer stärker seine Augen auf Tibet, und auch Rußland spielte für die tibetische Politik zunehmend eine Rolle. Für die Anbahnung der Beziehungen zu dieser letzten Macht spielte ein Lama aus Transbaikalien, der Burjäte Dorjeff, der einige Jahre seiner Ausbildung in dem Kloster Trebung verbracht hatte, eine auch heute noch nicht genau durchschaubare Rolle. Jedenfalls gehörte er zu den engeren Beratern des dreizehnten Dalai Lama. Er scheint es hauptsächlich gewesen zu sein, der die Kontakte zum russischen Zaren herstellte, was natürlich gleich das doppelte Mißtrauen sowohl Chinas als auch Englands herbeiführte. Politik zu betreiben am Hofe des Dalai Lama wurde immer gefährlicher. Zwischen den Mächten, ihren Interessen und den sie vertretenden Gruppen innerhalb des Hofes und der Regierung Tibets immer die richtige Haltung zu wahren, wurde zunehmend schwieriger. Einige sehr hochgestellte Persönlichkeiten, darunter mindestens zwei Regenten, kostete es das Leben, daß sie die jeweils aktuellen Schwenkungen nicht rechtzeitig mitvollzogen.

→ Suche nach der dritten Macht

Der englische Vizekönig von Indien, Lord Landsdowne, suchte Kontakt mit der tibetischen Regierung, mit der Begründung, den Handel zwischen den beiden Ländern intensivieren zu wollen. Tibet lehnte diesen Kontakt jedoch fürs erste ab. Als der Dalai Lama die Periode chinesischer Schwäche zu einer Bekundung größerer Selbständigkeit nutzte, schickte die Kaiserin Tze-hsi eine Karawane mit Geschenken an den jungen Pantschen Lama, seit 1883 die neunte Inkarnation. Wenn China schon militärisch nicht intervenieren konnte, dann wollte es wenigstens einen Versuch unternehmen, die Geistlichkeit des Schneelandes zu spalten. Aber auch mit den Briten gab es Zusammenstöße an der Grenze zu Sikkim, wobei nicht genau feststeht, wer der Schuldige war. In der Regel ist es ja der, der verliert. Als weder die veralteten Waffen der Tibeter noch die Sprüche der Zauberer gegen die englischen Waffen etwas halfen, kam es zu einem Friedensabkommen, das 1893 in Darjeeling abgeschlossen wurde. Dabei erkannte Lord Landsdowne für Tibet kein Verhandlungsrecht an und verlangte die Unterzeichnung des Vertrages durch einen Vertreter der chinesischen Kaiserin. China sah darin eine ausdrückliche Anerkennung seiner Ansprüche durch England. Tibet mußte, vertreten durch China, sein Land dem Handel mit Indien öffnen und dafür besondere Umschlagplätze benennen. Erst der ausgeschlossene Staatsrat von Tibet erklärte daraufhin den Friedensabschluß für nichtig und teilte das sowohl den Engländern als auch den Chinesen mit. Dieses Ereignis zeigt sehr deutlich, worum es ging.

An sich ist es angesichts dieser Situation nicht weiter verwunderlich, daß der Dalai Lama sich nach einer dritten Macht umsah. Der Burjäten-Lama Dorjeff knüpfte in geheimer Mission Verbindungen zu dem russischen Zaren Alexander III. und überbrachte ihm eine persönliche Botschaft des Dalai Lama, in der vorgeschlagen wurde, in Petersburg eine ständige diplomatische Vertretung Tibets zu errichten. Als dann auch noch am 23. Juni 1901 eine große Abordnung hoher tibetischer Lamas den Zaren Nikolaus in seinem Palais auf der Krim aufsuchte, wußten England und China, was gespielt wurde. In Indien war in der Zwischenzeit Lord Curzon Vizekönig geworden. Unter seiner Regierung standen nach der Auflösung der Ostindischen Kompagnie zweihundert Millionen Menschen. Er sah im Dach der Welt das Glacis vor der Kette des Himalaja, das zu beherrschen für die Sicherung Indiens notwendig war. Als er wie sein Vorgänger versuchte, in Verbindung mit dem Dalai Lama zu kommen, wurde ihm von Seiner Heiligkeit mitgeteilt, nur die chinesischen Ambans dürften gemäß der Verfassung des heiligen Staates den Verkehr mit fremden Nationen aufnehmen. Das stimmte zwar nach der Verfassung des Kiang-lung, hatte aber die Tibeter bei ihrer Fühlungnahme mit den Russen auch nicht gehindert. London beschloß daraufhin, nach Lhasa einzumarschieren. Verhandlungen, die noch einmal sondieren sollten, ob es nicht doch möglich sei, auf friedlichem Wege eine Straße durch das Tschumbi-Tal ins mittlere Tibet zu bauen, verliefen ergebnislos. Die tibetische Regierung taktierte hinhaltend. Sie wandte sich inzwischen um Hilfe an Rußland. Doch der Zar hatte um diese Zeit ganz andere Sorgen, und zwar mit Japan, mit dem es dann 1905 auch tatsächlich zum Kriege kam. Für Rußland ging er übrigens verheerend aus und bildete das Vorspiel für den Untergang des Zarentums. Als weiterer Verbündeter blieb allenfalls noch China übrig, die Schutzmacht Tibets. Der regierenden Kaiserin Tze-hsi wäre jedoch kaum in den Sinn gekommen, ausgerechnet am Beispiel Englands die Schutzfunktion gegenüber Tibet zu praktizieren. England hätte im übrigen eine bewaffnete Auseinandersetzung mit China nicht gefürchtet, ja sie vielleicht sogar willkommen geheißen. Jedenfalls kam dem Foreign Office in London überhaupt nicht in den Sinn, daß es wegen Tibet mit China Ärger geben konnte. Heute stellt sich vielleicht die Frage, wieso sich Tibet nicht mit England arrangiert hat. Diese Frage läßt sich schlecht beantworten. Doch das Verhalten Großbritanniens in den asiatischen Ländern trug ihm dort einen derart üblen Ruf ein, daß niemand auf die Idee kam, gerade England als Schutzmacht zu wünschen.

↑ Wahrscheinlich handelt es sich bei der kleinen vergoldeten Pagode und den bemalten Vasen um chinesische Gastgeschenke.

Die Lage Tibets sah also nicht gut aus. Dieser Ansicht war offensichtlich auch der Gott Pedkar, der über das Staatsorakel der tibetischen Regierung mitteilen ließ, jeder Widerstand gegen die Engländer sei sinnlos. Doch der Ministerrat war anderer Ansicht als der Gott. Das stellte sich als anmaßend heraus, und sollte auch für die Minister höchstpersönlich schlimme Folgen haben. Jedenfalls gaben sie dem Dalai Lama den Rat, Widerstand zu leisten. An der Spitze des englischen Aufgebots standen der General McDonald und der Oberst Younghusband, nach dem die kriegerische Expedition dann benannt werden sollte. Wie das Orakel vorhergesagt hatte, endete der Feldzug mit einer totalen Niederlage der Tibeter. Sie erlitten schwere Verluste an Toten und Verwundeten. 1904 besetzten die Engländer Lhasa. Der Dalai Lama floh in die Mongolei, nicht ohne vorher die Staatsminister noch wegen der schlechten Ratschläge, die sie ihm erteilt hatten, auspeitschen zu lassen und sie anschließend in den Südosten Tibets zu verbannen. Daran sieht man, daß es ungleich riskanter war, Minister des Dalai Lama zu sein, als Repräsentant einer demokratischen Regierung.

Die Younghusband-Expedition

Die Engländer saßen jetzt zwar auf dem Dach der Welt, doch bald stellte sich heraus, daß sie nicht so recht wußten, was sie dort eigentlich tun sollten. Die Tibeter jedenfalls sahen sie als höchst unerwünschte Eindringlinge an und gaben ihnen das auch zu verstehen. Der chinesische Amban verwies die Engländer darauf, daß Tibet zum Territorium des Reiches der Mitte gehöre und seit Jahrhunderten seiner Oberhoheit unterstehe. Das war dem Foreign Office nicht unbekannt, als es sich zu der Militärexpedition nach Lhasa entschloß. Die Chinesen wünschten einen möglichst raschen Abzug der Engländer; die Engländer verlangten demgegenüber, ständig einen Residenten in Lhasa zu haben, was die Chinesen wiederum ablehnten, da sie sich in Lhasa auf keinen Fall auf eine Ebene mit den Engländern begeben wollten. England besann sich allmählich darauf, daß es hauptsächlich Rußland in Tibet zuvorkommen wollte, aber gegen eine Präsenz Chinas, zumal eines so schwachen Chinas, eigentlich gar nichts einzuwenden hatte. Schließlich kam es zu einer Vereinbarung, die im Potala unterzeichnet wurde, wie Younghusband in seinem Tagebuch berichtet. Peking gestand England unbeschränkten Handel zwischen Tibet und Indien zu und garantierte, daß auch Tibet diese Bestimmung einhalten würde. England anerkannte die Oberhoheit Chinas über Tibet und akzeptierte, daß Lhasas auswärtige Beziehungen durch China wahrgenommen wurden. Darüber hinaus forderten die Engländer Schadenersatz in Höhe von einer halben Million Pfund Sterling und beanspruchten das Tschumbi-Tal als Faustpfand für die Einhaltung des Abkommens. Nach nicht ganz zwei Monaten Besatzungszeit verließen die Engländer Ende September 1904 wieder Lhasa.

→ Die Flucht des Dalai Lama wird zum Triumphzug

Kurz zuvor war in einem Aushang an den Hauptportalen des Jokhang die Absetzung des dreizehnten Dalai Lama durch die Kaiserin Tze-hsi verkündet und an seiner Stelle der Pantschen Lama eingesetzt worden. Das führte, noch während die Engländer abzogen, zum Aufstand der Tibeter, dieses Mal wieder gegen die Chinesen. Als die Chinesen daraufhin mit einem verstärkten Besatzungsheer in Tibet einrückten, stand der ganze Osten Tibets in den Flammen des Aufruhrs.

Vor der Armee des chinesischen Generals Tschao-Er-Fang, der später chinesischer Gouverneur von ganz Tibet wurde, floh der Dalai Lama nach Urga, dem heutigen Ulan-Bator, der Hauptstadt der Mongolei. Als er dort eintraf, erfuhr er von seiner Absetzung durch die chinesische Kaiserin. Er soll bei dieser Nachricht nur verächtlich gelacht haben. Die Flucht des Dalai Lama war keine gewöhnliche Flucht eines normalen Sterblichen. Es handelte sich ja auch nicht um einen normalen Flüchtling. Die Flucht glich vielmehr einem Triumphzug. Die verschiedenen Stämme der Mongolen jubelten, weil sich die Inkarnation des »Blauen Adlers«, des höchsten Gottes, in ihre Mitte begeben hatte. Die Chroniken berichten, daß die Häuptlinge, die übrigen Würdenträger und ein Großteil der mongolischen Priester dem Zuge des Dalai Lama folgten. Besonders triumphal muß der Einzug in Urga gewesen sein, wo der Dalai Lama von allen Khans mit ihren Reiterscharen und den Großlamas der mongolischen Kirche mit ihrem hohen Klerus empfangen wurde. Man empfing ihn wie den amtierenden Herrscher eines anderen Staates. Die Gläubigen kamen über die Steppen angereist, um dem Mensch gewordenen Gott ihre Verehrung zu erweisen. Ihr Strom nahm kein Ende.

In der Begleitung des Dalai Lama befand sich auch Dorjeff, der uns bekannte Lama mit den russischen Ambitionen, der zu den internationalen Verwicklungen, in die Tibet unter dem dreizehnten Dalai Lama geriet, beigetragen hatte.

Als die Verehrung für den Dalai Lama in der Mongolei und in den östlichen Bezirken Rußlands kein Ende nehmen wollte und schließlich sogar der russische Zar, Nikolaus II., dem Dalai Lama eine Botschaft übersandte, in der er seiner tiefen Achtung Ausdruck gab, entschloß sich die chinesische Kaiserin Tze-hsi, den schwierigen Dalai Lama zu einem Staatsbesuch nach Peking einzuladen. Gleichzeitig wurde ihm zu verstehen gegeben, daß für den Fall, daß er die Einladung abschlagen sollte, man sich gezwungen sähe, den Pantschen Lama, den alten Konkurrenten, an seiner Stelle einzuladen. Schließlich begann der Staatsbesuch dann doch. Man muß formulieren, der Staatsbesuch begann, denn Staatsbesuche zwischen Tibet und China vollzogen sich noch nicht in den zeitlichen Maßstäben, die wir heute gewöhnt sind. Nicht nur die Überlegungen für den positiven Beschluß, sondern auch die Reise selbst dauerte Monate. Außerdem war der ursprünglich als Flucht begonnene Zug des Dalai Lama in der Zwischenzeit auf mehrere tausend Kamele, die alle die Geschenke und das Begleitpersonal trugen, angewachsen. Als Ende September 1908 der Dalai Lama in Peking eintraf, bemühten sich beide Seiten, die Kaiserin Tze-hsi und ihr Schattenkaiser auf der einen, sowie der lebende Buddha auf der anderen Seite, wenigstens äußerlich die Form zu wahren. So kam dann eine vorläufige Regelung der Verhältnisse im Schneeland zustande. Kaum war sie getroffen, starben an zwei aufeinanderfolgenden Tagen der Schattenkaiser und die Kaiserinwitwe, seine Mutter, Tze-hsi. Wie danach – und zwar durch den für die Übergangszeit in China eingesetzten Regenten – die Kompetenzen der geistlichen und weltlichen Herrschaft des Dalai Lama in Tibet umschrieben worden sind, läßt sich nicht mehr genau feststellen. Zu Beginn des Jahres 1909 trat der dreizehnte Dalai Lama die Heimreise nach Lhasa, dem Sitz der Götter, an, wo er im Dezember des gleichen Jahres eintraf. Die Abmachungen, die das Verhältnis zwischen Tibet und China regeln sollten, waren nicht von langer Dauer. Im Jahre 1910 begab sich der Dalai Lama bereits wieder auf die Flucht. Dieses Mal mit einem Gefolge von zweihundert Mann und dreien seiner Staatsminister. Der Anlaß war das Vorrücken des Mandschu-Generals Tschao-Er-Fang gegen Lhasa. Während der lebende Buddha nach Süden, nach Indien geflohen war und sich in Darjeeling niederließ, errichtete Tschao-Er-Fang in Tibet seine Militärdiktatur. England, zu dessen Kolonialreich Indien gehörte, versuchte in Peking zu vermitteln. Als es damit ohne Erfolg blieb, erklärte das Foreign Office in London, England werde sich aus den inneren Angelegenheiten Tibets heraushalten, da es bereits früher schon die Oberhoheit Chinas über Tibet anerkannt habe. Darauf wandte sich der Dalai Lama wieder an die dritte Seite des weltpolitischen Dreiecks, in das Tibet geraten war, nämlich nach Rußland. Er bereitete eine Reise vor, zu der ihm Dorjeff geraten hatte. Der Zar hatte die Oberhoheit Chinas über Tibet noch nicht anerkannt. Doch wenn die Not am größten, ist Buddha am nächsten. In diesem Fall nicht der Mensch gewordene Gott, der ja in Bedrängnis war, sondern der geistige, höhere, die Weltgeschicke Leitende: In China brach die Revolution aus! Das Mandschu-Regime stürzte im Oktober 1911 zusammen. Daß diese Ereignisse langfristig erst recht die Selbständigkeit Tibets bedrohen sollten, war damals noch nicht sichtbar. Sichtbar waren die Unruhen in China. Der flucht- und rückkehrgewohnte Dalai Lama kehrte wieder zum Sitz der Götter nach Hause zurück. Über den triumphalen Einzug des Dalai Lama berichten die Chroniken der Königsklöster und der drei Säulen des Staates. In einem großen Festgottesdienst wurde den Unsichtbaren unter Beteiligung gewaltiger Zauberzeremonien, auf die der »Dreizehnte« großen Wert legte, für die Rettung gedankt und die Rache anempfohlen.

Militärdiktatur in Tibet

Kurz vor dem ersten Weltkrieg kam es zwischen den Vertretern Chinas, Englands und Tibets im indischen Simla zu einem – heute würde man sagen – Protokoll, in dem festgelegt wurde, welche Einflußzonen im Osten Tibets der chinesischen Aktivität vorbehalten und welcher Teil im Westen unter der Regierung von Lhasa stehen sollte. Außerdem wurde darin China und England das Recht eingeräumt, einen Residenten in Lhasa und eine Schutztruppe in Höhe von maximal dreihundert Soldaten zu unterhalten. Doch der Präsident der chinesischen Nordstaaten, Yüan-Schi-Kai verweigerte diesem Protokoll seine Zustimmung.

←Heimkehr und erneute Flucht

Das Ende des Gottesstaates

Für einige Zeit herrschte Ruhe in Tibet, weil in anderen Teilen der Welt Unruhe herrschte. Der erste Weltkrieg war ausgebrochen. In Lhasa hat sich inzwischen wenig geändert. Die reine Lehre Tsong Khapas fand ihre Ergänzung durch die jahrtausendealte Lehre des Nyingmapa. Dämonen wurden beschworen, gelegentlich das Wetter gemacht, hin und wieder die Schwerkraft überwunden und vor allem wichtige Ereignisse vorhergesagt. Die prophetischen Zaubereien jedoch gaben leider wenig Anlaß zu ungetrübter Freude. 1931 verkündete das Staatsorakel im kleinen Haus des Klosters Trebung dem Dalai Lama, der in der Zwischenzeit kaum noch im Potala, sondern überwiegend im Norbulingka-Schloß im Juwelenpark vor den Toren Lhasas lebte, er werde bald seine irdische Hülle abstreifen. Kurz vor seinem Tode am 17. Dezember 1933 sah Seine Heiligkeit selbst in die Zukunft, und was sie sah, legte sie in einem historischen Dokument nieder, in dem die Vernichtung der Religion Tibets und des selbständigen Staates vorhergesagt wurde. Wie immer, wenn ein Großer stirbt, schien für einige Tage die Zeit in Lhasa stillzustehen. Die Gläubigen waren von echtem Schmerz erfüllt. Nach den Berichten der Mitglieder der englischen diplomatischen Mission zogen Zehntausende betend an dem aufgebahrten Toten vorbei, und ungezählte Butterlampen brannten nachts auf den Dächern Lhasas.

Der Tod des »Dreizehnten«

→ Der letzte der Gottkönige

Der tote Priesterkönig wurde, nachdem seine Leiche, wie bei seinen Vorgängern, in Butter abgekocht, eingesalzen, lackiert und vergoldet worden war, in einem zwanzig Meter hohen Tschorten beigesetzt, der innen und außen noch prächtiger ausgestattet wurde als der seines großen fünften Vorgängers. In der Mitte dieses Tschorten sitzt die sterbliche Hülle in der Stellung Buddhas vor einem goldüberladenen Altar. Darüber spannt sich ein Dach aus reinem Gold, das über dem Potala von weitem sichtbar in der Sonne funkelt. Die Wände des Grabmals zieren Bilder aus dem bewegten Leben des auf der Erde weilenden Gottes: sein Empfang bei der chinesischen Kaiserin Tze-hsi, Elefanten des Radschas von Bhutan, zwei Automobile, die der dreizehnte Dalai Lama erworben und mit denen er einige Male durch die Ringstraßen von Lhasa gefahren war, sowie eine Darstellung seines letzten triumphalen Einzuges in Lhasa nach seinem Exil in Indien.

Noch ehe er starb, hatte der dreizehnte Dalai Lama einen Regenten für die Zeit bis zur Übernahme der Regentschaft seiner folgenden Inkarnation bestimmt. Dafür hatte er Thubdan Jampal Yeses, einen frommen Lama, der in einem Kloster im Nordosten Lhasas als Inkarnation ein frommes Leben führte, ansonsten aber von niederer Herkunft war, ausersehen. Thubdan hatte dann im Jahre 1935 den entscheidenden Hinweis für die Entdeckung der vierzehnten Inkarnation gegeben. Auf Rat des Staatsorakels von Netschung soll er im Spiegel des Sees unterhalb des Tempels des Schreckens die genaue Abbildung des Bauernhauses gesehen haben, in dem die vierzehnte Inkarnation zur Welt gekommen sei. In der Nähe des Klosters Kumbum, des Geburtsorts Tsong Khapas, fand die Kundschaftergruppe, die nach den Weisungen des Regenten Thubdan ausgeschickt worden war, das Bauernhaus, das an einen Berg gelehnt stand und dessen First von geschnitzten Drachen geziert war. Über ihm leuchtete in der Ferne das goldene Tempeldach eines nahen Klosters. So hatte ihnen Thubdan das Bild beschrieben, das er im Himmelssee des Gesetzesrades als Geburtshaus der vierzehnten Inkarnation gesehen hatte. Dort fanden sie den am 6. Juni 1935 geborenen vierzehnten Dalai Lama, der damals gerade zwei Jahre alt war. Bei seiner Auffindung soll der Knabe aus mehreren, ihm vorgelegten Gegenständen ohne zu zögern den Rosenkranz und die Tabaksdose des dreizehnten Dalai Lama herausgesucht haben, als ob sie ihm gehörten. Anfang Februar 1940 fand die Krönung des vierzehnten Gottkönigs von Tibet im Thronsaal des Potala statt. Thubdan, der Regent, nahm die Krönung vor, indem er dem göttlichen Knaben die gelbe Mitra aufs Haupt setzte.

Die ganze Pracht, über die die Gelbe Staatskirche verfügte, war zu diesem Ereignis noch einmal aufgeboten worden. Die kirchlichen und weltlichen Würdenträger sowie der gesamte Adel Tibets wohnten der glänzenden Zeremonie bei. Wir haben darüber einen ins einzelne gehenden Bericht des damaligen britischen Residenten in Lhasa, Sir Basil Gould. Unter den Anwesenden befand sich auch eine Delegation Tschiang Kaischeks. Selbst während der revolutionären Kämpfe in China hatten weder die Nationalisten noch die Kommunisten die chinesischen Ansprüche auf Tibet aufgegeben.

Thubdan aber, der königliche Regent, war des Regierens müde. Er sehnte sich danach, sich wieder in sein altes Kloster zu Meditationen zurückzuziehen. Das gab er vor dem Tsong-Du, der Tibetischen Nationalversammlung, im altehrwürdigen Jokhang bekannt. Das war damals in Tibet möglich, heute wäre das bei unseren Regierungen ein unerhörter Vorgang.

Die Erz-Äbte der drei Säulen des Staates und der Königsklöster erhoben daraufhin einen anderen lebenden Buddha, Tokra Rimpoche, den »Tigerfels«, zum neuen Regenten. Tokra war gerade 63 Jahre alt geworden. Er übernahm die Leitung des Staates und die Erziehung des jungen Dalai Lama, was ja auf das engste miteinander zusammenhing. Beide Aufgaben bewältigte er unnachgiebig, zäh, prinzipientreu und notfalls flexibel, im Kern jedoch hart. Er glich auch äußerlich Adenauer. Die Erziehung des jungen Gottes verlief keineswegs so, wie man sich bei uns eine moderne, großzügige, antiautoritäre Kindererziehung vorstellt. Gott hin, Gott her – wie wir von Sir Basil Gould, dem britischen Residenten, wissen, mußte Seine Heiligkeit jeden Morgen um vier Uhr aufstehen und einem ausgiebigen feierlichen Gottesdienst beiwohnen, den abwechselnd einer der Äbte der drei Säulen des Staates und der Königsklöster zelebrierte. Erst danach, so gegen sechs Uhr, gab es ein Frühstück, woran sich sofort wieder Andachten im Tempel des Juwelenparkes anschlossen. Der vierzehnte Dalai Lama lebte wie der dreizehnte gegen das Ende seiner Regierungszeit hauptsächlich im Norbulingka. Der Rest des Vormittags war dann mit den jeden Tag stattfindenden morgendlichen Audienzen im Potala ausgefüllt. Der restliche Tag gehörte intensiven theologischen Studien. Gould berichtete darüber: »Es gab keinen Augenblick des Müßiggangs oder kindlicher Spiele. Nur die Mutter, eine sehr willensstarke Frau, die sich durchzusetzen verstand, durfte den Dalai Lama gelegentlich sehen und ihn auch betreuen. Weder dem Vater noch den Brüdern und Schwestern wurde der Zutritt zum Juwelengarten gestattet.«

In der Zwischenzeit scheint sich Taschilunpo, die kleinere Konkurrenz des Potala, etwas selbständig gemacht zu haben. Denn als der königliche Regent zum wiederholten Male Klarheit über die

← Der letzte – vierzehnte – Dalai Lama als Knabe vor seiner Flucht nach Indien im Oktober 1950.

Inkarnation des zehnten oder elften Pantschen Lama erhalten wollte, präsentierten ihm, bzw. seinem Abgesandten, die Eminenzen der rivalisierenden Kurie, die sich seit längerer Zeit in Kumbum aufhielten, einen sechs Jahre alten Knaben als neue Inkarnation. Die Erziehung dieser neuen Inkarnation erfolgte nicht in Shigatse, sondern in Kumbum unter Aufsicht der zuständigen chinesischen Regierung, worauf der chinesische Gouverneur Ma-Pu-Fang bestand. Davon abgesehen verliefen die Zeiten in Tibet jetzt einigermaßen ruhig. Ja, man kann sagen: Je unruhiger es in der übrigen Welt wurde, desto ruhiger wurde es in Tibet. Außerhalb, besser unterhalb des Dachs der Welt

tobte jetzt der große Krieg. In China hatte der große Marsch stattgefunden. Mao Tse-tung eilte dem Sieg entgegen. Tschiang Kai-schek mußte weichen.

Die Tibeter lebten für sich nach ihrer Fasson – der größte Teil des Volkes in grenzenloser Armut, die Großen im Überfluß. Das Land gehörte zu zwei Dritteln der Kirche und zu einem Drittel den zweihundert Familien des Adels, den anderen gehörte mehr oder weniger nichts, sie selbst gehörten großenteils nicht einmal sich selbst, denn sie waren die Leibeigenen der anderen. Wenn man Heinrich Harrer glauben darf, waren sie allesamt dennoch vergnügt. Selbst in der Hauptstadt, ganz zu schweigen von den übrigen Siedlungen, gab es keinerlei Kanalisation. Der Unrat wurde auf die Straße oder zwischen die Häuser geworfen. Und man wartete, daß sie der Wind und Regen wegtrug und wegschwemmte. Heinrich Harrer schilderte in seinem Buch »Sieben Jahre in Tibet« den beschaulichen Ablauf des mittelalterlichen Lebens im Tibet der damaligen Jahre. Es gab auch einige Ansätze, an die Entwicklung der übrigen Welt anzuknüpfen. Tsarong, der ehemalige Minister und Vertraute des dreizehnten Hierarchen, in dessen Hause damals Harrer und Aufschnaiter als Gäste lebten, verhandelte schon mit den Amerikanern über eine Erschließung der Öl-, Mineral- und vor allem Goldvorkommen in Tibet. Aufschnaiter erhielt den Auftrag, einen Bewässerungskanal für Lhasa zu bauen und eine Kanalisation zu planen. Dieser Bewässerungskanal sollte am Linkhor, also an der äußeren Ringstraße, gebaut werden. Heinrich Harrer beschreibt in seinem Buch, welchen Eindruck er und Aufschnaiter hatten, als sie mit den Vermessungsarbeiten dort begannen:

»Ein unbeschreibliches Bild erwartete mich da. Sicher auf der ganzen Welt ohne Konkurrenz. Da hockten Hunderte, ja Tausende Mönche von ihren roten Kutten bedeckt und gaben sich einer Beschäftigung hin, für die wir gewöhnlich die Einsamkeit suchen. Es war unbeschreiblich. Ich beneidete Aufschnaiter nicht um seinen Arbeitsplatz. Verbissen machten wir uns an die Arbeit, ohne nach rechts oder links zu blicken, nur recht bald fertig werden und aus dieser Gegend herauskommen!«

Harrer baute während seines Aufenthalts in Tibet im Garten von Tsarong einen Springbrunnen. So hielt ganz schüchtern die Neuzeit Einzug in Tibet.

Doch die Ruhe trog. Es gab einen Anschlag auf Tokra, den »Tigerfelsen«. Es kam zu Aufständen in den drei wichtigsten Klöstern, den Säulen des Staates, gegen die klerikale Hierarchie. Anfang 1949 rückte die Rote Armee Mao Tse-tungs von Osten nach Tibet vor. Der Tsong-Du tagte im Jokhang wochenlang. Tokra wußte nicht, was er gegen die Übermacht der Chinesen unternehmen sollte. Als das Neunte Tibetische Regiment im Oktober 1950 zu den Chinesen überlief, war die Niederlage besiegelt. Das Orakel von Netschung, vom Staatsrat angerufen, erklärte im Namen des Gottes Pedkar, der vierzehnte Dalai Lama solle, obwohl unmündig, mit seinen fünfzehn Jahren die Regierung übernehmen. Der Regent Tokra war sofort damit einverstanden. Zu Regieren gab es ohnehin nicht mehr viel. Er zog sich in ein Kloster nach Sikkim zurück, wo er bald darauf starb.

← Heinrich Harrer berichtet

Am 17. November 1950 bekam Tibet einen Knaben als Gottkönig. Er ordnete zuerst die Durchführung des großen vernichtenden Tsan-Mdo-gling-bzhi-Zaubers gegen die Eindringlinge an. In allen Klöstern und Tempeln Lhasas, voran im altehrwürdigen Jokhang, wurde um den Beistand der Götter gegen die Eindringlinge gebetet. Aber die Götter konnten gegen die chinesischen Waffen nicht mehr helfen. Auch der schlimmste Zauber nützte nichts gegen Kanonen.

Im Dezember 1950 floh der junge Dalai Lama nach Sikkim, wo er sich im tibetischen Tschumbi-Tal im »Kloster der Weisen Muschel«, dicht an der Grenze, niederließ. In der Zwischenzeit besetzte die Zweite Chinesische Feldarmee Lhasa. Eine tibetische Delegation traf am 23. Mai 1951 ein Abkommen mit China, in dem Tibet eine nationale, regionale Autonomie unter der zentralen Leitung der zentralen Volksregierung erhielt. Der Pantschen Lama weilte damals bereits seit längerer Zeit in Peking.

Die Chinesen besetzen Lhasa

Der Dalai Lama, der tibetischen Boden nie verlassen hatte, kehrte nach Lhasa zurück. Allerdings nur noch als Oberhaupt der Religion. Am 17. März 1959 floh er zum zweiten Mal und dieses Mal endgültig. Damit hat die letzte mittelalterliche Theokratie auf unserer Erde ihr Ende gefunden.

Die letzte Flucht

Wie immer die historische Entwicklung auf dem Dach der Welt weitergehen wird, sie wird nicht mehr dort anknüpfen können, wo sie vor drei Jahrzehnten ihr Ende fand.

← Zwei Lamas auf den Dächern des Klosters Trebung.

Sieg am Berg der Götter

3

Auf dem Gipfel des Shisha Pangma – die erste Gruppe hat ihr Ziel erreicht.

Das Team

↑ Günter Sturm

↑ Fritz Zintl

Die Kriterien, die uns bei der Auswahl der Teilnehmer an der Expedition leiteten, waren ganz eindeutig durch die Aufgabe gestellt. Erfahrene, konditionsstarke Bergsteiger, bewährte Bergkameraden – Meister ihres Fachs, auch was das Fotografieren und Filmen anbelangt. Und wir fanden sie! Wir, das sind Günter Sturm und ich, die wir den Plan ausgedacht, vorangetrieben und auch die Vorexpedition mitgemacht hatten.

Günter Sturm stammt aus Eichstätt. An den Kalkfelsen des Donautales holt er sich schon im frühen Jugendalter seine ersten Erfahrungen im Fels. Mit dreizehn Jahren beginnt er zu klettern. Einmal fällt er dort aus einer Wand und wird mit einem Schädelbruch ins Spital von Eichstätt eingeliefert. Alles gute Zureden seiner Mutter, sich doch einen anderen Sport zu suchen, fruchtet nichts. Er macht weiter mit Klettern. Sein Tourenbuch weist eindrucksvolle Namen und Ereignisse auf:
1956 Bonattipfeiler mit Wettersturz und vier Biwaks; 1967 Aiguille-Noire-Westwand, Triolet-Nordwand und Walkerpfeiler – immer noch das höchste Ziel der Extremen in den Alpen – und alles in einer Woche; 1973 die erste Besteigung des Moreno in Patagonien in Südamerika; 1974 überschreitet er zusammen mit Erich Reismüller als erster auf Skiern den Mount McKinley, den höchsten Berg Nordamerikas in Alaska; 1975 kommt mit einer fast logischen Zwangsläufigkeit der erste Achttausender dran: Es ist der Kantsch-Westgipfel, 8447 Meter hoch; zwei Jahre später folgt der Lhotse mit 8511 Metern. Beide Male ist Günter Sturm stellvertretender Expeditionsleiter.
Mit den Bergen ist er auch beruflich verbunden. Er ist Leiter der Berg- und Skischule des Deutschen Alpenvereins und organisiert heute das größte Treckingprogramm der ganzen Welt in alle Erdteile.
Auch in der Theorie des Bergsteigens hat er einen Namen. Zusammen mit Fritz Zintl hat er ein in mehreren Auflagen erschienenes Buch »Sicheres Klettern in Fels und Eis« geschrieben.

Fritz Zintl war dritter Teilnehmer an der Vorexpedition zum Shisha Pangma. Er reitet in vielen Sätteln. Studiert hat er Geographie, Geschichte und Sport, war Lehrer an Münchner Gymnasien und mehrere Jahre Cheftrainer der alpinen Skimannschaft. Für einige Jahre leitete er den Fachbereich Skilauf/Alpinistik am Sportzentrum der Technischen Universität.
In München ist er heute Mitarbeiter am Lehrstuhl und Institut für Sportmedizin der Technischen Universität München. In den 50er Jahren gewann er als Leichtathlet, speziell im Mittel- und Langstreckenlauf, bayerische und deutsche Meisterschaften. Als Mittelstreckenläufer leistet er heute noch Beachtliches.
Aber schließlich wandte er sich zunehmend dem Alpinismus zu. Von den Viertausendern der Alpen hat er fast alle, nämlich sechzig an der Zahl, bestiegen. Vom Normalanstieg hält er nichts. Seine Hochzeitsreise hat er mit Frau und Trauzeugen in der Form einer Kletterei über den Peutery-Grat zum Montblanc unternommen. Dabei wäre die ganze Gesellschaft um ein Haar in einer umgekehrten Direttissima aus der Wand gestürzt. Noch andere alpinistische Touren im Montblanc-Gebiet gehörten zur gleichen Hochzeitsreise, darunter ein Abstieg bei stockdunkler Nacht durch die Whymperrinne ohne Sicherung. Bonattipfeiler und Walkerpfeiler gehören zu seinem Tourenbuch, beide unter extremen Verhältnissen. Am Walkerpfeiler mußte er mitten im Sommer 1963 mit seinem Seilkameraden Günter Sturm die Gaskartuschen zum Füßewärmen benutzen, um Erfrierungen zu vermeiden.
Danach hat er sich in aller Welt herumgetrieben. Er kennt die höchsten Gipfel in den Anden, in Afrika und im Himalaja. Zwei Achttausender hat er in der Zwischenzeit auch bezwungen, den Kantschen dzönga und den Lhotse. In der Zwischenzeit rennt er bei allen bedeutenden Skilangläufen in der Spitzengruppe mit – und wenn man einen auf den Sportanlagen der Technischen Universität München unentwegt im Kreis laufen sieht, ist es bestimmt der Zintl Fritz.

Daß der **Dacher Michel** mit von der Partie sein würde, bedurfte überhaupt keiner weiteren Diskussion.
Unsere Bekanntschaft und Freundschaft begann am Cengalopfeiler im Bergell – für mich vielleicht die schönste Kletterei, die ich mitgemacht habe. Ich erinnere mich noch gut daran, wie wir nachts um zwei Uhr von der Sciorahütte aus mit Stirnlampen über den Gletscher zum Einstieg des Cengalopfeilers gelangt sind. Am Abend waren wir wieder auf der Hütte. Nach zwei Pfannkuchen mit Salat für jeden sind wir dann abgestiegen und noch nach Hause gefahren, weil der Michel am folgenden Montag wieder zur Arbeit gehen mußte. In der Zwischenzeit ist der Michel längst eine alpinistische Größe geworden und das, obwohl er nie etwas aus sich gemacht hat. Er hat alle Wände von Rang und Namen in den Alpen bestiegen, die drei großen Nordwände an Matterhorn und Grandes Jorasses und den Eiger inklusive. Die Comici-Route an der großen Zinnen-Nordwand machte er im Alleingang. Ich habe zusammen mit ihm den Geiselstein auf fast allen Routen, die direkte Südwand der Schlüsselkarspitze und die Badile-Nordostwand erstiegen. Mit drei Freunden gelang ihm 1970 nach Nansen die erste Inlandeisdurchquerung der Eiswüste Grönlands ohne Schlittenhunde. Von den Achttausendern hat er K2, Lhotse und Kantschen dzönga im Sack. Es fehlte eigentlich nur noch der Mount Everest – und eben der Shisha Pangma. Nach der Besteigung dieses Traumberges wird er der deutsche Bergsteiger mit den meisten Achttausendern sein.
Der alpinistische Ruhm hat ihn übrigens überhaupt nicht verändert. Er ist zwar Ehrenbürger von Peiting geworden, aber damit hat sich's. Er selber ist bescheiden geblieben und macht nichts aus sich. Aber vielleicht sollte man etwas mehr aus ihm machen.

Der **Sigi Hupfauer** ist von Hause aus ein Flachländer aus der Umgebung von Ulm und hatte mit den Bergen eigentlich gar nichts zu tun. Wenn man von einem Hügel hinter dem elterlichen Bauernhaus bei Föhnlagen nicht gelegentlich die Gipfel der Allgäuer Alpen hätte sehen können, wäre er wahrscheinlich auch Flachländer geblieben. Neben dem Föhn gab es aber noch eine weitere Ursache, nämlich den Hauber Toni. Das war der Pfarrer, der hauptsächlich ein Bergnarr war und für den es eigentlich nur zwei Themen gab, die Bibel und das Bergsteigen, wobei es letztlich immer aufs Bergsteigen hinauslief, wahrscheinlich weil man in den Bergen das Wort Gottes am besten hören kann.
Während der Sigi das Werkzeugmachen lernte, mußte er in seiner Freizeit auf dem elterlichen Hof aushelfen. Urlaub gab es erst nach der Ernte und dann allenfalls acht Tage. Gelegentlich überzog er diese acht Tage um fünf Wochen. Dann gab es zu Hause einen furchtbaren Krach, weil sein Vater von der nichtsnutzigen Bergsteigerei überhaupt nichts hielt. Es trieb Sigi rasch in die obersten Schwierigkeitsgrade der Extremen, und zwar im Sommer und Winter. Die zweite Winterbesteigung der Roggalkante in den Dolomiten steht auf seinem Konto. In Wetterstein und Karwendel hat er alle wichtigen Bergwände durchstiegen, inklusive aller Schlüsselkarwände. Bonattipfeiler, große Zinnennordwand, die erste Durchsteigung der Direttissima der Eiger-Nordwand im Winter in dreißig Tagen bilden weitere Marksteine. Das war im März 1966.
Als er in der letzten Seillänge am großen Drusenturm-Südpfeiler stürzte und schwer verletzt für zwei Jahre das Bergsteigen aufgeben mußte, fand er endlich die Zeit zu heiraten und sich ein Haus zu bauen. Seine Frau war dann die Seilgefährtin vieler großer Felsfahrten und leistet heute noch in Fels und Eis Beachtliches. Die Hochzeitsreise fand natürlich in den Bergen statt. Aber es war eine merkwürdige Hochzeitsreise, denn gereist ist nur der Sigi allein. Für die Braut hat das Geld nicht mehr gereicht. Er fuhr damals zur Rupal-Flanke am Nanga Parbat. Aconcagua, Pik Lenin, Badile-Nordost bilden weitere Etappen seiner alpinistischen Karriere. Bisher hat er einen ersten Höhepunkt in der Ersteigung des 8126 Meter hohen Manaslu erlebt. In der Zwischenzeit stand er auch auf dem höchsten Berg der Welt, dem Mount Everest. Und jetzt sollte er seinen dritten Achttausender, den Shisha Pangma, packen.
Wie er trainiert, zeigt seine Vorbereitung für die Besteigung der Eiger-Nordwand im Winter. Er absolvierte dafür ein bemerkenswertes Härtetraining: Im Winter barfuß im Schnee rennen, bis kein Gefühl mehr in den Füßen ist. Täglich eiskalt duschen. Geschlafen wird direkt am geöffneten

↑ Michel Dacher

↑ Sigi Hupfauer

Fenster auf blankem Bretterboden. Als Steigerung kauerte er die letzten Nächte vor dem Start nachts noch im Fensterkreuz auf dem Sims. Angebunden an den Mittelpfosten! Er war der Meinung, sich damit psychisch und physisch perfekt vorzubereiten. Er hatte damit auch recht, wie der Erfolg am Eiger bewies. Verständlich war aber auch, daß ihn seine Mutter für komplett verrückt erklärte.

↑ Manfred Sturm

↑ Otto Wiedemann

Nun zu **Manfred Sturm**. Bei der Vorbereitung der Expedition bin ich immer wieder nach den Gebrüdern Sturm gefragt worden. Beide, Günter und Manfred, heißen zwar Sturm, aber sie sind nicht miteinander verwandt. Was ihnen gemeinsam ist, ist ihre große Leidenschaft zu den Bergen und ihr anerkanntes Können.
Manfred Sturm ist Münchner, aufgewachsen in der heilen Welt des Chiemgau. Die Berge hatte er von Jugend an ständig vor Augen. Nach den ersten Klettereien ließen sie ihn nicht mehr los. Auch er ist in gewisser Hinsicht ein Totalist. Bergsteigen steht bei ihm ganz oben. Es gehört für ihn zum Sinn des Lebens, ist also eine sehr ernste Angelegenheit. Ich weiß, daß viele das nicht verstehen werden. Sie werden sagen, das Bergsteigen müßte doch ein Vergnügen bleiben. Aber es kann eben noch sehr viel mehr sein. Wer es nicht glaubt, der ist, wie bei allen Glaubensfragen, schwer davon zu überzeugen.
Bei dieser Einstellung war es nicht weiter verwunderlich, daß er in den Alpen von Ost nach West, von den Dolomiten bis zum Montblanc-Massiv, fast alles »abgeräumt« hat, was zählt. Wer immer noch zweifelt, daß Bergsteigen eine ernste Angelegenheit ist, erhält vielleicht aus folgenden Stationen seines Wegs einen kleinen Hinweis:
Als Manfred Sturm mit vier Kameraden den Gipfel des noch unbestiegenen Ciula Chico in den Anden zu ersteigen suchte, stürzten im Nebel drei seiner Kameraden mit einer riesigen Wächte in den Tod. Sie waren zwischen 21 und 23 Jahren alt. Fünf Jahre später kam Manfred Sturm wieder. Dieses Mal glückte ihm die Erstbesteigung durch den noch vorhandenen Ausbruch der Wächte hindurch. 1962 stand er am Nanga Parbat, dem Schicksalsberg der Deutschen, um zum ersten Mal die Rupalflanke zu durchsteigen. Nach einer furchtbaren Sturmnacht in 7500 Meter Höhe erreichten aus der Gruppe Tony Kinshofer, Anderl Mannhard und Sigi Löwe den Gipfel. Die anderen mußten umkehren. Sigi Löwe stürzte beim Abstieg in den Tod. Den 6310 Meter hohen Toshe Peak in Pakistan erstieg er als erster zusammen mit seiner Frau. Er verbrachte viel Zeit in Nepal, Peru, Pakistan, Mexico, Bolivien und Equador. Noch einmal mußte er kurz vor dem Gipfel eines Achttausenders im Wettersturz umkehren. Das war für ihn deprimierend. Aber dafür lebt er noch. Jetzt hat er die Möglichkeit, mit uns den Gipfel des Shisha Pangma zu erreichen.

Otto Wiedemann ist der schnellste Kletterer Deutschlands. So schnell wie er hat die Matterhorn-Nordwand im Winter noch keiner durchstiegen. Als er die direkte Christa-Kante im Wilden Kaiser, für die gute Kletterer normalerweise zwei bis drei Stunden benötigen, in acht Minuten emporturnte, mochte es niemand glauben. Erst als eine Filmkamera den gesamten Durchstieg festhielt, schwiegen alle Zweifler. Beim Internationalen Kletterwettbewerb in der Sowjetunion 1978 war er der schnellste westeuropäische Kletterer.
Otto Wiedemann macht sich indessen nichts aus diesen Kletterzeitrekorden: »Jeder klettert eben so schnell wie er kann«, meint er. Im übrigen wird auch ihm nichts geschenkt. Zweihundert Klimmzüge und zwei Stunden Waldlauf gehören wenigstens zu seinem täglichen Trainingsprogramm.
Otto Wiedemann vertritt die neue Klettergeneration. Für ihn ist Klettern ein Hochleistungssport. Möglichst schnell und möglichst frei, das sind seine Kletterprinzipien. Bergsteigen ist im übrigen in der Zwischenzeit sein Beruf geworden. Seine Maßstäbe lassen sich nicht verallgemeinern. Das Verzeichnis seiner Eistouren, kombinierten Touren und Felstouren in den gesamten Alpen läßt einen vor Neid erblassen. Es gibt kein alpinistisches Problem, dem er nicht gewachsen ist. Die Zeiten, da der fünfzehnjährige Bergsteigeraspirant beim Anblick des majestätischen Wilden Kaiser sich nicht vorstellen konnte, daß »da oana auffi kimmt«, sind vorbei. Heute kommt er überall hinauf und nicht nur das. Beeindruckend ist, wie er hinauf kommt. Kürzlich ist er japanischer Meister im Klettern geworden. Wer die Weltklasseleute der Japaner kennt, weiß, was das heißt.

← Unsere beiden Mercedes-Wagen auf dem östlichen Moränenhügel nicht weit vom Depot.

Erich Reismüller ist unser Kameramann. Doch das heißt nicht, daß er gewissermaßen nur als notwendiges Übel dabei ist. Das wäre weit gefehlt. Erich Reismüller ist ein gestandener, anerkannter, erfahrener Bergsteiger, der auch als solcher unentbehrliches Mitglied unserer Expedition ist. Das Alpine im Winter und Sommer liegt ihm im Blut. Schon sein Vater war aktiver Skiläufer und Bergsteiger. In den nordischen Disziplinen Langlauf und Sprunglauf gehörte er zur bayerischen Spitzenklasse, ja sogar zur engeren Olympiaauswahl 1952. Die alpine Lehrzeit des Sohnes fällt in die Nachkriegsjahre. Das heißt, ohne Ausrüstung, oft barfuß, mußte geklettert werden. Mit alten Fahrrädern fuhr man ins Gebirge. Das entspricht zwar nicht dem modernen Standard heutiger alpiner Kreise, doch die schlechteste Ausbildung war das beileibe nicht! Er kennt die Eiswände der Alpen, besonders der Ostalpen, aus eigener Erfahrung. Die Erstbesteigung eines Siebentausenders, des 7 450 Meter hohen Gangapurna, steht in seiner Tourenliste. 1969 war er stellvertretender Expeditionsleiter der DAV-Jubiläumsexpedition zum Anapurna. In 7 500 Meter Höhe mußten sie wegen schlechten Wetters umkehren. Den Glacier-Dome, 7 150 Meter, bestieg er auf Skiern. Auch an der ersten Skiüberschreitung des Mount McKinley – 6 200 Meter Höhe – war er, zusammen mit Günter Sturm, beteiligt. Die Zahl der von ihm bezwungenen Fünf-, Sechs- und Siebentausender geht erheblich über das Dutzend hinaus; sie liegen in allen Gebirgen der Welt. Hinzu kommt bei ihm noch das Wildwasserfahren. Er ist leidenschaftlicher Kajak-Sportler. Seit 1951 hat er fast alle schwierigen Wildflüsse Europas befahren, und was er selbst erlebt, hält er auch im Bild fest. Erich Reismüller ist preisgekrönter Fotograf, Kameramann und Filmproduzent, alles in einem. Wer fragt jetzt noch, warum wir ihn mitgenommen haben?

↓ Erich Reismüller

Ein Arzt gehört zu einer solchen Expedition. Wir hätten einen mitgenommen, auch wenn wir dazu nicht noch zusätzlich vertraglich von den Chinesen verpflichtet worden wären.

Dr. Wolfgang Schaffert ist in den Bergen aufgewachsen. Klettern und Wildwasserfahren waren für ihn die wichtigsten Sportarten von Jugend auf. Er ist Bergsteiger durch und durch. Aber nicht nur das. Die Liste seiner sportlichen Erfolge ist beachtlich: Deutscher Ärztemeister im Speziallanglauf; Brigademeister im Speziallanglauf Fünfzehn Kilometer; Dritter der Biathlon-Staffel der Brigade 23. Zu diesen letzten beiden Erfolgen kam er als Stabsarzt beim Gebirgsjägerbataillon 231 in Bad Reichenhall. Er hat schon zwei Expeditionen als Expeditionsarzt begleitet, unter anderem 1977 die deutsche Expedition auf den Lhotse, 8511 Meter hoch. Höhenmedizin ist sein Spezialgebiet.

↓ Wolfgang Schaffert

Gefahren des Höhenbergsteigens

Die Höhenluft ist keineswegs so herrlich, rein und gesund, wie man üblicherweise annimmt. Sie mag weniger Staub enthalten, aber dafür bringt sie eine ganze Reihe von Problemen für den Aufenthalt des Menschen mit sich. Mit der Höhe nimmt der Luftdruck ab. Bei dreitausend Metern über dem Meeresspiegel beträgt der alveolare Sauerstoffpartialdruck 60 mm/Hg, das heißt, die Quecksilbersäule zeigt diesen Wert an. Zum Vergleich: In Meereshöhe zeigt die Quecksilbersäule einen Sauerstoffpartialdruck von 760 mm an.

Die Nervenzentren des menschlichen Organismus reagieren auf diesen Druckabfall mit einer erhöhten Ventilation; die Frequenz und Intensität der Atmung steigen automatisch an. Gleichzeitig nimmt die Herzfrequenz, also der Pulsschlag deutlich zu. In der Höhe produziert der menschliche Organismus darüber hinaus mehr rote Blutkörperchen. Der Sinn dieser Reaktion liegt darin, mehr Sauerstoffträger, denn das sind die roten Blutkörperchen, zur Verfügung zu stellen. So sinnvoll diese Reaktion ist, so bringt sie auf der anderen Seite doch Nebenerscheinungen mit sich, die zu gefährlichen Konsequenzen führen können. Durch die Vermehrung der roten Blutkörperchen wird das Blut verdickt. Die Ärzte sagen, die Viskosität des Blutes nimmt zu. Dieses verdickte Blut ist manchmal nicht mehr in der Lage, in die sehr feinen Blutgefäße in den äußersten Extremitäten des Körpers, die Finger- und Zehenspitzen zum Beispiel, einzudringen. Das Blut hat also mehr Sauerstoffträger zur Verfügung, was an sich gut und notwendig ist. Doch dabei entsteht ein solches »Gedränge« dieser Träger, daß sie nicht mehr in der Lage sind, überall den Sauerstoff abzuladen. Die Folge kann sein, daß die Körperteile, die nicht mehr hinreichend mit Blut versorgt werden, Erfrierungen erleiden.

Es gibt noch einen weiteren Grund für die Verdickung der Blutflüssigkeit. Wie der ganze Mensch besteht auch das Blut zum großen Teil aus Wasser. Mit zunehmender Höhe wird die Luft immer trockener, der Anteil der Luftfeuchtigkeit oder des Wasserdampfes pro Kubikmeter Luft nimmt ab. Die Folge ist, daß der menschliche Körper verstärkt Wasser an die umgebende Luft abgibt, die dieses Wasser gierig aufsaugt. Das geschieht durch die Haut, besonders aber durch die Schleimhäute, die rasch austrocknen und dadurch sehr reizbar und für Infektionen anfällig werden. Besonders durch die Atemluft, die aus der Lunge ausströmt, wird die Austrocknung des menschlichen Körpers gefördert. Mit dem ausscheidenden Wasser verliert der menschliche Körper auch die darin gelösten Salze, die er für seinen Haushalt dringend benötigt. Darunter befinden sich vor allem die sogenannten Elektrolyte, also die Natrium-, Kalium- und Kalzium-Verbindungen. Starkes Schwitzen kann diesen Vorgang noch verstärken. Durch die Verschiebung des Gleichgewichts im menschlichen Wasser- und Salzhaushalt kann es aufgrund osmotischer Vorgänge zur Ansammlung von Flüssigkeit in Teilen des Gehirns und der Lunge kommen. Dadurch entstehen die noch nicht vollständig medizinisch erforschten Gehirn-und Lungenödeme, die zusammen oder unabhängig voneinander auftreten können.

Mit diesen unangenehmen bis lebensgefährlichen Erscheinungen muß man beim Höhenbergsteigen rechnen. Letztlich ist keiner dagegen gefeit. Sie können auch den geübten Bergsteiger treffen, obwohl man durch Training und vorsichtige, sachgerechte Akklimatisierung ihre Folgen mildern oder sogar völlig ausschließen kann.

Die Reaktionen des menschlichen Organismus hat man keineswegs erst in den letzten Jahren erkannt. Seit Menschen auf Berge steigen, weiß man, daß sie in der Höhe und durch die Höhe krank werden können. Eine erste Beschreibung der sog. Höhenkrankheit (»mal de montana«) findet sich bereits 1590 in der Historia moral de los Indios des Jesuitenpaters Acosta. Der französische Arzt Jourdanet führte 1876 die Höhenkrankheit bereits auf den Sauerstoffmangel zurück.

Heute unterscheidet man hauptsächlich drei Arten von Höhenkrankheit: Die akute Bergkrankheit, das Höhenlungenödem und das Hirnödem. Die akute Bergkrankheit tritt vor allem bei höhenungewohn-

→ Der Shisha Pangma im Abendlicht.

↑ Soeben ist unsere Turbopropmaschine auf dem Flugfeld von Lhasa gelandet.

→ Aufstellung zum Gruppenbild: Günter Sturm, Hsü Deching, Wolfgang Schaffert, Manfred Abelein, Tschiang, Sigi Hupfauer und Yang (v. l. n. r.).

← Unser erster Spaziergang auf dem Parkhor erweckt großes Interesse.

← Mittelalter und Neuzeit begegnen sich – eine Buddhagestalt posiert vor einem Traktor.

↑ Besuch im Elektrizitätswerk von Lhasa.

→ Eingangstreppe zum Kloster Sera – ein glockenbehangener Tschorten ragt hoch über das Dach.

↑ Goldener Buddha im Lotossitz.

→ Srong Tsen Gampo und seine beiden Frauen.

← Idyllisches Tsangpo-Ufer.

↓ Nicht weit von Lhasa führt diese Brücke über das weite Flußbett des Tsangpo.

↑ Hoch über dem Tal des Kyitschu liegt das altehrwürdige Kloster Ganden, einst eine der »drei Säulen des Staates«.

↖ Kostbare symbolische Opfergaben vor der Sitzfigur des »großen Fünften«.

↑ Gold und Juwelen schmücken den Grabtschorten, in dem die sterbliche Hülle des Gottes Tschenresig ruht.

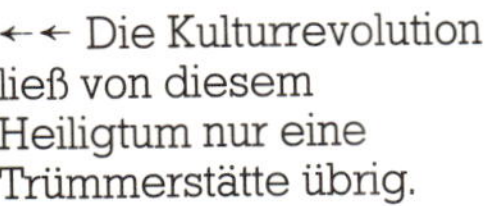

←← Die Kulturrevolution ließ von diesem Heiligtum nur eine Trümmerstätte übrig.

← Das zerstörte Mausoleum Tsong Khapas, des großen lamaistischen Reformators und Gründers der Gelben Kirche.

← Blick in einen Reliquienbehälter.

↓ In Tibet sind die Kleinen immer dabei.

→ Feldbestellung mit pflügenden Yaks im fruchtbaren Tsangpo-Tal.

↑ Die Lebensader Tibets, der Tsangpo, mit seinem verschlungenen Wasserlauf.

→ Die von uns benutzte Paßstraße über dem Flußtal.

← Der Yangzeyong-See war noch teilweise zugefroren.

→ Folgende Doppelseite: »Plötzlich macht uns Herr Hsü auf ein einzigartiges Naturschauspiel aufmerksam: Am südlichen Horizont tauchen die höchsten Berge des Himalaja auf«. Rechts der Chomolungma im ersten Sonnenlicht.

↓ Tibetisches Kind mit Türkisschmuck.

↑ Ein altes tibetisches Dorf lehnt sich an die Abhänge der Himalaja-Nordkette.

↗ Unsere Karawane auf einer staubigen Straße Westtibets.

→ Aus der Ferne leuchtet uns die Dreiergruppe von Molamentschin, Shisha Pangma und Risum entgegen.

↑ Im Basislager wird zuerst die Ausrüstung ausgebreitet.

← Einige hundert Meter Seil liegen zur Sicherung schwieriger Stellen des Anstiegs bereit.

→ Folgende Doppelseite: Über eine Gletschermoräne führt der Weg unserer schwerbepackten Kolonne zu Lager I.

←← Auf dem »Eisenbahndamm« geht es in Richtung Berg.

← Der Wald der Séracs.

↙↙ Die tibetischen Träger legen eine kleine Rast ein.

↙↙ Eine Kette von Séracs überragt den »Eisenbahndamm«.

↙ Eine Trägerkolonne marschiert auf einer Randmoräne des Jebokangjale.

→→ Folgende Seite, rechts: Unser Lager I in 5800 Meter Höhe.

→ Folgende Seite: Auf dem Gletscher zwischen Lager I (5800 m) und Lager II (6400 m).

↓ Türme und Wälle aus schimmerndem Eis vor unserem Lager II.

↓↓ Nordwestflanke des Shisha Pangma mit Jebokangjale.

← Beim Anstieg über gefährliche Eis- und Schneefelder ins Lager II.

↑ Abstieg vom Depot zum Jebokangjale.

→ Nach schwerer Tagesarbeit sind wir am Abend in unsere Zelte zurückgekehrt.

ten Personen auf, die rasch große Höhenunterschiede bewältigen. Durch die Benutzung moderner Transportmittel wie des Flugzeugs oder der Bergbahnen kommt sie heute gar nicht selten vor. Jeder, der einmal von Lima, das auf Meereshöhe liegt, nach La Paz geflogen ist, dessen Flughafen El Alto auf viertausend Meter Höhe liegt – und anschließend einen Bummel durch die Innenstadt von La Paz gemacht hat, anstatt sich ein, zwei Tage im Hotelbett zu erholen – weiß, was darunter zu verstehen ist. Die Symptome, die er dann bei sich feststellen kann, sind Kopfschmerzen, hohe Pulsfrequenz, Kurzatmigkeit, Übelkeit, Schwindel, Schlaflosigkeit, in schlimmeren Fällen sogar Erbrechen, ja Verhaltensstörungen gegenüber den Mitmenschen und neurologische Ausfälle wie Sehstörungen, Gleichgewichtsstörungen und andere Sinnesstörungen. Kranke Menschen sind gegen die Auswirkungen der Höhenunterschiede natürlich anfälliger, aber auch die gesunden sind keineswegs dagegen gefeit. Auch geübte Bergsteiger können von der akuten Bergkrankheit befallen werden. Die Anpassungsfähigkeit an die Höhe ist individuell sehr unterschiedlich und hat mit dem allgemeinen Gesundheitszustand nur sehr bedingt etwas zu tun. Eine stufenweise Anpassung an die Höhe mit jeweiliger Rückkehr in bereits gewohnte Höhen, stellt erfahrungsgemäß die beste Methode dar, die Bergkrankheit zu vermeiden. Daraus ergibt sich die moderne Taktik des Höhenbergsteigens, die in ständigen Auf- und Abstiegen besteht. Außerdem sollte man in den ersten Tagen nach dem Eintreffen in größeren Höhenlagen körperliche Anstrengungen nach Möglichkeit meiden. In schlimmen Fällen muß der Betroffene sofort in geringere Höhen absteigen; unter Umständen muß ihm künstlicher Sauerstoff zugeführt werden.

Weit gefährlicher als die »normale« Bergkrankheit ist das Höhenlungenödem. Es tritt allerdings selten unter dreitausend Metern auf. Bei nicht genügender Akklimatisierung an größere Höhen kommt es häufiger vor. Es beginnt meist erst 24 bis 60 Stunden nach der Ankunft in großen Höhen und kündigt sich durch Kurzatmigkeit, Reizhusten, Müdigkeit, schnellen Pulsschlag und Kopfschmerzen an. In fortgeschrittenen Fällen kann es zu einem blutigen Auswurf, Atemnot und Erstickungsanfällen kommen. Gleichzeitig ist eine Temperaturerhöhung bis zu 39 Grad zu beobachten, was dann häufig zu der Fehldiagnose Lungenentzündung verleitet, die in besonders extremen Fällen noch zusätzlich zum Lungenödem auftreten kann. Niemand ist gegen diese Krankheit immun. Alpenmedizinische Untersuchungen zeigen, daß auch erfahrene Bergsteiger davon heimgesucht werden. Ja selbst die normalen Höhenbewohner, wie die Indios der Anden oder die Tibeter des Himalaja, die in diesen Höhen geboren werden und dort leben, sind nach einem längeren Aufenthalt in Meereshöhe bei ihrer Rückkehr in die altgewohnte Umgebung für ein Lungenödem besonders empfänglich. Das hat man besonders bei den Indios in Südamerika festgestellt. Wer von einem Höhenlungenödem befallen ist, ist lebensbedrohend erkrankt. Die Hilfe muß möglichst schnell erfolgen. Die beste Therapie besteht, wie gesagt, in einem sofortigen Abstieg und Abtransport in geringere Höhen. Zusätzlich – und wenn nötig gleichzeitig – bringt die Zufuhr künstlichen Sauerstoffs, eventuell in der Form der Überdruckbeatmung, Besserung. Eine begleitende Behandlung mit Medikamenten, die die Wasseransammlung abbauen, bringt dann meist eine rasche Heilung.

Viel seltener, auch viel gefährlicher ist das Hirnödem. Es wird kaum unterhalb einer Höhe von 3 500 Metern beobachtet. Seine Stadien bestehen in Schwindelanfällen, Halluzinationen, Apathie, Bewußtseinstrübung und schließlich Bewußtlosigkeit. Es gibt nur eine einigermaßen verläßliche Therapie: Runter! Der Kranke muß sofort, wenn möglich sogar mit einem Hubschrauber, in die niedrigst mögliche Höhenlage gebracht werden. Sonst wird die Therapie ähnlich aussehen wie bei einem Lungenödem, wobei auch Cortison angewendet werden kann.

Spätestens hier stellt sich die Frage, ob es denn überhaupt sinnvoll ist angesichts dieser Bedrohung für die menschliche Gesundheit, sich in so große Höhen zu begeben. Doch ganz so hoffnungslos ist die Lage nun auch wieder nicht. Diese Krankheiten können, aber sie müssen nicht auftreten. Man kann auch einiges gegen sie unternehmen. Ein vorbereitendes Training und eine gute physische Kondition stellen gute Mittel gegen vorzeitige Ermüdung und Erschöpfung und damit gegen eine Anfälligkeit gegen Krankheiten aller

←Über einen Schneehang steigen wir am Morgen zum Lager III (7000 m) auf.

Art dar. Wenn dazu noch eine sachgerechte, vorsichtige und stufenweise Akklimatisierung an die größeren Höhenlagen kommt, hat man sich gut vorbereitet. Oberhalb fünftausend Meter Höhe sollte man sich für jede weiteren tausend Höhenmeter eine Woche Anpassungszeit nehmen. Und man sollte durch die Art der Bekleidung dem oft abrupten Temperaturwechsel Rechnung tragen. Die Auswirkungen der Höhe bilden aber nur einen beim Bergsteigen wichtigen Faktor. Bergsteigen ist eine Sportart, die einen erheblichen Kraft- und Energieaufwand über einen längeren Zeitraum hinweg verlangt. Die physische und die psychische Kondition, mit anderen Worten der Trainingszustand und der Wille zur Leistung, die eng zusammen- und voneinander abhängen, bilden wichtige Grundvoraussetzungen. Äußere Streßfaktoren neben dem Sauerstoffmangel in größeren Höhen, wie beispielsweise Durst, Schlafmangel und Witterungseinflüsse, insbesondere Kälte und Schneefall, können zur Ermüdung, ja Erschöpfung führen. Dabei spielen auch psychische Reize eine Rolle: Es ist sehr wichtig, ob der Erschöpfte von seinen Kameraden aufgemuntert wird, ihre Unterstützung spürt, oder ob die anderen sich bereits selbst aufgegeben haben und völlig demoralisiert sind.

Jedenfalls stellt Bergsteigen in seiner extremen Form auch eine extreme Beanspruchung des Menschen dar, worauf der Mensch physisch und psychisch extrem reagiert. Die psychische Seite des Bergsteigens, die mit der körperlichen Beanspruchung natürlich auf das engste zusammenhängt, ist noch kaum erforscht und beschrieben. Das Buch über die Psychologie des Bergsteigens gibt es meines Wissens noch nicht. Die Gruppenpsychologie, die Beschreibung der Auswirkungen des Zusammenlebens einer Gruppe von Bergsteigern auf engem Raum, abgeschnitten von der Außenwelt, gehört dazu. Schwarzenbach beschreibt anhand zahlreicher Beobachtungen und Berichte die verschiedenen Stadien eines Aufstiegs in der Gruppe. Das »Scheuklappenstadium« bringt nach mehreren Stunden anstrengenden Aufstiegs eine Verengung der Umwelt auf das eigene gemarterte Ich mit sich. Fragen stellen sich, wie: Wieso geht es mir so schlecht? Wieso quälen mich Müdigkeit, Durst, Druckstellen, während die anderen davon frei sind? Warum mache ich diese Tour überhaupt mit? Das »Knallpfropfenstadium« führt nach noch länger andauernder Schinderei dazu, daß sich die Beteiligten einer Bergsteigertour beim geringsten Anlaß, beispielsweise bei einer grundlos um eine Minute verzögerten Pause, gegenseitig beschimpfen. Die Wahrnehmung ist bereits stark eingeschränkt. Man blickt auf die Uhr und registriert gar nicht mehr, wie spät es ist. Wichtige Entscheidungen werden infolge verminderter Zurechnungsfähigkeit zugunsten der augenblicklichen Bequemlichkeit getroffen. Während in den ersten Stadien die Bereitschaft zur Entscheidung abnimmt, steigt sie im Schlußstadium der Erschöpfung, im »Halleluja-Stadium«, wieder an. Sinnestäuschungen dominieren bis zur vollständigen Unzurechnungsfähigkeit. Dann kann es dazu kommen, daß Gletscher mitten im Bereich der gefährlichsten Spalten überquert und lebensnotwendige Ausrüstungsgegenstände einfach weggeworfen oder erschöpfte Kameraden aus unersichtlichem Grund zurückgelassen werden. So erklären sich viele menschliche Tragödien in der Geschichte des Bergsteigens; so erklären sich auch die Abstriche, die viele Bergsteiger am Ideal der »Seilkameradschaft« zu machen gezwungen sind: Wie Menschen sich am Berg verhalten, hängt eben nicht nur von ihrem Willen ab, sondern auch von den Auswirkungen, die Erschöpfung und Höhe, enttäuschte Hoffnungen und schließlich der eigene Überlebens-und Siegeswille auf sie haben.

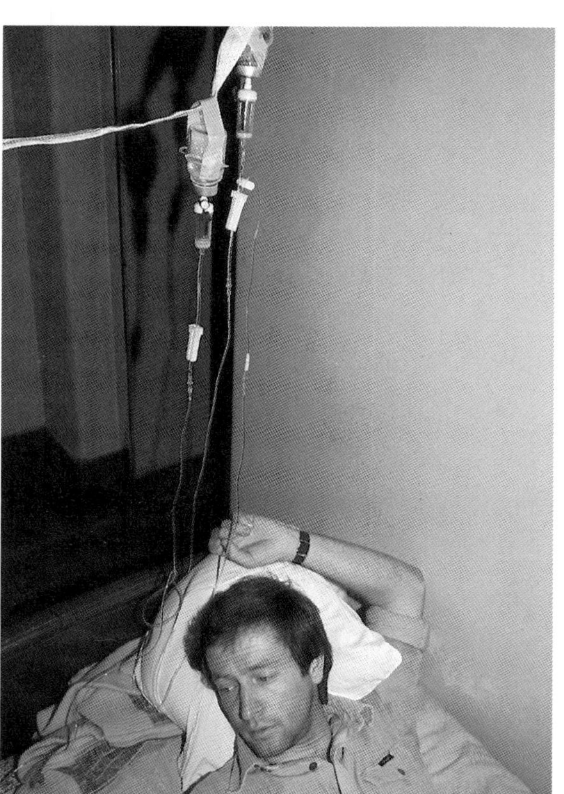

→ Otto Wiedemann bei der Immunisierung mit Gammaglobulin.

Das Tagebuch

18. März. Flug von München mit der Lufthansa nach Frankfurt, von dort mit der planmäßigen Linienmaschine 17.35 Uhr ab Frankfurt nach Hongkong. Berge von Gepäck sind zu bewältigen, obwohl die Hauptexpeditionsausrüstung schon mit dem Flugzeug vorausgeschickt worden ist. Autogramme, Fernsehen, einige Blitzinterviews mit Zeitungen, noch zwei Reporter von BILD in Frankfurt wenige Minuten vor dem Abflug; Frauen, Kinder, Angehörige, Firmenvertreter, Eile: das waren die hektischen Eindrücke von unserer Abreise.

Endlich schließt sich die Tür des Flugzeuges hinter uns. Eine etwas ungewisse Erleichterung erfüllt mich. Für drei Monate wird jetzt die Bundesrepublik Deutschland, Europa, die Politik, fast alles, was auf der Welt vorgeht, hinter mir zurückbleiben. Jedenfalls glaube ich das. Vor uns liegt das Unbekannte, Tibet, das Abenteuer.

←Abflug von Frankfurt

19. März. Ankunft am späten Nachmittag in Hongkong. Der deutsche Generalkonsul Dr. Dietrich und sein Stellvertreter Dr. Betz empfangen uns. Ohne ihre Hilfe wären wir sofort aufgeschmissen, denn jetzt gehen die Berge von Expeditionsgepäck auf uns nieder, die wir nur mühsam in einem zusätzlichen Raum des Gepäckaufbewahrungssaales des Flughafens unterbringen. Abends ein erster Vorgeschmack auf China: Einführung in das chinesische Essen mit Peking-Ente. In rotem, goldbetreßtem Smoking tranchiert ein Spezialist, der von Raum zu Raum geht, mit virtuoser Geschicklichkeit die gebratene Ente, zerlegt sie in zahllose Bestandteile, die dann gleichmäßig auf die verschiedenen Teller verteilt werden. Anschließend führt ein Koch in zirkusreifer Artistik vor, wie Nudeln gemacht werden. Für beide Akteure Klatschen und Beifall unserer aufgeräumten Gesellschaft.

←Ankunft in Hongkong

20. März. Abflug von Hongkong nach Kanton mit der CAAC. Beginn des Tages auf dem Flughafen mit Gepäckschlacht. Zoll und Sicherheitskräfte, die offensichtlich die Anweisung haben, alles zu durchsuchen, kapitulieren nach einem ersten Anlauf, weil sie sonst den ganzen Tag über nicht fertig geworden wären. Abgekämpft gehen wir dann schließlich an Bord des Flugzeuges, und landen wenige Minuten später in Kanton. Dort Mittagessen auf dem Flughafen. Mit Gepäck haben wir gar keine Schwierigkeiten. Mein blauer Paß wirkt Wunder. Als die Paß- und Zollbeamten ihn sahen, habe ich den ganzen Berg an Expeditionsausrüstung als mein persönliches Gepäck deklariert. Es wurde nicht ein einziges Stück durchsucht. Helfer brachten alles auf einem Stapellader in den Gepäckraum. Wir brauchten uns um gar nichts zu kümmern, hatten erstaunlicherweise geringere Schwierigkeiten mit den Formalitäten als im kapitalistischen Westen. Alles lief glatt, reibungslos, höflich. Jedenfalls war das unser erster Eindruck. Abends Ankunft in Peking gegen 21.30 Uhr. Herr Shi vom Bergsteigerverband empfängt uns mit Herrn Yang, einem Chinesen, der sich als unser Dolmetscher vorstellt. Nachdem unser Gepäck wieder in den Wagen untergebracht ist, werden wir ins Hotel Min-Zu gefahren.

21. März. Gespräch mit dem deutschen Botschafter, Herrn Schödel, dem Gesandten Dr. Keim und Herrn Tegtmeier, der weitgehend den Kontakt mit dem chinesischen Bergsteigerverband im Jahr zuvor hielt. Abends Einladung von Herrn Dr. Keim in das kleine chinesische Restaurant Hong Bin Lon zu einem mongolischen Feuertopf: ein kulinarischer Höhepunkt gleich zu Beginn des Aufenthaltes! Die Bergsteigergruppe befindet sich in bester Stimmung.

Jogging in Peking

22. März. Als wir aufwachen und aus dem Fenster sehen, ist Peking in ein weißes Schneekleid eingehüllt. Es hat die Nacht über geschneit, und es schneit vormittags noch. Vor dem Frühstück ist ein Teil von uns nicht mehr zu halten. Sie ziehen ihre Trainingsanzüge an und machen im Pekinger Wintersudelwetter eine Stunde Dauerlauf – zur staunenden Überraschung der zahlreichen Passanten. Als der chinesische Koch des Hotels hört, daß wir eine deutsche Bergsteigergruppe aus Bayern sind, bereitet er abends für uns Eisbein und Sauerkraut zu, das auch gewisse Ähnlichkeit mit dieser deutschen Mahlzeit aufweist. Er verspricht uns, nach der siegreichen Rückkehr wieder Eisbein und Sauerkraut zu kochen. Das Mittagessen nehmen wir im Winterpalast mit dem stellvertretenden Sportminister und einem österreichischen Gast ein, der nach uns ebenfalls eine Expedition zum Shisha Pangma führen möchte. Am 23. März morgens die übliche Gepäckschlacht, dann Abflug mit einer viermotorigen Turboprop nach Tschengtu in Setschuan. Am 25. März um 7.15 Uhr Abflug von Tschengtu nach Lhasa.

Abflug nach Lhasa

25. März. Die vier Triebwerke der Turbopropmaschine drücken uns sanft in die Sitze. Die Maschine jagt über die Rollbahn und hebt ab. Über Tschengtu hängen wieder tiefe, regenschwere Wolken. Schon bald fliegen wir unter blauem Himmel. Nach weiteren zehn Minuten passieren wir links auf gleicher Höhe ein über siebentausend Meter hohes Massiv, das grell in der Sonne glänzt. Die Maschine gewinnt ständig an Höhe. Der Osten Tibets liegt unter dichten Wolken. Aus den Fenstern sehen wir bald nichts mehr. Milchige Wolken verdecken die Sicht. Allmählich reißt die Bewölkung dann wieder auf, und wir haben freie Sicht. Vereinzelte Haufenwolken bedecken die Berglandschaft. Unter uns gleiten, wie es scheint, zum Greifen nahe, zackige Gipfel vorbei, die aus braunen und grauen Bergstöcken aufragen. Links am Horizont begleitet uns die weiße Kette des östlichen Himalaja. Dann fliegen wir plötzlich über einem großen Flußtal. Der Tsangpo oder Brahmaputra, wie er in Indien heißt, fließt unter uns. Die Maschine verliert an Höhe, weicht einem Bergkamm nach Westen aus, fliegt in das Seitental des Kyitschu ein. Die verkarsteten Bergkuppen liegen plötzlich höher als unsere Flugroute. Über dem Zusammenfluß des Kyitschu mit dem Tsangpo legt sich die Maschine in eine enge Linkskurve und biegt wieder in das Tsangpo-Tal ein. Wir fliegen jetzt in östlicher Richtung. In der Ferne sehen wir während der Kurve die Landebahn des Flughafens von Lhasa, die als helles Band in dem grünen Flußtal liegt. Zwei Minuten später werden wir darauf landen.

Herr Hsü, unser chinesischer Kontaktmann, empfängt uns herzlich an der Gangway. Wir kennen ihn bereits vom letzten Jahr. Erneut fühle ich, daß wir einen besseren Kontaktmann als den erfahrenen und höflichen Hsü kaum hätten finden können. In seiner Begleitung befindet sich ein weiterer Vertreter des tibetischen Bergsteigerverbandes.

Zwei Stunden später sind wir in unserem Quartier in Lhasa, dieses Mal etwas außerhalb des Stadtzentrums, am Fuße der das Lhasa- Tal südlich begrenzenden Bergkette, gegenüber dem in Talmitte liegenden Potala und in unmittelbarer Nähe des Norbulingka. Wir sind im ehemaligen Regierungssitz der Administration der Autonomen Region Tibet untergebracht. Am Tor steht eine Wache mit unbewegtem Gesicht.

→ Transportplan der Chinesen

26. März. Wir haben eine erste Besprechung mit Herrn Hsü Deching und seinem Stellvertreter, Yü Liang-Pu, der, wie sich später herausstellt, als eine Art Obmann unserer chinesischen Hochträger, als Stellvertreter und Organisator für Herrn Hsü fungiert. Er wird auch fotografieren. Yü trägt uns in wenigen Sätzen einen genauen Plan des Transportes von Lhasa über Shigatse zum Basislager vor. Er zählt das vorhandene Material und die notwendige Transportkapazität der Kraftfahrzeuge auf. Alles erscheint gut durchdacht, so daß wir uns nach einer kurzen Besprechung einigen. Ein Teil der Träger, der auf seine Aufgaben, wie uns gesagt wurde, schon seit Wochen vorbereitet wurde, fährt mit uns von Lhasa nach Shigatse und von dort zum Basislager. Die anderen Träger, überwiegend Tibeter, werden in Shigatse zu uns stoßen. Die Übergabe der von uns vertraglich übernommenen Ausrüstung der Hochträger soll in Shigatse erfolgen. Hochträger heißen, laut vertraglicher Definition, Träger, die in über fünftausend Meter Höhe arbeiten. Unter fünftausend Meter Höhe benötigen wir keine Träger, da wir die darunterliegenden Höhen mit Geländewagen bewältigen können.

Wir haben vorgesehen, daß die gesundheitlich besonders kritische Anpassung von Peking, das 35 Meter, und Tschengtu, das etwa 350 Meter über dem Meeresspiegel liegt, nach Lhasa mit seinen 3 750 Metern in drei Tagen bewältigt werden soll. Die Chinesen sorgen dafür, daß uns diese Anpassungstage nicht zu lang werden. Sie erfüllen uns jeden Wunsch.

Am ersten Tag besuchen wir den alten Stadttempel im Kern von Lhasa. Ich kenne ihn zwar bereits vom vorangegangenen Jahr, aber er zeigt sich mir dieses Mal wieder in einem völlig neuen Gesicht. Es ist gerade einer der seit einem Jahr eingeführten drei Gebetstage. Tausende Tibeter sind herbeigeströmt, um ihre Götter im Jokhang zu verehren und ihnen zu opfern. Reihenweise liegen sie vor den Götterbildern auf dem Boden. Schon gegenüber dem Eingangstor unter dem alten Baum, der so alt sein soll wie der Jokhang, werfen sie sich flach in den Staub der Straße. Noch nie habe ich eine derartige Inbrunst und Gläubigkeit in einem religiösen Heiligtum gesehen. Es befinden sich keineswegs nur alte oder ältere Menschen unter den Besuchern, sondern auch sehr viele junge Menschen. Sie kommen wohl hauptsächlich von außerhalb der Stadt. Im Stadtbild von Lhasa kann man, wenn auch vereinzelt, junge Männer beobachten, die den roten Stern des kommunistischen China an ihrer Mütze tragen und dennoch die Perlen des lamaistischen Rosenkranzes durch ihre Finger gleiten lassen. Anscheinend sehen sie zwischen beiden Symbolen und der Zugehörigkeit zu so verschiedenen Welten keinen Widerspruch.

← Wieder im Jokhang

Ich habe den Eindruck, daß ein großer Teil der Bevölkerung noch dem lamaistischen Glauben anhängt. Einer unserer chinesischen Begleiter meint, daß das wohl noch über sechzig Prozent der alten tibetischen Bevölkerung sind. Nur die jungen Tibeter, die die öffentlichen Schulen besuchen und später in der Armee dienen, würden sich vom Lamaismus abkehren. Es sind also hauptsächlich die außerhalb der wenigen städtischen Zentren lebenden Tibeter, die noch stark unter dem Einfluß des Lamaismus stehen. Ich habe nicht den Eindruck gewonnen, daß sie bei der Ausübung ihrer Religion von den Chinesen in irgendeiner Weise behindert werden.

Nach dem Verlassen des Jokhang machen wir einen Rundgang durch den Parkhor, die alte innere Ringstraße Lhasas, die auch heute noch eine Pilgerstraße für die lamaistischen Gläubigen darstellt. Immer wieder begegnen uns die gleichen Tibeter, die im Uhrzeigersinn den Parkhor durchschreiten, um dadurch eine Art Sündenablaß zu gewinnen. Sie beobachten uns neugierig.

Die wunderbare Handauflegung

Als ich bei unserem Rundgang einem kleinen Tibeter freundschaftlich mit der Hand über den struppigen, staubigen Haarschopf fahre, löse ich eine merkwürdige Reaktion aus: Plötzlich strömen Tibeter von allen Seiten herbei, um ebenfalls von mir die Hand aufgelegt zu bekommen. Im Nu bin ich von Hunderten von Tibetern umringt. Es entsteht ein für mich geradezu beängstigendes Gedränge. Sie lassen erst wieder von mir ab, nachdem ich ihnen die Hand aufgelegt habe. Doch dadurch kann ich mich nur der gerade um mich Stehenden entledigen. Mit zunehmender Befremdung sehe ich, wie die Pilger, die soeben ihren religiösen Rundgang vollendet haben, schon aus einer Entfernung von hundert Metern mit gesenktem Haupt auf mich zueilen, um von mir eine Handauflegung zu erhalten. Offensichtlich sehen sie in mir einen Heiligen oder zumindest einen Menschen, der über außergewöhnliche Kräfte verfügt und ihnen davon durch seinen Segen mitteilen kann.

Die Handauflegung erscheint mir nachher fast als ein Sakrileg, aber was sollte ich schon machen, um aus dem Gedränge wieder einigermaßen unversehrt herauszukommen. Ich befand mich in einer schwierigen Situation: Legte ich den Gläubigen die Hand nicht auf, ließen sie nicht mehr von mir ab. Legte ich sie ihnen auf, strömten immer mehr herbei. Schließlich konnte ich mich dann doch mit Hilfe unseres chinesischen Dolmetschers und Begleiters, Yang, aus der Menschenmasse lösen und raschen Schrittes das Weite gewinnen.

Die Klöster Tsomo-Ling und Kung-Ling

Herr Yang, einer unserer sehr gut Deutsch sprechenden Begleiter, erklärte sich bereit, mich noch in zwei der alten Königsklöster, Tsomo-Ling und Kung-Ling, zu führen. Ich mußte unseren chinesischen Begleitern allerdings erst die Namen dieser Klöster nennen. Sie hatten davon noch nie gehört. Erst nach mehreren Rückfragen gelang es ihnen, deren Standort festzustellen.

Die beiden Klöster spielten in der Geschichte Tibets eine bedeutende Rolle. Ihre Äbte gehörten zur Regierung Tibets. Sie sprachen bei der Auffindung des jeweiligen neuen Dalai Lama ein gewichtiges Wort mit. Die vier Königsklöster waren sozusagen vier Verfassungsinstitutionen des alten tibetischen Staates. Sie lagen alle in unmittelbarer Nachbarschaft des alten Stadtkerns von Lhasa. Heute liegen zwei der Klöster, die ich besuchen konnte, im Stadtgebiet. Sie fallen in den alten Wohnvierteln kaum auf. Nur bei näherem

Hinsehen entdeckt das Auge an den edlen Proportionen, den schadhaften Ornamenten und zerstörten Fresken, daß es sich hier nicht um gewöhnliche Wohnhäuser handelt. Heute dienen beide Klöster, die einen recht heruntergekommenen Eindruck machen, als Wohnquartiere für Einwohner Lhasas. Wäscheleinen hängen in alten Arkaden und Balkonen, im Allerheiligsten wird gekocht.

Früher saß auf diesen zweckentfremdeten Balkonen unter kostbaren Baldachinen die hohe Geistlichkeit, um religiösen Zeremonien beizuwohnen. Wenn der kunsthistorisch Gebildete vor diesem Eindruck auch zurückschreckt, warne ich doch vor überzogener Kritik. Auch bei uns wurden in den zurückliegenden Jahren alte Klöster oft als Wohnquartiere, Krankenanstalten oder Behördensitze benutzt. Im übrigen gilt das bis auf den heutigen Tag.

Am Nachmittag besichtigen wir den Potala. Mir kommt er in der Zwischenzeit fast vertraut vor. Dieses Mal erhalten wir in großzügiger Weise die Erlaubnis zum Fotografieren und Filmen.

In der Klosterstadt Trebung

27. März. Der Besuch der Klosterstadt Trebung bildet einen erneuten Höhepunkt unseres halb kunsthistorischen, halb höhenmedizinischen Besuchsprogramms. Der »Reishaufen« glänzt in der ersten Morgensonne von den das Kyitschu-Tal südlich begrenzenden Berghängen herüber.

Verlassen liegt, östlich davon, das kleine, idyllische Kloster Netschung neben der großen Klosterstadt Trebung, das ebenfalls eine große Rolle im alten tibetischen Staat spielte. Netschung war der Sitz des tibetischen Staatsorakels, das mit seinen Prophezeiungen so oft die düstere Entwicklung der tibetischen Geschichte vorhersagte.

→ Das Staatsorakel im Trancezustand

Der Anblick des kleinen Klosters, erinnert mich an die Schilderungen von Heinrich Harrer über seine Erfahrungen mit dem tibetischen Staatsorakel. Wie die alten Griechen das Orakel von Delphi, so befragte die tibetische Regierung vor wichtigen Entscheidungen das Staatsorakel von Netschung. Netschung war gleichsam eine Verfassungsinstitution. Es bot ein Beispiel der engen Verbundenheit religiöser und weltlicher Dinge im alten Tibet. Immer, wenn die chinesische Regierung vor einer wichtigen Entscheidung stand, befragte sie das Staatsorakel von Netschung. Ein Staatsminister begab sich dann zu dem acht Kilometer von Lhasa entfernt liegenden Kloster und stellte dem Staatsorakel die vorher vom Kabinett sorgfältig formulierten Fragen. Die verschiedensten Dinge konnten Gegenstand dieser Fragen sein. Die Entscheidung über Krieg oder Frieden, die Besetzung der Stelle eines Provinzgouverneurs oder die Wiedergeburt eines hohen tibetischen Würdenträgers. Bei weniger wichtigen Fragen konnte die Regierung auch einen hohen Beamten nach Netschung entsenden. Die Vollziehung des Staatsorakels übte der jeweilige Abt des Klosters aus. Obwohl die Seher von Netschung wegen der großen physischen und psychischen Belastungen, die mit den Prophezeiungen verbunden waren, nicht alt wurden, war dieser Posten sehr begehrt, denn sein Träger erhielt einen hohen Rang in der lamaistischen Hierarchie.

Das Gebäude des Klosters steht jetzt leer und macht auf uns einen ziemlich heruntergekommenen Eindruck. Früher lebten dort fünf- bis sechshundert Lamas, die in den Höfen des Klosters bei den geistlichen Feiern ihre schwermütigen und endlosen Lieder sangen. Auch die auf sieben Instrumenten gespielte Kirchenmusik ist nicht mehr zu hören. Die dumpfen Trommeln, die grellen Becken, die klagenden Klarinetten, die hellen aus Menschenknochen gefertigten Trompeten, die silbernen Glocken, die melancholischen Muschelhörner, die tiefen Ragtongs, sind verstummt. Tiefe Stille umgibt den harmonischen Park.

Es ist sehr eindrucksvoll, die verschiedenen Schilderungen über das Auftreten der Seher von Netschung zu lesen. Die Halle war angefüllt mit den Lamas des Klosters und dem Gefolge des Staatsministers. Dann versetzte sich das Staatsorakel in einen Trancezustand. Der Gott Pedkar ergriff von dem Seher, nachdem sich dieser von seinem Bewußtsein getrennt hatte, Besitz. Wilde Zuckungen und Tänze des Sehers begleiteten diesen Vorgang. Spannung übertrug sich auf alle Anwesenden, die, auch wenn sie Europäer waren, sich dem Eindruck eines überirdischen, irrationalen Ereignisses nicht entziehen konnten. Jetzt war der Zeitpunkt gekommen, die Fragen zu stellen, die das Orakel murmelnd und lallend, für die Umstehenden unverständlich beantwortete. Nur der Lamasekretär des Orakels war in der Lage, aus dem

Gestammel des bewußtlosen Abtes sinnvolle Sätze zu entnehmen, die er sofort auf ein Täfelchen schrieb. Heinrich Harrer äußerte deswegen, er hätte sich des Verdachtes nicht erwehren können, daß dieser Sekretär vielleicht das eigentliche Orakel gewesen sei.

Wie in Delphi, so waren auch in Netschung die Antworten des Orakels oft vieldeutig. Dadurch erhielten sie eine größere Chance, zuzutreffen. Eindeutige Prophezeiungen laufen bekanntlich viel eher Gefahr, durch die nachfolgenden Ereignisse widerlegt zu werden. Wenn das Staatsorakel wiederholt falsche Antworten gegeben hatte, wurde es einfach abgesetzt und ein neues Orakel berufen. Das konnte besonders einem Anfänger auf dem Abtstuhl passieren. Es gehörte schon eine langjährige Übung dazu, richtige Prophezeiungen abzugeben. Das läßt sich auch aus heutiger Sicht nicht in Zweifel ziehen. Wie das Orakel jedoch falsche Antworten geben konnte, wo doch ein Gott aus ihm sprach, ist schwer zu verstehen. Jedoch im Bereich der Religionen ist manches schwer zu verstehen, und vielleicht haben auch die Götter nicht immer die Wahrheit gesagt. Büßen müssen es dann immer die Menschen ... Wenn schon die Orakel keine sicheren Auskünfte geben, sollte man seine Entscheidung besser treffen, ohne vorher solche Institutionen zu konsultieren.

Den Nachmittag verbringen wir mit einem Besuch des großen Klosters Sera, einer weiteren »Säule des tibetischen Staates«. Sera liegt etwa vier Kilometer südlich vom Stadtzentrum, flach an einen Berghang hingebettet. Im Gegensatz zu dem großen, ernsten Trebung macht es einen fast heiteren Eindruck, was wohl auf seine weitläufige, parkähnliche Anlage zurückzuführen ist. Eine große Leere erfüllt die einstmals so lebendige Klosterstadt. Neben unserer Besuchergruppe huschen schattengleich vereinzelte Gläubige und Lamas durch die öden Gebetshallen, die angefüllt sind mit unbezahlbaren religiösen Schätzen.

28. März. Als Kontrastprogramm wird heute ein Besuch des großen, die Stadt Lhasa und ihre Umgebung versorgenden Elektrizitätskraftwerkes eingeschaltet. Einen größeren Gegensatz zu den von uns besuchten Tempeln kann man sich kaum vorstellen. Hier begegnet uns das moderne Tibet. Und ich muß sagen: Es ist ein aufgeschlossenes, bescheidenes, freundliches Tibet. Überhaupt kann man feststellen, daß es kaum eine Gegend auf dieser Welt gibt, wo man mit größerer Freundlichkeit empfangen wird als in Tibet. Das scheint Tradition zu sein. Auch die Reisenden, die noch in alten Zeiten Tibet besuchten, haben von der überaus großen Freundlichkeit, ja Fröhlichkeit der Menschen berichtet. Unter den etwa 250 Beschäftigten des Wärmekraftwerkes befinden sich viele Frauen. Die Schaltzentrale ist völlig in ihrer Hand. Eine hübsche junge Tibeterin mit einer Blümchenjacke gebietet über die komplizierten Apparaturen. In einer anderen Abteilung, einer Art Lehrwerkstätte, werden junge Tibeter in die moderne industrielle Arbeitswelt eingeführt. Bereitwillig zeigen sie uns ihre Werkstücke und Hefte. Sie sind offensichtlich stolz darauf, in einer so modernen Anlage ausgebildet zu werden.

←Besuch im Elektrizitätswerk

Als erste Weiße in der Ruinenstadt Ganden

Bei unserem Eintreffen in Lhasa habe ich auch den Wunsch geäußert, die alte Klosterstadt Ganden, die dritte der »drei Säulen des tibetischen Staates«, besuchen zu dürfen. Ganden, das die sterblichen Überreste des großen buddhistischen Reformators Tsong Khapa beherbergt, liegt etwa siebzig Kilometer östlich von Lhasa. Im Jahr zuvor war es uns unmöglich, Ganden einen Besuch abzustatten. Dieses Mal erhalte ich die Genehmigung. Ganden, das ich von alten Beschreibungen und Fotos früherer Tibetreisender kenne, liegt in einer muschelartigen Einkerbung unmittelbar unter dem obersten Kamm der das Lhasatal begrenzenden Bergkette. Es öffnet sich nach Südosten. Mühsam erklimmt unser Geländewagen den steilen Berghang, bis wir ganz plötzlich vor der Klosterstadt stehen. Von dem schwebenden Tschorten Tsong Khapas ist nichts mehr zu sehen: Seine karminrote Begräbnisstätte liegt mitten in einer Ruinenstadt! Unsere chinesischen Begleiter erklären uns, daß das Kloster während der Kulturrevolution von den Roten Garden völlig zerstört wurde. Es sieht aus wie nach einem Bombenangriff. Trotzdem kommen noch lamaistische Pilger von nah und fern, um in den Ruinen des alten Heiligtums zu beten. Wir treffen einige Gruppen an den Berghängen unterhalb des Klosters. Eine Gruppe aus Tsinghai machte gerade Rast. Unser Begleiter erklärt uns, daß viele der Pilger, die zu Fuß Tausende von Kilometern nach Ganden wandern, unterwegs sterben. Sie werden, wenn sie auf dieser langen und mühsamen Pilgerreise den Tod finden, unmittelbar in den lamaistischen Himmel eingehen. Die Melancholie der Geschichte liegt über der Ruinenstadt Ganden, die wir mit den letzten Strahlen der hinter dem Bergkamm versinkenden Sonne verlassen. Im Dunkel bleibt eine Totenstadt zurück.

Abfahrt nach Shigatse

29. März. Nachdem keiner von uns größere Probleme mit der Höhenanpassung spürt, legen wir für den 29. März die Abreise aus Lhasa nach Shigatse fest. Um 8.00 Uhr sammelt sich die Wagenkolonne vor unserem Quartier. Wir besteigen die am Vortag mit unserem großen Gepäck beladenen Wagen nach dem Frühstück. Angeführt wird die Kolonne von unserem Mercedes-Geländewagen und einem Unimog, die uns die Firma Daimler-Benz großzügig für unsere Expedition zur Verfügung stellte. Ein kleiner Mannschaftsbus vervollständigt den kleinen Treck. Bald fahren wir aus dem Tor unserer Herberge in das Kyitschu-Tal hinaus. Eine eigenartige Stimmung überkommt mich: ein Hochgefühl, begleitet von einer schwer definierbaren Beklommenheit. Die Fahrt in das große Abenteuer hat begonnen!

→ Zwischen den Gipfeln des Hedin-Gebirges

Die klaren Wasser des Kyitschu glänzen hell in den Strahlen der aufgehenden Sonne. Nach der Ortszeit ist es eigentlich erst 6.00 Uhr. 8.00 Uhr bedeutet Pekingzeit, die überall in China, also auch in Tibet, gilt. Die Sonne bedeckt die kahlen Berge mit einem warmen Braunton. Nach etwa achtzig Kilometern überqueren wir unweit der Mündung des Kyitschu in den Tsangpo eine große Brücke. Mitten auf der Brücke bekommt der Mercedes-Geländewagen einen platten Hinterreifen, was zu einer erregten Debatte zwischen der militärischen Brückenwache und Herrn Hsü führt. Der Soldat hat sicher Anweisung, kein Fahrzeug auf der Brücke halten zu lassen. Pannen sind im militärischen Reglement offenbar nicht vorgesehen.

→ Im Sandsturm

Nachdem wir den Tsangpo überquert haben, steigen wir langsam den 4800 Meter hohen Qüzchue-Paß hoch, auf dessen Kamm wir neben Steinpyramiden und an einer Telegrafenstange befestigten Gebetsfähnchen tibetischer Pilger haltmachen. Auf der anderen Seite des Passes bietet sich uns ein überwältigender Ausblick. Tief unter uns liegt der Yangzeyong-See, in dessen tiefblauen Wassern sich der weiße Kegel des 7191 Meter hohen Ney-Jin-Kang spiegelt. Ein bis zwei Stunden lang folgen wir den Ufern dieses Sees, an dessen Ende wir in der Militärstation Yasik Rast machen. Der Kommandant der Militärstation und der stellvertretende Vorsitzende der Region Tsang, der uns ein Stück entgegengefahren ist, begrüßen uns sehr herzlich. Während der Rast trägt ein Teil unserer Bergsteigergruppe mit den chinesischen Hochträgern ein Basketballspiel aus, das von uns glatt mit 16:8 Punkten verloren wird. Wir haben gegen die gut eingespielten Chinesen überhaupt keine Chance, sind darüber aber nicht traurig. Auf der einen Seite fördert eine Niederlage das internationale Verständnis besser als ein Sieg, auf der anderen Seite beeindruckt uns die Beweglichkeit und Kondition unserer chinesischen Träger. Wir denken uns, daß das eigentlich nur ein Vorteil für uns sein kann.

Als wir die Ufer des großen Sees verlassen haben, fahren wir zwischen den gletschergesäumten Bergen des von Sven Hedin erforschten Transhimalaja-Gebirges hindurch. Die namenlosen unerstiegenen Sechstausender reichen bis dicht an die Straße heran.

Bei Gyangtse, einer alten Klosterfestung, die heute zu einer quirligen, kleinen Provinzstadt geworden ist, verlassen wir das Gebirge und erreichen einen Seitenfluß des Tsangpo, der uns ins weite Tsangpo-Tal führt, dem wir bis Shigatse folgen. Auf der rechten nördlichen Seite des Tales begleiten uns die braunen Berge des Hedin-Gebirges.

Das Tsangpo-Tal ist eines der fruchtbarsten Täler Tibets. In ihm lebt ein großer Teil der Bevölkerung, deren Ernährung es auch sicherstellt. Wie wir feststellen, sind die Chinesen dabei, mit großem technischen Aufwand die Wasser des Tsangpo – im Rahmen eines künstlichen Bewässerungsprojektes zur Erschließung weiterer landwirtschaftlicher Flächen – nutzbar zu machen. Ein ähnliches Projekt konnten wir schon in der Nähe von Tschengtu besichtigen.

Kurz vor Shigatse geraten wir in einen heftigen Sandsturm. Das ganze Tsangpo-Tal verschwindet hinter einem tobenden Sandschleier. Der Himmel wird plötzlich gelb, dann beginnt feiner Sandstaub durch die Wagentüren, Kleider, zwischen die Zähne, in die Atemorgane, einzudringen. Die Welt scheint in einer Sandkatastrophe unterzugehen. Nach einer knappen halben Stunde ist alles vorbei.

Nur leichte Sandschleier in der Luft, der noch gelblich eingefärbte Himmel und der Sand auf unseren Fahrzeugen und unserer Kleidung erinnern an den eben noch wütenden Sturm.
In unserem Quartier in Shigatse ziehe ich mir zuerst alle Kleider vom Leib, um den Staub und Sand der zurückliegenden Reise abzuwaschen. Dann gibt es eine ausgiebige chinesische Mahlzeit, begleitet von dem alkoholreichen und schweren chinesischen Wein, der die Stimmung im Handumdrehen wieder hebt und die Sinne benebelt. An den Berg denkt keiner mehr. Ich habe den Eindruck, daß wir nach kurzer Zeit vergessen haben, weswegen wir nach Shigatse gekommen sind. Es werden lustige Geschichten erzählt, und es wird viel gelacht, bis wir uns dann spät in der Nacht zur Ruhe begeben. Es wäre sicher noch viel später geworden, wenn Herr Hsü nicht erklärt hätte, der Mann, der über den Schlüssel für die Weinbestände verfügt, sei ins Kino in die Stadt gegangen und leider nicht mehr anzutreffen. Herr Hsü war natürlich viel zu höflich, um uns zu sagen, nach seinem Eindruck hätten wir jetzt eigentlich genug Wein getrunken. Die Weinflaschen, die unser Dolmetscher Yang dann doch noch auftreibt, trinken wir in unserem Quartier gemeinsam leer – sie können uns nichts Schlimmes mehr anhaben! Leider wache ich in der Nacht mit heftigen Halsschmerzen auf: Die durch die trockene Höhenluft und den Sandstaub der zurückliegenden Reise strapazierten Schleimhäute rebellieren. Wahrscheinlich hat auch meine Abendwäsche noch zur Entzündung beigetragen. Mit dem Schlaf ist es leider vorbei. Damit ist mir genau das passiert, was einem in dieser Höhe nicht passieren sollte: Ich habe mich schrecklich erkältet! Damit habe ich bis ins Basislager zu tun, wo sich die Entzündung noch einige Tage lang austobt, bis ich sie dann schließlich doch überwinde. Aber ich ziehe meine Lehre daraus. Offensichtlich darf man die Reinlichkeit bei einem solchen Unternehmen nicht übertreiben, wie noch ein weiteres, fast tragisch verlaufendes Beispiel beweisen wird.

30. März. Am Tag nach unserer Ankunft in Shigatse besuchen wir wieder Taschilunpo, einen Mittelpunkt der lamaistischen Religionsgeschichte und ehrwürdigen Zeugen alter tibetischer Kultur. Die Kulturrevolution scheint auch diesem Kloster, wie uns erklärt wird, schwer mitgespielt zu haben. Außer den Gräbern des ersten Dalai Lama und des vierten Pantschen Lama sehen wir keinen Grab-Tschorten mehr. Auch der Dsong, die alte Rathausburg, die so stolz und traurig über Shigatse thronte, liegt ähnlich wie Ganden in Ruinen. Obwohl in Taschilunpo viel restauriert wird, macht die Klosteranlage doch den Eindruck einer untergehenden Welt. Die alten Mönche, die wie ängstliche Schatten gelegentlich das Halbdunkel der leeren Hallen, Höfe und Gassen beleben, verstärken noch diesen Eindruck. Es wirkt wie eine irreale Schattenwelt. Die verhallenden Töne der Glocke vor dem großen Buddha, die ein Mönch für uns läutet, scheinen symbolisch für das Schicksal der alten Mönchskultur zu sein.

← In Shigatse

Nachmittags verteilen wir die Ausrüstung an unsere Hochträger und das übrige chinesische Begleitpersonal. Da wir alles vertraglich vereinbart und in Listen festgehalten haben, gibt es keine größeren Probleme. Nur mit den Schuhgrößen scheint es nicht ganz zu stimmen. Wir haben uns offenbar in den Größen der Füße unserer Träger etwas verrechnet. Wir dachten, alle Chinesen seien klein und hätten also auch kleine Füße, was sich aber als gründlicher Irrtum herausstellte. Denn die chinesischen Träger und auch die Tibeter unserer Mannschaft sind größtenteils hochgewachsene, guttrainierte und bärenstarke Burschen.
Einige der chinesisch-tibetischen Träger haben, gemessen an unseren Vorstellungen, geradezu hünenhafte Ausmaße. So wird vereinbart, daß wir ihnen im Basislager einen Teil unserer höheren Schuhgrößen abtreten, da wir je zwei Paar Bergschuhe bei uns haben.

Weiterfahrt nach Shigar

31. März. Für heute ist die Weiterfahrt von Taschilunpo nach Shigar eingeplant. Die Abfahrt ist wieder auf 8.00 Uhr festgesetzt. Wir fahren pünktlich mit unseren Wagen aus dem Hof unseres Gästequartiers. Die Spitze bildet wieder unser Mercedes-Geländewagen mit den beiden Chinesen Hsü, Yang, Kameramann Erich Reismüller und mir. Unser Chauffeur ist der bescheidene, stets freundliche Tscheng Wen-Hsin. Hinter uns folgt ein Toyota-Geländewagen mit sechs Mann unserer Mannschaft. Die dritte Stelle nimmt der Unimog mit dem chinesischen Fahrer Tong-Ming-Li, unserem Unimog-Spezialisten Sigi Hupfauer und dem Rest der chinesisch-tibetischen Begleitmannschaft ein. Dann folgen noch zwei chinesische Lkw, die unsere Hauptausrüstung ins Basislager befördern sollen. Die Reihenfolge ändert sich rasch, da unser Wagen, wann immer Erich Reismüller es für eine Aufnahme wünscht, anhält.

Als wir in den Morgenstunden im fahlen Dämmerlicht am Haupteingang von Taschilunpo vorbeifahren, sehen wir dort ganze Gruppen lamaistischer Gläubiger, die sich in den dicken Staub werfen, um in Richtung der goldenen Klosterdächer ihre Morgenandacht zu verrichten. Dann geht die Fahrt auf der Hochebene immer weiter in das westliche Tibet hinein. Zwei Pässe müssen überquert werden, der Zola mit 4 500 Metern und der Kazola mit 5 300 Metern. Der beschleunigte, manchmal stoßweise Atem zeigt uns den reduzierten Sauerstoffgehalt der Luft an. Als Nachtquartier dient uns die Militärstation der alten tibetischen Stadt Shigar. Die Ruinen und Wälle der alten Festung heben sich scharf gegen den blanken, blassen Horizont des Abendhimmels über der Stadt ab. Noch auf den letzten Metern ist es unserem chinesischen Unimog-Fahrer im Hof des Militärlagers gelungen, einen Nagel in den linken Hinterreifen zu fahren, so daß wir die ersten Stunden nach unserer Ankunft zusammen mit einigen chinesischen Helfern damit beschäftigt sind, das defekte Rad auszuwechseln und gleich zu reparieren. Der unglückliche Sigi Hupfauer, der sich einige Male unter den Wagen legen muß, ist nach kurzer Zeit staubbedeckt und dreckig wie ein tibetischer Büßer, nur daß sich seine deftigen Äußerungen gründlich von den Gebetsformeln des letzteren unterscheiden.

Begegnung mit der japanischen Mount-Everest-Expedition

In Shigar treffen wir auch mit einigen japanischen Bergsteigern und Journalisten zusammen, die gerade vom Basislager der japanischen Mount Everest-Expedition angekommen sind, um einige weitere japanische Fernsehleute abzuholen. In ihrer Begleitung befinden sich zwei Chinesen, die uns im Jahr zuvor zum Shisha Pangma begleiteten – es gibt eine herzliche Begrüßung! Wie wir hören, bemühen sich die Japaner um den Durchstieg der noch unbezwungenen Nordwand des höchsten Berges der Welt, wofür sie vierzig Bergsteiger eingesetzt haben, die von dreizehn Presse- und Kameraleuten begleitet werden. Es gibt einen langen Abend mit einem intensiven Nachtplausch mit unseren japanischen Bergsteigerkollegen. Sie laden uns für den Fall, daß wir mit unserem Unternehmen vor ihnen zu einem erfolgreichen Ende kommen sollten, in ihr Basislager am Mount Everest ein. Wir erwidern ihre Einladung für den umgekehrten Fall.

Wie wir später hören, haben zwei Japaner über die Nordwand den Gipfel erreicht, einer ist abgestürzt. Die Japaner, die wenige Tage vor uns ihr Basislager verlassen, reisen dann aber direkt nach Hause. Ihr Leiter hat mir in einem längeren Brief, den ich in Lhasa erhielt, über den Verlauf seiner Expedition berichtet.

1. April. Das Wecken findet schon um 5.00 Uhr statt. Um 6.00 Uhr wollen wir abfahren. Sigi Hupfauer wird von Manfred Sturm mit der Schreckensnachricht geweckt, der Unimog habe schon wieder einen platten Reifen. Der Sigi springt mit einem schrecklichen Kruzifixsakrament aus dem Bett, um zu erfahren, daß heute der 1. April sei. Er ist sehr erleichtert! Noch tief in der Nacht fahren wir aus der Militärstation in Shigar. Der Mond steht noch fast im Zenit und beleuchtet fahl die mondähnliche Landschaft. Im Halbschlaf dämmere ich die erste Stunde auf dem Beifahrersitz unseres Geländewagens vor mich hin. Links und rechts von uns ziehen die sonst braunen Hügel, vom fahlgrauen Silber des Mondes übergossen, dahin. Gelegentlich kreuzt ein aufgescheuchter Feldhase die Scheinwerferkegel unseres Wagens. Plötzlich macht uns Herr Hsü auf ein einzigartiges Naturschauspiel aufmerksam: Am südlichen Horizont tauchen die höchsten Berge des Himalaja auf. Gespenstisch und riesenhaft leuchtet der Chomolungma im fahlen Mondlicht. Daneben der Lhotse, Pumoli, Cho Oyu, Gedechungkang. Das Bewußtsein, daß eben in diesem Augenblick in seiner Nordwand Menschen, von eisiger Kälte bedroht, in einem kleinen Zelt kauern und den ersten Strahlen der Sonne sich entgegensehnen, erfüllt mich mit fröstelnder Unbehaglichkeit. In der grauen Morgendämmerung halten wir an: Die schwindenden Strahlen des noch vollen Mondes kämpfen mit den ersten Strahlen der heraufziehenden Sonne um das Vorrecht, das Dach der Welt zu beleuchten. Erich Reismüller will den Sonnenaufgang über der Hauptkette des Himalaja filmen. Als wir aus den Wagen steigen, nimmt uns die Kälte den Atem. Unsere gutgelaunten chinesischen Begleiter ver-

treiben sich Zeit und Kälte mit Fußballspielen. Nach einer halben Stunde kältestarrenden Wartens funkeln die ersten Strahlen auf den östlichen Graträndern. Und mit einem Mal beginnen die höchsten Gipfel der Erde golden zu glühen. Ein gleißender Lichtteppich ergießt sich über die leichenblassen Nordhänge des Himalaja.
Kurze Zeit danach fahren wir auf der uralten Paßstraße, die Indien und Nepal mit China verbindet, in der frühen Morgensonne, die uns langsam aufwärmt. Im Militärlager Gutzo begrüßen wir in dem Kommandanten einen alten Freund vom Vorjahr. Nach kurzer Teepause geht die Fahrt bereits weiter in Richtung Shisha Pangma, den wir möglichst früh am Tage erreichen wollen, um unser Basislager noch bei Tageslicht aufschlagen zu können. Wenige Kilometer hinter Gutzo, das 4350 Meter hoch liegt, verlassen wir die Hauptstraße und die gerade weiterlaufenden, leicht ansteigenden Telegrafenmasten. Wir folgen statt dessen einem kleinen Flüßchen, das durch ein Seitental auf ein Hochplateau führt. Oben liegt Neuschnee, zwanzig Zentimeter dick. Nach etwa einstündiger Fahrt erscheint in einem Einschnitt zwischen zwei braunen Bergen der weiße Gipfel des Shisha Pangma vor dem blauen Hintergrund des Himmels. Ein Kribbeln geht mir über den Rücken, wie beim ersten Mal. Gleich darauf ist er auch schon wieder verschwunden. Allmählich arbeitet sich die Wagenkolonne über die Steinwüste langsam nach oben. Die Straße hat längst aufgehört. Wir fahren in einem weiten Bogen unterhalb der Moränenhügel, die schon zum Shisha Pangma-Massiv gehören, in das schönste und atemberaubendste Amphitheater der Bergwelt ein. Wir finden uns eingekreist von gleißenden Bergriesen, Sieben- und Achttausendern, die auf die unendliche Weidenlandschaft mit ihren Yak- und Schafherden hinabzublicken scheinen. Wir sind in das abgeschlossene Reich eines Berggottes eingedrungen! Shisha Pangma: Grat über den Weiden – Gosainthan: Berg der Heiligen und Götter. In einem mächtigen Bogen steht er zusammen mit dem spitzen, kühlen Molamentschin, dem eleganten Risum, dem Langtschiang und dem mächtigen Kangpengtechi sowie vielen namenlosen Gipfeln. Wir sind alle ganz aufgeregt.
Unsere Experten Fritz Zintl und Michel Dacher beurteilen entsetzt den nach ihrer Meinung viel zu langen Gipfelgrat des Shisha Pangma und meinen, daß man von der Nordwand über diesen Grat den Hauptgipfel nicht erreichen könne, ohne vom Wind weggefegt zu werden. Herr Hsü, der den Berg von der ersten Expedition her genau kennt, bestätigt dieses Urteil. Er meint, den langen Grat könne man die ganze Strecke ohnehin nicht begehen: Er sei oben so scharf, daß man ihn nur rittlings überwinden könne, was allerdings Michel Dacher nicht glauben wollte.

Das Basislager wird in 5000 Meter Höhe errichtet

Schließlich erreichen wir die Höhe von fünftausend Metern am Ufer des völlig vereisten Jebokangjale-Flusses, der aus dem Shisha Pangma-Gletscher herausfließt. An seinem nordöstlichen Ufer direkt unterhalb eines schmutzig braunen Moränenhügels machen wir halt, entladen die Fahrzeuge und schlagen unsere Zelte auf. Wie die Feuerwehrleute am Brandherd, springt jeder von seinem Sitz, um für sich einen möglichst günstigen Zeltplatz zu erreichen. Offensichtlich gilt bei Expeditionen das Recht des Früheren: Wer zuerst da ist, hat den schönsten Platz. Irgendwelche Rangordnungen gibt es dabei nicht, wenigstens nicht in unserer Gruppe. Als erstes stehen die kleineren Zelte, in denen wir und unsere chinesischen Freunde jeweils zu zweit untergebracht sind. Die Chinesen errichten im Handumdrehen die beiden großen olivfarbenen Messezelte, in denen deutsche und chinesische Bergsteiger getrennt ihre Mahlzeiten einnehmen. Hinzu kommt noch ein weißes Küchenzelt, das gegenüber dem Eingang unseres Messezeltes aufgestellt wird. In den kommenden Wochen wird es das Reich unseres Kochs Wu Shu-Wen sein. Eine gemeinsame Küche für alle Teilnehmer ist nicht möglich, dafür sind die Essensgewohnheiten und Geschmacksrichtungen zwischen Han-Chinesen, Tibetern und Deutschen zu verschieden. Am meisten hat damit, zumindest am Anfang, der Koch Wu zu kämpfen, bis er einigermaßen herausfindet, was uns schmeckt. Doch seine Geduld und gute Laune sind grenzenlos!

← Zum zweiten Mal: Der Shisha Pangma

Obwohl wir schon gegen 1.00 Uhr im Basislager angekommen sind, bei strahlendem Wetter übrigens, benötigen wir die restlichen Stunden bis zum Sonnenuntergang, um gerade noch rechtzeitig mit unseren ersten Aufbauarbeiten fertig zu werden, ehe uns die eisige Kälte in die Zelte treibt.

→ Erkundungsfahrt für Lager I

Der erste Sturm

2. April. Der Tag ist völlig dem Ausbau des Lagers gewidmet. Die Kisten müssen von den Stapeln, auf die sie gehäuft waren, gehoben, dann geöffnet und geordnet werden. Wir versuchen Ordnung in den Wirrwarr unserer Zelte zu bringen, da am Tage der Ankunft nur die notwendigsten Ausrüstungsstücke in die Zelte mehr hineingeworfen als geordnet untergebracht werden konnten.
Mir selbst geht es heute nicht gut. Halsschmerzen quälen mich. Ich konnte zwar mit einer ganzen Röhre von Tabletten die vorangegangene Nacht einigermaßen gut hinter mich bringen, doch mein Hals glüht wie ein Feuerschlund. Die Auskunft unseres Expeditionsarztes, der von uns allen Wolfi genannt wird, ist auch nicht gerade ermutigend. Er erklärt, daß es in dieser Höhe recht schwierig sei, die Entzündung wegzubringen, und gibt mir Halstabletten, die ich dauernd schlucken soll. Das beste wäre gewesen, fügt er hinzu, es erst gar nicht so weit kommen zu lassen. Inzwischen ist eine Entzündung der Nasenschleimhaut hinzugekommen. Es fehlt nur noch der untere bronchitische Trakt des Schleimhautbereiches, der sich aber auch bald bemerkbar macht. Die Erkältung wirkt sich natürlich auf meine Kondition aus: Ich fühle mich schlapp und versuche deshalb, mich auszuruhen.
Am Abend bezieht sich die ganze Kette des Lang-Tang-Himalaja mit Wolken, nur der Gipfel des Shisha Pangma leuchtet noch als letzter über der Wolkenschicht, bis er schließlich auch darin verschwindet. Ein Sturm, der die ganze Nacht hindurch tobt, droht die Zelte einzureißen. Die Sturmböen hämmern die ganze Nacht auf die hin und her schlagenden Zeltwände. Schließlich gelingt es mir doch, trotz Halsweh, übermüdet einzuschlafen.

3. April. In den Morgenstunden heult der Sturm immer noch um unsere klappernden Behausungen. Die Innenwand meines Zeltes ist von einer fingerdicken Eisschicht bedeckt. Erst kurz vor 9.00 Uhr krieche ich aus meinem Schlafsack in eine wenig einladende Umwelt: Obwohl die Strahlen der Sonne bereits den Talbogen unseres Basislagers erreicht haben, starrt alles vor menschenfeindlicher Kälte. Die strahlende Majestät des wieder wolkenfreien Shisha Pangma grüßt unpersönlich und unberührt von unseren kleinen menschlichen Empfindlichkeiten. Der sonnige Glanz, der von seinen Eisflanken ausgeht, ist eher beeindruckend als einladend.
Um unser Unternehmen in Gang zu setzen, vereinbarten wir gestern, daß eine erste Erkundungsgruppe mit unseren beiden Geländewagen, dem Unimog und dem Mercedes-Geländewagen, versuchen sollte, möglichst weit am Rande des Gletscherbettes nach Süden zum Shisha Pangma vorzustoßen. Wir wollten auf einer möglichst langen Wegstrecke unsere beiden Geländewagen einsetzen. Vier Bergsteiger unserer Gruppe und vier Chinesen sollten an diesem Unternehmen teilnehmen und unterwegs eventuelle Hindernisse aus dem Weg räumen. Hauptsächlich sollte auf dieser Fahrt festgestellt werden, an welcher Stelle wir unser Hochlager I errichten konnten, das höher liegen sollte als das der Chinesen bei ihrer ersten Expedition. Am liebsten wäre uns natürlich gewesen, wenn wir das erste Hochlager mit unseren Fahrzeugen hätten erreichen können, um erst von da an unsere Hochträger einzusetzen.
Die anderen Expeditionsmitglieder sind mit Lagerarbeiten beschäftigt. Ich habe den Eindruck, daß ich mit den Halstabletten erste Erfolge habe. Die Höhenadaption bereitet mir offensichtlich keine großen Schwierigkeiten

4. April. Mit unseren beiden Mercedes-Wagen, dem Unimog und dem Geländewagen, unternehmen wir eine Erkundungsfahrt auf den beiden Moränenhügeln, die den Gletscherfluß, der vom Shisha Pangma herabfließt, östlich und westlich begrenzen. Wir wollen unsere zehn Träger möglichst erst nahe am Berg einsetzen und sie nicht schon beim Anmarsch »aufbrauchen«.
Das Basislager liegt rund 25 Kilometer vom eigentlichen Fuß des Berges entfernt, wenn man dem Gletscherfluß folgt. Nach den Eindrücken der Erkundungsexpedition des vorausgegangenen Jahres, halte ich es für möglich, auf der westlichen Moräne, auf der wir verhältnismäßig rasch eine Höhe von 5600 Metern erreicht hatten, so nahe an das Lager II der Chinesen aus dem Jahre 1964 heranzukommen, daß wir nur noch vom Moränenrand in das Tal des Gletscherflusses hinab – wenn auch vielleicht mit zweihundert Metern Höhenverlust – das Material zu transportieren brauchen. Leider stellen sich uns beachtliche Schwierigkeiten entgegen. An der westlichen Seite des Gletscher-

bettes liegt auf dem Moränenhügel erheblich mehr Schnee als auf der östlichen Seite, und außerdem gelingt es uns nicht, die Steintrümmer und das scharfe, kantige Geröll so abzuräumen, daß die Risiken für die Bereifung unseres Unimogs reduziert wären. Die Temperaturen und die Höhe dagegen bereiten unseren Wagen bis auf 5800 Meter keine Schwierigkeiten. Schweren Herzens entschließen wir uns schließlich für die östlichen Moränenabhänge, wo es nach mühsamer Arbeit gelingt, eine verschlungene »Straße« in der Steinwüste des Moränenhangs anzulegen. Wir errichten zirka 150 Meter über der Talsohle des Gletscherflusses auf dem östlichen Moränenhang – etwa in Höhe des alten chinesischen Lagers I – ein Depot, von dem aus wir mit den Trägern Ausrüstung, Material und Verpflegung zum Fuß des Nordgletschers des Shisha Pangma bringen können, wo später unser Lager I stehen wird. Auf diesen ersten zwölf bis vierzehn Kilometern gewinnen wir zwar leider nur eine Höhe von höchstens vierhundert Metern, aber sparen doch eine beachtliche Wegstrecke.

Gegen 17.00 Uhr setzt ein Schneesturm ein, der binnen kurzer Zeit alles in Weiß hüllt. Es wird empfindlich kalt, so daß wir einen guten Grund haben, den Tag mit alkoholischem Zuspruch mehr oder weniger harmonisch ausklingen zu lassen. Otto Wiedemann, der sich nachmittags die Haare wusch, beteiligt sich daran ebenfalls, wobei er vielleicht beides besser unterlassen hätte.

5. April. Am Karsamstag fühlt sich Otto Wiedemann nicht wohl. Er hat Gleichgewichtsstörungen, kann uns nur mit Mühe erkennen und auseinanderhalten. Schon in der Frühe hat er vierzig Grad Fieber, das unser Expeditionsarzt dann allerdings etwas reduziert. Offensichtlich zeigen sich bei ihm die ersten Anzeichen eines Gehirnödems und einer ähnlichen Entwicklung im Bereich der Lunge. Dr. Schaffert befürchtet ein zusätzliches Lungenödem. Ich selbst habe mich in diesen ersten Tagen gezwungen, körperliche Aktivitäten auf ein Mindestmaß zu beschränken, um die Adaption an die Höhe unter gar keinen Umständen zu gefährden. Das hatte mir Dr. Schaffert geraten – und das war, wie sich zeigte, die richtige Methode.

Ein kleiner Stoßtrupp versucht, einen Standort für unser Lager zu finden.

6. April. Als wir aus den beiden Zelten kommen, erinnert nichts daran, daß heute Ostersonntag ist. Einer kramt aus einer Kiste ein paar kleine Schokoladen- und Zuckereier, die in unserem Messezelt an den hohen Festtag erinnern.

Unter Leitung von Sigi Hupfauer versuchen einige Träger auf der östlichen Moräne unsere »Autostraße« weiter auszubauen, auf der dann zwischen Basislager und Depot der Lkw-Verkehr stattfinden soll. Die Stimmung in unserer Mannschaft ist gut. Abends wird dann noch unter Hinzuziehung unserer Alkoholbestände das hohe Fest feierlich begangen.

← Errichtung eines Ausrüstungsdepots

7. April. So fröhlich der Ostersonntag endete, so traurig beginnt der Ostermontag. Otto Wiedemann hat die ganze Nacht hindurch gehustet, sein Zustand sich erheblich verschlechtert. In der Frühe zeigt er wieder hohes Fieber, sein Gesicht ist ganz eingefallen. Dr. Schaffert stellt eine Lungenentzündung fest. Sein Zustand ist so bedenklich, daß er möglichst sofort unser Basislager und die Höhe von fünftausend Metern verlassen muß. Wie gut, daß wir unseren Mercedes-Geländewagen haben. Dr. Schaffert fährt Otto am frühen Vormittag zur nächsten Militärkrankenstation in Shigatse. Mit schwacher Stimme meint Otto bei der Abfahrt: In vier Tagen bin ich wieder bei euch. Aber es klingt wenig überzeugend. Wir vermissen ihn alle sehr, sowohl als Bergsteiger als auch als abendlichen Unterhalter.

Im Krankenhaus von Shigatse stellt sich bei der Röntgenaufnahme heraus, daß Otto Wiedemann eine schwere Entzündung des rechten Lungenflügels hat, die diesen Teil der Lunge für die Atmung fast ganz blockiert. An eine Rückkehr ins Basislager und eine weitere Teilnahme an unserem Unternehmen ist unter diesen Umständen überhaupt nicht zu denken. Dr. Schaffert, der in einer Tagesfahrt von Shigatse ins Basislager zurückkehrt, besucht einige Tage später Otto Wiedemann im Krankenhaus und bringt ihn dann zum Flugplatz von Lhasa, von wo Otto dann die Heimreise antritt.

← Otto Wiedemann erkrankt schwer

8. April. Zusammen mit den Trägern fahre ich zu unserem Depotplatz oberhalb des Gletscherflußbettes auf der östlichen Seitenmoräne. Von dort wandere ich dann an riesigen Findlingen vorbei zu

Fuß zurück zu unserem Basislager. Nach etwa einer halben Stunde sehe ich in weiter Ferne die roten Farbtupfen der Zelte.
Auf halbem Wege durchquere ich eine Herde zottiger, mich äußerst mißtrauisch beobachtender Yaks. Ich weiß nicht, wer mehr Angst hat, die Yaks oder ich . . . Einige der Yakbullen, die mich bis auf einige Meter herankommen lassen, trollen sich dann schließlich doch, was zumindest für mich die angenehmere Lösung ist, da ich wegen der Höhe und des steinigen Bodens kaum davonlaufen könnte. Insgesamt brauche ich rund zwei Stunden, um unser Basislager zu erreichen. Auch wenn es ständig leicht bergab ging, was den Marsch erleichterte, bin ich mit dem Ergebnis dieses ersten Adaptionsganges recht zufrieden.
Dacher, Zintl und Günter Sturm, die zusammen mit mir zum Depot gefahren sind, errichten mit den Trägern eine gute halbe Stunde unterhalb des alten chinesischen Lagers II, das mit seinen verrosteten Konservendosen, die vor sechzehn Jahren zurückgelassen worden waren, gut zu erkennen ist, die ersten Zelte des Lagers I und verbringen dort eine Nacht.

Lager I wird auf 5800 Meter Höhe errichtet

9. April. Der Unimog bringt Material, sieben Träger und drei Bergsteiger von uns vom Basislager zum Depot. Ich fahre wieder mit und begleite die Trägerkolonne zum Lager I auf 5800 Meter Höhe und wieder zurück zum Depot. Beim Rückweg kommt Nebel auf, so daß ich mich etwa auf halber Wegstrecke um ein Haar in das System der gewaltigen Eistürme, die den nordöstlichen Rand des Flußbettes säumen, verirrt hätte. Diese Séracs säumen fast die ganze Strecke des Weges. Schließlich finde ich aber doch die richtige Route, als ich instinktiv mehr nach Westen ausweiche. Die Wegmarkierung, die wir angebracht haben, ist auf der Strecke vom Depot zum Lager I besser zu erkennen als auf dem Rückweg, weil sie in dieser Richtung auch ursprünglich aufgestellt wurde. Wir werden dann später an einigen kritischen Stellen die Markierungen ergänzen und verstärken, da solche Kleinigkeiten unter Umständen für das Gelingen einer Expedition von ganz entscheidender Bedeutung sein können. Ein Unfall kann leicht die Fortsetzung einer Expedition in Frage stellen. Zwar entwickeln Bergsteiger mit großer Erfahrung eine Art sechsten Sinn für die Orientierung in schwierigem Gelände, doch im Nebel reagieren Sinne und Gefühl nur unzuverlässig. Der Bergsteiger kommt hier in eine ähnliche Situation wie der Pilot, der ohne Sicht navigieren soll – ohne allerdings die in einem Flugzeug zur Verfügung stehenden Instrumente zu besitzen.

→ Die Séracs

In den ersten Tagen überqueren wir unterhalb des Depots den Gletscherfluß, an engen Stellen von Steinblock zu Steinblock springend. In der Zwischenzeit haben aber die Wassermassen die Steine unserer ursprünglichen Furt überflutet. Die Eisdecken, über die wir teilweise gegangen sind, tauen durch die Wärme der Sonne so weit auf, daß es stellenweise riskant wird, sie zu überqueren. Ich stehe dann auch gleich beim ersten Versuch bis zu den Knien im eisigen Wasser des Jebokangjale. Ich folge schließlich den instinktsicheren tibetischen Trägern, denen ich vorsichtig über die dünn gewordene Eisdecke nachfolge. Wohlbehalten erreichen wir das andere Ufer.
Der Gegenhang zum Depot, wo unser Unimog auf uns wartet, gibt mir dann vollends den Rest des langen Marschtages, da er sich zwischen 5400 und 5800 Meter Höhe hinzieht. Gegenhänge hasse ich überhaupt! Wenn man glaubt, das Ziel erreicht zu haben und schon die Glieder entspannt, fordern sie von einem plötzlich noch einmal höchste Anstrengung.
Die riesigen Eistürme, die Séracs, die uns etwa zwei Drittel der Wegstrecke zwischen Depot und Lager I begleiten, gehören in meinen Augen zu den größten und schönsten der Welt. Wie die Wogentürme eines erstarrten, stürmischen Eismeeres, das sich von Süden nach Norden wälzt, beeindrucken, ja: bedrohen sie den Betrachter, der an ihrem Rand seinen Weg sucht. Leider kann man sich dieser bizarr gefrorenen Szenerie nur für kurze Zeit widmen, da Schuttberge und Trümmerhaufen des Moränenrandes, auf dessen Kamm man wie auf einem Eisenbahndamm entlangläuft, unsere volle Aufmerksamkeit erfordern. Allzuleicht kann man hier die Balance verlieren und stürzen! Dieser Schutthaufen von Trägerpfad bietet den deutlichsten Kontrast zu der beeindruckenden Reihe der Séracs. Er erinnert an Trümmerstraßen in zerbombten Städten. Ich jedenfalls muß mich, wann immer die Reihe an mir ist, überwinden, zum Lager I hinauf- oder vom Lager I ins Basislager hinabzusteigen. Dieses ständige Auf- und

Abstolpern über Dreck und Gesteinsbrocken der Randmoräne hat nicht das geringste mit alpiner Romantik zu tun! Allmählich entwickle ich eine richtiggehende Abneigung gegen diesen Abschnitt unseres Routinemarschprogramms.

10. April. Die Gruppe Sturm, Zintl, Dacher errichtet auf dem ersten großen Absatz im Nordwestgletscher zusammen mit drei tibetischen Trägern das erste Zelt von Lager II.

Ich genieße einen herrlichen Ruhetag im Basislager, bei dem ich jedes Zeitgefühl verliere. Ich weiß weder, welcher Wochentag gerade ist, noch welches Datum wir haben. Tage und Nächte fließen grenzenlos ineinander. Das ist für mich, den Termingeplagten, in ein festes Zeitkorsett Eingefügten, eine völlig neue Erfahrung. Auch Tagebuchnotizen, die ich zunehmend widerstrebend zu Papier bringe, ändern daran nichts. Widerstandslos überlasse ich mich diesem Nicht-Zeit-Gefühl. Vielleicht ist es eine automatische Folge der Anpassung an die neue Umwelt. Die Nomaden, die vereinzelt unser Lager besuchen, mögen ein ähnliches Verhältnis zur Zeit haben.

Es ist wie ein Narkotikum, diese Auflösung der Zeit. Der gigantische Berg mit seinen wechselnden Gesichtern, die einmal gleißenden, dann wieder leuchtenden, dampfenden, oft aber auch düsteren, ja drohenden Gletscher, die herbe unendliche Weite der tibetischen Steppe mit den eingesprenkelten Herden der Yaks und Schafe, die sehnsüchtig fernen blauen Seen, der unendliche, sich stetig wandelnde Himmel – alles übt einen starken, fast magischen Einfluß aus, zwingt die eigene Person in seinen Bann. Es ist wie ein Zauber, der das Individuum mit seiner Vereinzelung auflöst, den Versuch einer Konfrontation des eigenen Ich mit der Natur einebnet, die Gegensätze ausgleicht. Der eigene Lebenskreis mit seinen Pflichten und Verpflichtungen in Europa erscheint unendlich fern, fast irreal. Eine teilnahmslose Zufriedenheit füllt das Innere aus. Allmählich habe ich Mühe, zu vergegenwärtigen, daß wir eigentlich hier sind, den Berg zu besteigen. Es gibt Augenblicke, da erscheint mir dieses Unternehmen, den Gipfel, der über uns ragt, zu besteigen, fast unmöglich, unsinnig. Es genügt, ihn zu betrachten, zu meditieren und sich dabei im Nichts zu verlieren.

11. April. Nach einem herrlichen Ruhetag ziehe ich zusammen mit Sigi Hupfauer, Erich Reismüller und Manfred Sturm wieder ins Lager I. Während Erich Reismüller filmt und fotografiert, marschieren die beiden anderen mit zwei chinesischen Trägern zum Lager I, um es weiter auszubauen und mit Material zu versorgen. Ich selbst unternehme eine kleine Akklimatisierungswanderung auf den Nordgletscher, zwischen Nordgipfel und Westgipfel hinaus. Nach etwa zwei Stunden Wanderung auf dem glitzernden und, wie sich später herausstellte, reichlich tückischen Gletscher, kehre ich wieder auf das ebenfalls auf einem Gegenhang gelegene Lager I zurück. Ich verbringe die Nächte im – gegenüber dem Basislager erheblich kühleren – Lager I verhältnismäßig gut. Der klimatische Unterschied zwischen dem Basislager und diesem Lager ist deutlich zu spüren. Trotz guter Verpackung erwacht man morgens in seinem Schlafsack aus einer Starre, die der der Tiere gleicht, die nach einem langen Winterschlaf zum Sommerleben erwachen. Die morgendliche Anlaufzeit zur Aktivität des Tages dauert bei mir verhältnismäßig lange.

← Lager II wird errichtet

12. April. Während Sigi Hupfauer sich mit einigen Trägern um den weiteren Ausbau von Lager II bemüht, macht die Gruppe 1 Erholung im Basislager, um anschließend wieder zum Berg aufzusteigen. Die »Arbeit« am Berg, d. h. die Errichtung der einzelnen Hochlager, die der Vorbereitung der Besteigung des Gipfels dienen, gleicht einer Art Jojo-Pendel. Während die eine Gruppe zusammen mit den Trägern aufsteigt, Lager errichtet, sich an die Höhe anpaßt und dabei ermüdet, steigt die andere Gruppe ab ins Basislager und erholt sich dort. Man kann die Wäsche wechseln, was in den Hochlagern meist selten geschieht. Man kann das eine oder andere Kleidungsstück waschen und vielleicht sogar sich selbst. Es läßt sich der Komfort des Basislagers genießen, der den des Lagers I um eine Nuance übertrifft. Das tiefer gelegene Basislager zeigt sich im Durchschnitt auch wärmer als die Hochlager. Man freut sich darüber, nicht selbst kochen zu müssen, sondern das Essen vom chinesischen Koch Wu serviert zu bekommen.

Pendeldienst am Berg

Wu ist immer guter Laune. Seine Kochkünste haben sich im Laufe der Zusammenarbeit etwas gebessert; er hat gelernt, Pfannkuchen zu backen, von welcher Fertigkeit er unermüdlich Gebrauch macht. Er überhäuft uns mit großen Mengen dieser Speise. Er würzt die Röstkartoffeln inzwischen auch mit Salz und nicht mehr mit großen Quantitäten von Zucker – sie pflegten im letzteren Fall wie glasiertes Weihnachtsgebäck zu schmecken. Wu bereitet uns den Tee, brät Scheiben von Corned Beef aus Dosen an. Zusammen mit unserem Hobby-Koch und Expeditionsarzt Dr. Schaffer zaubert er aus frischem Hammelfleisch ein schmackhaftes Gulasch, das eine sehr willkommene Abwechslung in unsere ansonsten recht eintönigen Dosenmahlzeiten bringt, die in der Bundeswehrsprache den wenig anziehenden Namen EPA tragen – Ein-Mann-Packungen.

Probleme mit den Trägern

13. April. Die Träger sind in ihren Leistungen höchst ungleich. Die chinesischen Träger haben eine weit geringere Leistungsfähigkeit als die Tibeter. Das kann man nicht als Kritik oder Vorwurf verstehen. Die Tibeter sind wie die art- und stammesverwandten Sherpas einfach der Höhe besser angepaßt und schon von daher besser fürs Tragen in großen Höhen geeignet. Es ist ähnlich wie bei den Tieren. Yaks können in hohen Regionen noch gut tragen, während ihre artverwandten Rinder aus dem Tiefland dort keinerlei Leistungen mehr erbringen können. Bei den Menschen ist es ähnlich. Es handelt sich hier eben um eine Frage der Biologie. Die Tibeter, die sprachliche Verständigungsschwierigkeiten mit den Chinesen haben, sind in einer Trägergruppe zusammengefaßt, die fast ausschließlich mit der Gruppe Zintl, Dacher, Günter Sturm arbeitet, während in unserer Trägergruppe sich des öfteren Ausfälle ereignen, die dann dazu führen, daß wir höhenungewohnten Europäer deren Lasten mittragen müssen. Wir wünschten uns, daß die Trägergruppen gewechselt würden.

Sigi Hupfauer

Sigi Hupfauer schreibt dazu am 13./14.: Nach kalter Nacht Abstieg mit sechs Trägern ins Depot. Mit zwanzig Kilogramm Last in dreieinhalb Stunden Aufstieg in das Lager I. Tibeter sind okay, die Chinesen kommen total fertig und erheblich später im Lager I an. Die Tibeter kommen den Chinesen dabei auch noch entgegen und nehmen ihnen Lasten ab.

14. April. Heute steige ich zusammen mit Sigi und Erich zu Lager II hinauf, das bis jetzt nur aus einem einzigen Zelt auf einer weiten Gletscheretage des Nordgletschers zwischen Nord- und Westgipfel besteht. Nach guten vier Stunden erreiche ich als letzter, gegen einen heftigen Schneesturm ankämpfend, der mich vom Gletscher wieder hinabzuwerfen droht, Lager I. Oft muß ich innehalten, um nicht glatt umgeworfen zu werden. Der Wind treibt einen dichten Schleier Schnee über den Gletscher.

Dem Ausbau des Lagers II gilt die Arbeit der Gruppe während der kommenden Tage. Lager II soll die Basis für den weiteren Vorstoß in Richtung Nord-Osten, in den »Korridor« hinein, bilden. In diesen Korridor fällt die Nordwand des Shisha Pangma ab, die wir als erste erschließen wollen. Vom Lager II aus ist sehr deutlich die Rinne einzusehen, die sich von rechts nach links, von West nach Ost also, in einer leichten Neigung durch die Nordwand zieht. Sie verspricht, einen Durchstieg durch die Nordwand zu ermöglichen.

In fünfzig Minuten haben wir die ganze Höhe von Lager II bis zur Talzone des Gletschers zurückgelegt. So groß ist der zeitliche Unterschied zwischen Auf- und Abstieg. Der weitere Weg zum Lager I nimmt dann allerdings wieder eine Stunde in Anspruch. Er führt großenteils durch eine phantastische Landschaft kleiner Séracs.

→ Pläne

In der Zwischenzeit ist mit der Gruppe Zintl, Dacher, Günter Sturm die Ablösung eingetroffen. Sie dürstet nach Taten. Besonders Michel Dacher ist kaum zu halten. Am liebsten würde er sofort in Richtung Gipfel losrennen. In der abendlichen Diskussion werden die weiteren Pläne besprochen. Danach soll in der Nähe der Rinne im Korridor das Lager III, und das Lager IV in zwei Abteilungen aufgebaut werden. Die eine Abteilung soll in Form eines Zeltes auf einem Absatz, etwa in halber Höhe der etwa tausend Meter hohen Nordwand errichtet werden. In gleicher Höhe soll auf der alten Chinesenroute ein paralleles Lager IV entstehen, um zwei Möglichkeiten offen zu haben: eine für die Besteigung der Nordwand durch die Rinne; eine zweite über die Chinesenroute auf der Ostseite. Auf diese Weise würden die Erstbesteiger der Nordwand den Rückzug über die als etwas einfacher betrachtete Nord-Ost-Wand antreten und dort das zweite Lager IV erreichen können. Von dort aus könnten sie dann in einem neuen Aufstieg den Gipfel erreichen. Auf diese Weise würde man sich sparen, den langen Grat zwischen dem Ausstieg der Nordwand und dem Hauptgipfel begehen zu müssen. Außerdem stehen noch die ehrgeizigen Pläne einer ersten Skiabfahrt von einem Achttausender an, die, wenn überhaupt, nur über die Ostwand des Shisha Pangma möglich sein würde.

15. April. Unsere Gruppe kehrt wieder ins Basislager zurück. Der Aufenthalt in der Höhe hat uns alle nicht besonders strapaziert. Im Gegensatz zur früheren Art des Höhenbergsteigens zieht man es heute vor, immer neue Vorstöße in jeweils größere Höhen zu unternehmen, sich dadurch der Höhe anzupassen, nach Möglichkeit dort eine Nacht zu verbringen und dann wieder in tiefere Lagen zurückzukehren, um den strapazierten Organismus zu regenerieren. Dabei ist zu beachten, daß man nach Möglichkeit unter die Sechstausender-Marke zurückkehrt. Denn nur dort ist eine wirksame Erholung möglich. Je weiter man dabei nach unten steigt, desto besser ist es für die Erholung. Nach guten vier Stunden erreiche ich, über eine aus zwei Aluminiumleitern gefertigte Kunstbrücke balancierend und mit großen Anstrengungen den widerwärtigen Gegenhang meisternd, das Depotlager, wo unser Unimog wartet, der uns ins Basislager zurückbringt. Wir sind schon sehr dankbar, diesen letzten Abschnitt nicht auch noch zu Fuß gehen zu müssen.
Bei unserer Rückkehr teilen uns unsere chinesischen Begleiter mit, daß sie von umliegenden Herden fünf Schafe eingekauft haben; drei von ihnen seien bereits geschlachtet. Auf diese Weise erhalten wir etwas Frischfleisch. Wu bereitet am Abend unserer Rückkehr Lamm-Gulasch mit Kartoffeln zu. Für uns wird es eine köstliche Mahlzeit! Aber es gibt noch eine weitere angenehme Überraschung: Dr. Schaffert, der Otto Wiedemann nach Lhasa zum Flughafen brachte, hat einen Kasten Tsingtau-Bier zugeladen. Der Abend ist gerettet!
Die Tage und Stunden im Basislager vergehen sehr rasch. Man nimmt sie kaum wahr. Der Tag nach unserer Ankunft gehörte überwiegend der Montage der Skibindungen. Unser Messezelt glich einer Skiwerkstatt. Jeder nutzt den Besuch im Basislager, um die Wäsche zu wechseln, die wir in den Hochlagern in der Regel nicht vom Leibe bringen. Ein Teil der Wäschestücke wird mit Rei gewaschen. Zwischen den Zeltstangen sind die Reepschnüre gespannt, die uns als Trockenleinen dienen. Trotz strahlenden Sonnenscheins gefrieren die Wäschestücke brettsteif. Wu bietet uns warmes Wasser aus dem Küchenzelt an, mit dem wir uns in der Mittagszeit, wenn das Zelt durch die Sonne aufgeheizt ist, waschen können. Es ist angebracht, dabei sehr vorsichtig zu sein, wie das Beispiel Otto Wiedemann zeigt. Möglicherweise lag in seiner Haarwäsche eine der Ursachen für seine spätere Lungenentzündung. Wir entwickeln dabei eine besondere Technik: Während der Wäsche oben behalten wir unten die Bekleidung an, während der Wäsche unten ist die Kleidung oben wieder angezogen.
Die Mahlzeiten spielen im Basislager eine bedeutende Rolle. Sie bilden eigentlich die wichtigsten Zäsuren des ganzen Tages. Nach dem Abendessen bricht sehr schnell die Nacht herein. Gelegentlich sitzen wir noch etwas zusammen im Messezelt und plaudern, doch meist zieht sich jeder nach Einbruch der Dunkelheit in seinen Schlafsack zurück. In den Hochlagern kann man ohnehin nichts anderes unternehmen. Die Nächte sind sehr lang. Sie dauern zwölf Stunden. Wenn man nicht schlafen kann, hat man ausreichend Zeit, seinen Gedanken nachzuhängen. Zur Innenbeleuchtung der Zelte haben wir Kerzen, in deren Licht wir in den Hochlagern abkochen können. Zum Lesen reicht das Kerzenlicht im Basislager nicht, da die fast ständig im Wind hin und her schlagenden Zeltwände die Kerzen zu sehr flackern lassen.

← Alltag im Basislager

16. April. Es ist kaum zu glauben: Wir sind schon fast die vierte Woche am Berg und in den Lagern. Ein Tag spielt sich ab wie der andere. Vor uns steht der Shisha Pangma, der aus dem weiten Gletschertal emporragt, hinter uns liegt die unendliche Weite des tibetischen Westens. Der Berg zeigt sich in hundert Variationen, mal düster, mal heiter, mal strahlend, mal dunkel, mal hell und klar, mal unsichtbar, mal von einer sanften Sonne beschienen, wie an einem warmen Frühlingstag, mal sturmumtost mit einer riesigen Windfahne: Manchmal scheint es, als wäre dieser Berg ein gigantisches Lebewesen. Aber ich schaue schon gar

nicht mehr hin. Der Berg und sein Anblick sind zur Gewohnheit geworden.
Das Lagerleben ist keineswegs romantisch. Tagsüber erscheint das Lager wie ausgestorben. Außerhalb der Zelte weht ständig ein empfindlich kalter Wind, selbst wenn die Sonne von einem wolkenlosen Himmel scheint. Wer nicht mit Packen, Ordnen, Verstauen, mit dem Transport von Ausrüstungsgegenständen, die in höhere Lager gebracht werden müssen, beschäftigt ist, verkriecht sich meist in sein Zelt. Dort ist es wenigstens tagsüber, wenn die Sonne scheint, warm, fast zu warm. Sobald die Sonne unter den Horizont sinkt, wird es eisig kalt.
Die Blutuntersuchungen, die unser Expeditionsarzt vornimmt, stellen fast eine Abwechslung dar, obwohl wir dabei zur Ader gelassen werden. Ich habe folgende Werte: Hb 18, Hk 52, Ery 6,2, Prot 68,5. Mir sagen die Werte zwar verhältnismäßig wenig, aber es scheint alles in Ordnung zu sein. Nachmittags finde ich im Zelt keine Ruhe. Der Wind zerrt unentwegt an den Leinen, und die Wände knallen hin und her. Nach dem vergeblichen Versuch, ein Schläfchen zu machen, bin ich gegen Ende der Nachmittagsruhe müder als zuvor.

19. April. Ich bin ganz froh, als sich unsere Gruppe wieder zusammen mit drei Trägern auf den Weg zum Berg macht. Wie gewohnt, fährt uns zuerst der Unimog das erste Stück auf der linken Moräne bis zum Depot in Richtung Lager I. Es sind immerhin vierzehn Kilometer, die wir nicht zu Fuß zurückzulegen brauchen, auch wenn dabei nur verhältnismäßig wenig Höhe gewonnen wird. Aus dem Materialdepot, das am Ende der Route angelegt ist, beladen wir unsere Rucksäcke und Kraxen. Sigi Hupfauer, Erich Reismüller, Dr. Schaffert, Manfred Sturm und ich sind wie die Träger schwer beladen. Ich habe den Eindruck, wir tragen sogar mehr als diese. Ich benötige dieses Mal viereinhalb Stunden bis zum Lager I, wobei ich über sechzehn Kilogramm auf dem Buckel habe. Ich glaube, die anderen haben noch mehr.
Etwa in Wegmitte begegnen wir der Mannschaft Sturm, Zintl, Dacher, die in entgegengesetzter Richtung zum Basislager marschieren. Wir bilden ihre Ablösung. Sie haben mit dem Aufbau von Lager III begonnen, das wir weiter ausbauen sollen. Auch in Lager II sind noch weiterführende Arbeiten zu erledigen. Wenn es dazu reichen wird, haben wir auch die Absicht, Lager IV auf der normalen chinesischen Route am Ausstieg aus dem Korridor anzulegen.

Lager III wird errichtet

Beim Treffen unserer Gruppen, nehmen wir uns Zeit zu einer kleinen Diskussion über die weitere Entwicklung unseres Unternehmens.

20. April. Wir verbrachten die Nacht im Lager I. Danach steigen wir mit vier zusätzlichen Trägern zum Lager II auf der weiten Gletscherterrasse in 6400 Meter Höhe. Der erste Teil der Wegstrecke unmittelbar nach dem Lager führt leicht abfallend über den Schutt der Moräne. Anschließend durchqueren wir den Märchenwald der kleineren Séracs, die sich heute in einem fast freundlich schimmernden Sonnenglanz präsentieren. In zwei großen Wällen führt uns dann der Gletscher zu Lager II. Ich habe wieder fast sechzehn Kilogramm auf dem Buckel, kann mich aber nicht beschweren, denn die andern tragen noch mehr. Erich Reismüller schleppt wie ein Packesel seine ganze Filmausrüstung neben Stativ und persönlichem Gepäck. Sigi Hupfauer und Manfred Sturm haben sich außer ihrer normalen Tragelast noch zusätzlich mit Skiern beladen: Sie möchten eine Abfahrt über den Gletscher wagen, der in seiner gegenwärtigen Verfassung auf jeden Skifahrer wie eine Einladung wirken muß.
In Lager II erleben wir dann allerdings eine unangenehme Überraschung: Es fehlt so gut wie alles für ein längeres Verbleiben. Vor allem fehlen Getränke und Mineralsalze. Gerade die letzteren wären dringend notwendig, um unsere Körper wieder mit den Salzen zu versorgen, die sie durch Ausdünstung verloren haben. Die Verpflegung ist ebenfalls kaum ausreichend. Auch die Kocher fehlen. Wir können den in einem besonderen Zelt übernachtenden Trägern nur einen Husch-Kocher mit einer einzigen Brennstoffkartusche anbieten. Da auch kein Material, das nach Lager III hätte transportiert werden können, vorhanden ist, steigen die Träger am nächsten Tag wieder ab.

21. April. Bei herrlichstem Wetter steigen wir ohne die Träger weiter zu Lager III. Der Gletscher glüht geradezu in der Sonne. Da auch der Wind vorübergehend aufhört zu pfeifen, kann ich die besonders warmen Kleidungsstücke ablegen. Auf der Kante des Korridors ziehe ich dann meine Wolljacke und den Anorak wieder an. Normalerweise kommt man auf diesen Höhen kaum ins Schwitzen, was vor allem auf die absolut trockene Luft und den eiskalten Wind zurückzuführen ist. Man tut gut daran, mit der Bekleidung sehr vorsichtig zu sein. Von einem Augenblick auf den anderen kann der übliche kalte Wind einsetzen, der die Situation schlagartig verändert. Am besten bewährt hat sich für mich eine wollene Jacke mit Reißverschluß und eine Kopfhaube, mit der man den empfindlichen Nacken und Hals gegen den Wind schützen kann.

Oberhalb einer riesigen Rampe öffnet sich auf einer Höhe zwischen 6 800 und 7 000 Metern der »Korridor« mit einer Länge von eineinhalb bis zwei Kilometern. Dieser Korridor ist eine von West nach Ost ansteigende fast flache Gletscherhochebene. Etwa von der Mitte des Korridors aus beginnt eine steile Rinne, die in ihrer unteren Hälfte von Schnee und Eis bedeckt ist, steil die Nordwand hochzusteigen; sie führt, leicht von West nach Ost geneigt, zum Westgrat, der direkt mit dem Hauptgipfel verbunden ist.

Schaffert geht an der Spitze der vier Träger, die wegen der zahlreichen Gletscherspalten miteinander durch ein Seil verbunden sind. Wir selbst gehen nicht angeseilt, wenigstens noch nicht zu diesem Zeitpunkt. Zweimal gleite ich bis zu den Schultern in Gletscherspalten, aus denen ich mich aber immer wieder herausarbeiten kann. Zum Glück handelte es sich dabei um im oberen Teil ziemlich enge Gletscherspalten, so daß ich nach vorne umkippen und Arme und Hände außerhalb der Gletscherspalten abstützen kann. Bei der Rückkehr zum Lager II begegne ich dem abgekämpften Sigi Hupfauer – was bei ihm etwas heißen will! – und dem völlig ausgepumpten, da überladenen, Erich Reismüller, der sich mit mindestens 25 Kilogramm abschleppt. Die Verteilung der Lasten, ohnehin ein schwieriges Problem, klappt offensichtlich nicht richtig. Erich Reismüller wurde eigentlich als Kameramann und nicht als Lastenträger mitgenommen. Sigi Hupfauer, der nicht weniger schleppt, ist nicht gerade in glänzender Stimmung. Er sagt, er wolle endlich wieder etwas Richtiges zum Essen haben. Er habe jetzt die Schnauze davon voll, nur von Kartoffelsuppe zu leben. Unsere chinesischen Träger steigen zum Lager I ab, da wir nicht genügend Verpflegung und Getränke im Lager II zur Verfügung haben.

Eine üble Nacht in Lager II

22. April. Schaffert und ich übernachten im Lager II, die anderen drei deutschen Bergsteiger, die mit am Berg sind, bleiben im Lager III. Wir erleben eine üble Nacht. Gegen 20.00 Uhr beginnt ein schlimmer Schneesturm zu wüten, begleitet von einem heftigen Gewitter. Blitze zucken, Donner grollt. Damit haben wir in dieser Höhe überhaupt nicht gerechnet. Eine Zeitlang hält uns das Heulen des Windes und das Knattern der Zeltleinwand noch wach, dann schlafen wir doch – völlig übermüdet – ein. Im Schlaf haben mich Berg, Gletscherspalten und Sturm nicht mehr beschäftigt. Auch sonst hat der Berg mich nie in meinen Träumen berührt, weder vor noch während der Expedition. Irgendwann in der Nacht wache ich auf. Ich habe das Gefühl, es liegt jemand auf mir. Außerdem kann ich mich nicht mehr richtig bewegen. Mein rechter Arm im Schlafsack ist gegen die Verpflegungskisten, die in der Mitte des Zeltes stehen, gepreßt, mein linker zwischen Zeltwand und Oberkörper eingeklemmt. Nur sehr allmählich werde ich mir der Lage bewußt. Sturm und Schnee haben mit vereinten Kräften die Zeltstange, die das Zeltdach trägt, umgeknickt. Das Zelt liegt nun auf uns, der Neuschnee drückt die Zeltwände gegen unsere Schlafsäcke. Zum Glück steht in der Mitte des Zeltes die Verpflegungskiste, die uns um ein weniges überragt und einen kleinen Hohlraum schafft. Ich bin in meinem Schlafsack so sehr zusammengepreßt, daß ich Mühe habe, die Arme frei zu machen, eine Hand nach oben zu bringen und schließlich den Ring des Reißverschlusses oben am Kopf zu finden. Als ich den Schlafsack endlich aufgezogen habe, kann ich mit der Hand das Zeltdach etwas nach oben drücken. Da es sofort wieder zurücksackt, wecke ich Wolfgang Schaffert. Gemeinsam gelingt es uns, einen Bergschuh zwischen Verpflegungskiste und Zeltwand zu schieben, um auf diese Weise den Atem- und Luftraum um einige Kubikzentimeter zu erweitern. Dann drücken wir das Zeltdach nach oben, richten die abgebrochene Metallstange wieder auf, so daß ein Teil des Schnees, der auf unserem Zelt lastet, seitlich abrutscht. Damit ist fürs erste die Gefahr gebannt. Mit einer Reepschnur befestigen wir eine zweite Metallstange über der Bruchstelle. Dann

← Im »Korridor«

setzen wir unseren Phöbus-Kocher in Gang, um Tee zu kochen. Allmählich wird es Tag. Eine Zeitlang denke ich noch darüber nach, wie diese Nacht hätte enden können, wenn ich nicht erwacht wäre, schüttele die Gedanken dann aber von mir ab.

→ Lager I ist verwüstet

23. April. Gegen 9.00 Uhr steht wieder eine strahlende Sonne über dem Horizont. Steif zwängen wir uns in unsere Daunenkleidung. Wir kochen, was wir noch an Trockengetränken bei uns haben, und bringen mit der heißen Labung unsere Lebensgeister zurück. Als wir den Zelteingang aufschnüren, fällt uns Schnee entgegen. Wir müssen zuerst den Eingang freischaufeln, um den Weg ins Freie zu finden. Dann wühlen wir unsere Eispickel, die Skistöcke und Steigeisen aus den Schneemassen heraus, die wir für den Abstieg zum Lager I benötigen. Ein erster Augenschein zeigt uns, daß die leeren Zelte neben uns dem Schneesturm standgehalten haben. Jedenfalls sind sie nicht zusammengebrochen, auch wenn nur der obere Teil noch aus dem Schnee herausragt.

→ Neue Pläne

Ein eisiger Westwind, der Schnee vor sich hertreibt, wirft uns fast um. Mit äußerster Vorsicht gehen wir auf den Gletscher hinaus, da die vorher schon kaum erkennbaren Gletscherspalten nun vollständig unter der Schneedecke verschwunden sind. Manchmal kann man sie mühsam an Schattenfall oder kaum sichtbaren Schneesenkungen erkennen. Doch im diffusen Licht bei bedecktem Himmel oder gar im Schneesturm, ist man ihnen hilflos ausgeliefert. Wir gehen vorsichtshalber angeseilt – was sich als sehr nützlich erweist: Etwa in der Mitte des Gletschers falle ich erneut in eine Gletscherspalte bis zur Schulter, doch Wolfgang, der hinter mir geht, kann mich am Seil halten. Teils aus eigener Kraft, teils mit seiner Hilfe wühle ich mich wieder an die Oberfläche zurück.

Unfall eines Trägers

Weniger glimpflich kam gestern, am 22. April, der Träger Tscheng Tien Liang, der die erste Trägergruppe anführte, davon. Er fiel auf der gleichen Strecke, die wir zurücklegten, zwanzig Meter tief in eine Gletscherspalte und verletzte sich leider erheblich. Dabei hatte er noch Glück, denn er blieb an einem Gletschervorsprung hängen und konnte so wieder geborgen werden. Er mußte sofort ins Militärkrankenhaus nach Shigatse gebracht werden, wo wir in der Zwischenzeit bereits durch mehrere Patienten bekannt waren. Pech für uns: Gerade jetzt bräuchten wir für den Ausbau der oberen Lager jeden Träger besonders notwendig. Aber wir können alle noch von Glück sagen, denn der Sturz hätte noch viel schlimmer ausgehen können.
Als wir das Lager I erreichen, bietet sich uns ein Anblick der Verwüstung. Der Schneesturm hat schlimm unter den Zelten gehaust. Das weiße Küchen- und Messezelt liegt aus der Verankerung gerissen auf dem Boden, sein Inhalt ist ein Chaos. Auch die übrigen Zelte sind fast alle eingedrückt, und ihr Inhalt liegt durcheinandergeworfen am Boden. Wir brauchen Stunden, um das Lager wieder einigermaßen aufzurichten und in Ordnung zu bringen.
Am späten Nachmittag kommen vom Lager III Reismüller, Manfred Sturm und Sigi Hupfauer im Lager I an und helfen kräftig beim Wiederaufbau dieses Lagers mit. Dann bereiten wir uns eine ausgiebige Mahlzeit zu und genießen literweise Tee mit Mineralzusätzen. Wir sind alle ziemlich ausgehungert und ausgetrocknet.

24. April. Nach einer ruhigen, sturmfreien Nacht begeben wir uns wieder auf unseren »Eisenbahndamm« zwischen Lager I und Basislager und marschieren entlang der Eistürme nach Süden. Als wir zwei Drittel der Wegstrecke zurückgelegt haben, begegnen wir der Gruppe Zintl, Dacher, Günter Sturm und setzen uns wieder zu einer kleinen Diskussionsrunde – einer Art Thing – zwischen die riesigen Felsbrocken, um die Entwicklung der weiteren Lage zu besprechen. Manchmal nimmt die Diskussion hitzigere Formen an. Günter Sturm entwickelt uns dabei seinen »Idealplan«. Danach sollen Zintl, Dacher und er zuerst die Nordwand durchsteigen und dann auf dem Normalweg ins Lager IV absteigen. Hupfauer und Manfred Sturm sollen die Chinesen-Route zum Gipfel angreifen, während der Rest dann in einem letzten Anlauf mit Hilfe und Unterstützung der ersten beiden Gruppen zum Schluß sein Glück versuchen kann. Es gibt natürlich Einwände. Und wie es so häufig das Schicksal von Idealplänen ist, wird auch dieser Idealplan nicht realisiert. Das Wetter sollte ganz andere Vorstellungen entwickeln . . .
Am Abend treffen wir müde und abgekämpft im Basislager ein. Die Chinesen haben in der Zwischenzeit von einer in der Nähe weidenden Herde

vier Schafe für die gemeinsame Küche eingekauft. Es gibt Lammrippen, Lammschlegel, Lammgulasch und dazu geröstete Kartoffeln, wie sie unser Koch Wu ja in der Zwischenzeit zuzubereiten gelernt hat. Die Tibeter schlachten die Schafe auf ihre Art. Sie legen die Tiere auf den Rücken, öffnen mit einem scharfen Messer die Bauchdecke und greifen blitzschnell in das Innere der Brusthöhle, um das Herz herauszureißen. Die Schlachtopfer sind in Sekundenschnelle tot.

25. April. Ein üblicher Basislager-Ruhetag. Ein unermüdlicher Sucher aus unserer Mannschaft hat es geschafft, auf unserem Sony-Kurzwellenempfänger die Deutsche Welle hereinzuholen. Damit endet unser beneidenswert nachrichtenloser Zustand. Bis dahin waren wir von der übrigen Welt völlig abgeschnitten, was aber keineswegs schwer zu ertragen war! Was wir jetzt aus der Welt zu hören bekommen, ist nicht sehr erfreulich. Wir vernehmen die Nachricht von dem mißglückten Befreiungsversuch eines US-Kommandos in Persien, die Wahlergebnisse von Nordrhein-Westfalen und Saarbrücken, eine Sendung über die Stadt Osnabrück und vor allem Fußballergebnisse. Das letzte trifft auf besonders teilnahmsvolle Ohren.

Im eisigen Wind flattern die steifgefrorenen Stücke unserer Unterwäsche, die wir, wie im Basislager üblich, gewaschen haben, um für den nächsten Ausflug zum Berg wieder einigermaßen sauber und reinlich angezogen zu sein. Wir alle sind unruhig, nervös gespannt: die Lagerkette steht jetzt bis auf Lager IV. An einem der nächsten Tage wird eine der Gruppen je nach Wettersituation ihre Chance suchen. Die andere kann dann in einem Abstand von etwa zehn Tagen den Gipfel in Angriff nehmen. Wir haben das Gefühl, daß jetzt der Zeitpunkt gekommen ist, die Expedition zum Erfolg zu bringen. Es muß etwas passieren!

Das Lagerleben und seine Routine sind uns zur Genüge bekannt. Für Pfadfinder mag das unter anderen Umständen eine romantische Angelegenheit sein, aber nach einigen Wochen zeigt sich das Lagerdasein als ziemlich trostlos. Man lebt buchstäblich mit der harten Natur, die auf- und untergehende Sonne bestimmt den Rhythmus des Tages. Nur gelegentlich verlängert sich der Tag im Licht von ein paar Kerzen oder einer Gaslampe. In der Regel liegt man fast zwölf Stunden in den Schlafsäcken – von Sonnenuntergang bis Sonnenaufgang, bis die Sonne ihre Strahlen auf die Zeltdächer wirft und man es wagen kann, aus den Schlafsäcken zu kriechen. Die Schlafsäcke genügen bei weitem nicht, um die Kälte vom Körper abzuhalten. Man muß sich darunter immer noch warm anziehen, was individuell verschieden ausfällt. Gegen die Bodenkälte schützt eine dünne Gummimatte. Unsere Toilette im Basislager liegt etwa zweihundert Meter flußabwärts und besteht aus mehreren, über einem quadratischen Grundriß aufgeschichteten Felsbrocken, die den Wind abhalten und nur den Kopf des Benutzers sehen lassen. Dazwischen liegt ein eiskalter Gletscherbach, der in kühnen Sprüngen von Stein zu Stein zu überqueren ist, um diese Einrichtung zu erreichen.

Probleme der Gruppenbildung

Nachtrag: Nachdem das Unternehmen angelaufen war, befand sich eine Gruppe immer am Berg, die andere Gruppe erholte sich im Basislager. Die Zusammensetzung der beiden Gruppen und der ihnen zugeordneten Träger ergab sich anscheinend mehr oder weniger zufällig. Ich hatte den Eindruck: weniger zufällig, als es schien. Aber das scheint zu den üblichen Vorgängen bei einer Expedition zu gehören: Wenn sich die Gruppen erst gebildet haben, sind sie nur mit Mühe noch anders einzuteilen. Ich bedauerte oft das Ausscheiden von Otto Wiedemann, dessen über jeden Zweifel erhabenes bergsteigerisches Können und unkomplizierte, offene menschliche Art sicher erheblich dazu beigetragen hätten, technische Probleme am Berg und menschliche Probleme, die sich zwangsläufig aus dem Zusammenleben einer Gruppe auf so engem Raum über so lange Zeit ergeben, wenn nicht zu lösen, so doch erheblich zu mildern.

26. April. Eine Gruppe chinesischer Glaziologen von irgendeinem Institut besucht uns im Basislager. Zu ihrem Schutz begleitet sie unser alter Freund, der Kommandant des Militärlagers Gutzo, mit seinem Gewehr. Jede Abwechslung ist willkommen. Jedes neue Gesicht ist interessant.

27. April. Der letzte Ruhetag vor dem geplanten Aufstieg. Nach einigen Tagen im Basislager ist man trotz des etwas größeren Komforts froh, wenn es wieder losgeht.

Sigi Hupfauer

Sigi Hupfauer notiert in sein Tagebuch: »Ruhetag in fünftausend Meter Höhe. Heute war das Essen schlecht, alle haben furchtbare Blähungen. Interessant, daß nach dem Essen der Koch kommt und mit der Küchenschaufel den Gang reinigt. Wir selbst sind auch schon wie richtige Vandalen. Man wirft einfach alle Reste auf den Boden und spukt auch noch dorthin.« Ja, daran ist etwas. Die Disziplin hat in den über vier Wochen Lagerleben doch erheblich nachgelassen. Man läßt sich viel mehr gehen als am Anfang.

Fritz Zintl

Die erste Gruppe befindet sich heute oben im Korridor. Fritz Zintl notiert in sein Tagebuch: »Um 11.30 Uhr steige ich mit Michel Dacher vom Lager III zum Fuß der Rinne, die durch die Nordwand führt. Wir brauchen etwa eine Stunde bis zum Einstieg. Dort deponieren wir unter Felsen ein verpacktes Zelt. Wir steigen bis zu einer Höhe von 7 350 Metern hoch, wo der Fels beginnt. An dieser Stelle deponieren wir etwa zehn bis fünfzehn Haken und zwei Eishämmer. Nachdem wir insgesamt mit über 250 Meter Seil den unteren Teil der Rinne gesichert haben, steigen wir an den Fixseilen wieder ab. Gegen 18.00 Uhr erreichen wir Lager III. Günter Sturm stieg von Lager III ins Lager I ab.«

28. April. Gegen 12.00 Uhr fährt uns der Unimog zum Materialdepot, von wo wir etwa eine Stunde später mit drei Trägern auf dem »Eisenbahndamm« wieder zum Lager I marschieren. Ein kalter Süd-West-Wind weht uns direkt entgegen. Er schneidet wie eine Säge in die Bronchien. Ich muß dauernd husten. Die anderen, besonders die Träger, husten auch. Ich habe etwa fünfzehn Kilogramm auf dem Rücken.

Sigi Hupfauer

Sigi Hupfauer notiert in sein Tagebuch: »Wir steigen wieder zum Lager I. Wir brauchen zwei Stunden und fünfzig Minuten vom Depot ins Lager I, ohne zu rennen. Mein Rucksack wiegt sechzehn Kilogramm. Kurz vor unserer Ankunft kommt auch Günter vom Lager III zurück. Er macht einen recht müden Eindruck. Fritz und Michel sind an diesem Tag noch mal in die Nordwand. Sie werden von schlechtem Wetter stark behindert. Sie steigen am Abend noch ins Lager II ab.«

Fritz Zintl

Fritz Zintl notiert: »Mit Michel bringe ich Material bis zum Wandfuß unter der Rinne. Wir deponieren dort weitere dreihundert Meter Seil, eine Anzahl von Firnhaken und Felshaken. Die Felshaken benötigen wir im Felsteil oben. Nach dreieinhalb Stunden Aufstieg erreichen wir die höchste Stelle vom Vortrag. Das Gelände wird im oberen Teil schwieriger. Im Fels weist es gelegentlich den höchsten Schwierigkeitsgrad auf. Wir bringen im Fels noch einmal rund 150 Meter Fixseile an. Nachmittags wird das Wetter schlechter, starker Wind kommt auf, Schneefall setzt ein. Um 16.20 Uhr brechen wir unsere Arbeit ab. In ca. 7 500 Meter Höhe deponieren wir den Rest an Material, den wir noch haben, das sind etwa 150 Meter Seil, zehn bis zwölf Haken und zwei Eishämmer. Dann treten wir den Abstieg an. Kurz nach 18.00 Uhr treffen wir im Lager III ein. Wir hätten es wegen des einsetzenden Nebels in der schlechten Sicht fast nicht gefunden.

Die Erkenntnisse des Tages sind nicht gerade erfreulich. Wir hofften, etwa in Wandmitte ein Zelt aufstellen zu können, finden dafür aber keinen Platz; das heißt: Wer die Nordwand zuerst begehen will, muß sie in einem Zug von Lager III aus durchsteigen. Das wird sehr hart werden. Nur völlig austrainierte, erfahrene Bergsteiger haben dabei eine Chance.

Nach kurzer Rast im Lager III steigen wir noch am gleichen Abend ins Lager II ab.«

29. April. Unsere Gruppe steigt auf ins Lager II. Ich habe wieder rund fünfzehn Kilogramm auf dem Buckel. Die Route ist uns gut bekannt, wir haben sie schon mehrfach begangen. Wir folgen den Markierungen, die teils aus Fähnchen, teils aus Plastikstöcken bestehen. Bei gutem Licht lassen sich die meisten der verdeckten Gletscherspalten gut erkennen, so daß man ihnen verhältnismäßig leicht ausweichen kann. In der zweiten Hälfte verändert sich das Wetter plötzlich drastisch, Schneefall beginnt, der Wind bläst eiskalt über den Gletscher und treibt uns den Schnee ins Gesicht. Die Sicht geht so stark zurück, daß wir mit Mühe die jeweils nächsten Markierungen finden. Als wir uns nach etwa dreieinhalb Stunden dem Lager II nähern, tobt ein Schneesturm. Trotz der verhältnismäßig kurzen Zeit, die wir benötigen, habe ich das Gefühl, lange und schwer gearbeitet zu haben.

→ Sigi Hupfauer

Sigi Hupfauer notiert: »Aufstieg ins Lager II bei schlechtem Wetter, 6 400 Meter. Ich trage mit den Skiern zusammen wieder 25 Kilogramm Last. Bei

Ankunft Schneesturm. Durch die andere Gruppe wurde unser Zelt verstellt und ist jetzt nur noch Notbehelf im Sturm. Am späten Abend gehen Erich Reismüller, Manfred Sturm und ich noch das Zelt aufstellen.«

30. April. Unsere Schneekarawane macht sich fertig, zum Lager III im Korridor aufzusteigen. Zusätzlich zu unserer Last muß ein Teil der Ausrüstungsstücke, die in Lager II liegen, in Lager III gebracht werden. Das bringt Verteilungsprobleme mit sich. Den vier chinesischen Trägern sind offensichtlich zusätzliche Lasten nicht zuzumuten. So beißt Sigi Hupfauer in den sauren Apfel und belädt sich noch mehr, als er ohnehin schon trägt. Dann schuften wir zum Lager III empor.

Wenn es Schwierigkeiten gibt mit den Trägern, ist Sigi stets bereit, selbst mehr Lasten zu tragen. In der Regel trägt er am meisten. Er geht davon aus, daß die übrigen Bergsteiger stets seinem Beispiel folgen. Sigi ist unermüdlich, pflichtbewußt, stets bereit, in die Bresche zu springen, manchmal unglaublich eckig, am Ende aber stets verständigungsbereit und stark wie ein Roß.

Er schreibt in sein Tagebuch: »Am Morgen müssen noch die wichtigsten Lasten für die Lager III und IV verteilt werden. Dabei gibt es Meinungsverschiedenheiten. Ich schleppe noch einen zusätzlichen Teil der Ausrüstung. Das sind jetzt gute 25 bis 30 Kilogramm. Sehr müde komme ich ins Lager III. Die Träger sind noch langsamer. Wir stellen noch zwei Zelte im Lager III auf. Alle fünf deutschen Bergsteiger helfen dabei mit, aber die Träger nicht. Abends Schneefall.«

Im Lager III haben wir reichlich Verpflegung. Ich schlafe zusammen mit Schaffert im Küchenzelt. Wir fühlen uns wie die Maden im Speck. Mit der Höhe von ca. 7 000 Metern habe ich keine großen Schwierigkeiten.

1. Mai. Als wir in der Frühe die Zelte verlassen, hat sich das Wetter noch nicht entschieden. Der Himmel ist bedeckt, ein eiskalter Wind weht über den Korridor. Einladend schaut das alles nicht aus. Eine gewisse Lustlosigkeit liegt über unserer ganzen Gruppe. Von den Trägern, mit denen wir uns ja nicht unmittelbar verständigen können, geht auch keine Ermunterung aus. Wir lassen uns viel Zeit für das Abkochen von Schnee, das Zubereiten unseres Frühstücks, das Ankleiden bzw. Anziehen der Steigeisen und das Packen unserer Lasten. Nach 11.00 Uhr ziehen wir ab, Richtung Osten in die Mitte des Korridors. Unser Ziel ist, die Nordostflanke des Shisha Pangma, die zum Gipfel führt, zu erreichen und dort etwa in 7 400 Meter Höhe das Lager IV zu errichten. Sigi Hupfauer, Erich Reismüller und Manfred Sturm sollen dann dort die Nacht verbringen und am folgenden Tag, dem 2. Mai, versuchen, den Gipfel zu erreichen. Schaffert und ich sollen mit den Trägern ins Lager III absteigen, um dann in relativer Nähe zu Lager IV die Entwicklung des 2. Mai für die Spitzengruppe abzuwarten.

Nach etwa eineinhalbstündiger Marschzeit erreichen wir den Beginn einer schluchtartigen Rinne, Couloir genannt, die auf der rechten Seite, also in die Nordwand hinein, sehr steil zu einem kleinen Felsturm emporführt. Dieses Couloir ist großenteils von Blankeis bedeckt. An einigen Stellen hat es eine Neigung von 45 bis 50 Grad. Sigi Hupfauer, der an der Spitze geht, bringt an diesen Stellen einige Fixseile als Sicherung an.

Im Couloir

Auf etwa halber Höhe steht nach einer kleinen Ruhepause der chinesische Träger Li nicht mehr auf. Er streift erschöpft seinen Rucksack ab, raucht eine Zigarette und steigt wieder zurück ins Lager III. Er hatte auch bei vorangegangenen Touren schon mehrfach Schwierigkeiten.

← Sigi Hupfauer

Das Wetter verbessert sich während unseres Durchstiegs durch das Couloir erheblich. Der Himmel ist weitgehend unbewölkt. Der Wind hat ziemlich nachgelassen und die Sonne scheint kräftig. Trotz der Anstrengungen kommen wir aber nicht ins Schwitzen. Die kalte, trockene Luft läßt es dazu nicht kommen. Als wir über die Kante zur Nord-Ost-Wand steigen, bietet sich uns diese Flanke majestätisch bis zum Hauptgipfel dar, der aus einigen hundert Metern Höhe auf uns herabblickt.

Während Sigi Hupfauer, Erich Reismüller und Manfred Sturm sich daranmachen, ihr Zelt aufzustellen, schüttele ich ihnen die Hand und wünsche viel Glück, vor allem aber gutes Wetter für den folgenden Tag. Ich hoffe mit ihnen, daß es ihnen gelingen wird, morgen den Gipfel zu erreichen. Die Träger kehren sofort nach ihrer Ankunft und dem Abladen der Lasten in die Tiefe zurück.

Lager IV wird in 7350 Meter Höhe errichtet

Als Wolfgang Schaffert und ich uns dann schließlich auch an den Abstieg machen, schlägt plötzlich das Wetter um. Es ist unglaublich, wie rasch sich

Ein Schneesturm

an diesem Berg das Wetter von einem Extrem ins andere ändert. Noch auf halber Höhe des Couloirs setzt ein Schneesturm ein. Die Sicht geht so weit zurück, daß wir die Markierungen nicht mehr erkennen können. Wir gehen angeseilt. Ich falle wieder zweimal in eine Spalte, kann mich aber jedesmal daraus befreien. Wir haben große Mühe, das Lager III zu finden, obwohl es mitten auf dem Korridor liegt, der rechts und links von den Wänden des Hauptgipfels und des Nordgipfels begrenzt ist. Ich bin sehr erleichtert, als wir hinter einer Bodenwelle unmittelbar vor uns die roten Zelte des Lagers III auftauchen sehen.

Wolfgang Schaffert

Wolfgang Schaffert schreibt über den 1. Mai in sein Tagebuch: »Wir steigen vom Lager III zum Lager IV. Sigi schuftet, Erich macht einen müden Eindruck, Li fällt aus, ich helfe tragen, Abelein erreicht ziemlich erschöpft Lager IV in 7 400 Meter Höhe. Ein Scheck-Zelt wird aufgestellt. Zwischen Lager III und Lager IV werden 240 Meter Fixseil angebracht bei einer durchschnittlichen Eishangneigung von 45 Grad – ich fühle mich sehr selbstsicher am Eis mit Eckensteintechnik. Am Abend Abstieg zu Lager III mit Abelein. Nebel und Schneetreiben erschweren erheblich die Orientierung.«

Sigi Hupfauer

Sigi Hupfauer notiert: »Aufstieg von Lager III ins Lager IV. Das Wetter macht nicht so richtig mit. Wir sind unschlüssig und kommen erst um 11.00 Uhr weg. Wieder schleppe ich, wie schon so oft, 25 Kilogramm – ein Gewicht, das meinen Knien bestimmt nicht guttut! Erich mit der schweren 16-mm-Kamera hat sogar noch mehr auf dem Rücken. Die dafür eigentlich angestellten Träger haben weniger und sind zudem noch langsamer. Manni Sturm schimpft, weil er eine Fünf-Kilo-Seilrolle mitnehmen muß. Aber er hat's trotzdem geschafft. Der chinesische Hochträger Li macht auf ca. 7 100 Meter schlapp – oder will er einfach nicht mehr? Erich nimmt dessen Gepäck noch zusätzlich. Später steigt Schaffert auf meine Bitte hin Erich entgegen und hilft ihm tragen. Mit meinem Gepäck auf dem Rücken bringe ich noch Fixseile an und mache so den Auf- und Abstieg für die Träger besser begehbar. Erst um 17.00 Uhr erreichen wir den Platz für Lager IV in 7 350 Meter Höhe. Manfred Abelein und Wolfgang Schaffert gehen mit den Trägern zurück und steigen mit ihnen zum Lager III ab. Manni, Erich und ich bauen das für uns entscheidende Lager IV, bestehend aus dem sturmfesten Kantsch-Baumwollzelt, auf. Heute fühle ich mich sehr müde. Mit Günters stündlichem Funkkontakt haben wir eine enge Verbindung zum Hauptlager. Abends leitet ein Hochgewitter schlechtes Wetter ein. Über Nacht Schneefall und Sturm.«

→ Wolfgang Schaffert

→ Lager II auf 6400 Meter Höhe.

2. Mai. Die ganze Nacht hindurch wütet der Schneesturm. In der Frühe fegt ein eisiger Wind über den Gletscher und treibt ganze Schneewolken durch den Nebel. So können wir das Zelt nicht verlassen. Wir warten und ziehen uns wieder in unsere Schlafsäcke zurück. Vielleicht bessert sich das Wetter ebenso rasch wie es sich verschlechtert hat. Als die Sicht kurzfristig etwas besser wird, machen wir uns zwischen 11.00 und 12.00 Uhr fertig für den Abstieg und verlassen um 12.00 Uhr Lager III. Doch schon nach einigen hundert Metern hüllt uns wieder dichtes Schneetreiben ein. Die Sicht geht fast auf Null zurück. Es ist uns unmöglich, auch nur die nächste Markierungsfahne zu finden. Die ganze Welt um uns ist milchig-grau: unter uns, über uns, neben uns. Es gibt keinerlei Anhaltspunkte zur Orientierung. Vorsichtshalber haben wir uns wegen der Gletscherspalten angeseilt. Wir wissen, daß rechts von uns an der westlichen Begrenzung des Nordgipfels der Korridor-Gletscher überhängend in die Tiefe abbricht. Aber wir wissen nicht mehr, in welcher Richtung wir gehen. Deswegen entschließen wir uns, wieder umzukehren. Ich bin erleichtert, als uns das Zelt im Lager III wieder aufnimmt. Es bleibt uns nichts anderes übrig, als dort die zweite Hälfte des Tages und eine weitere Nacht zu verbringen. Vielleicht wird morgen das Wetter besser? Es ist jetzt die dritte Nacht, die wir in siebentausend Meter Höhe verbringen. Das zehrt an der Kondition. Ich fühle jedoch auch nach dieser Nacht keine Symptome einer Höhenkrankheit und habe auch kein Kopfweh.

Dr. Schaffert: »Der 2. Mai wurde ein unfreiwilliger Ruhetag in Lager III. Abstieg wegen Schneesturm und Nebel unmöglich. Versuch aufgegeben. Nur kochen, essen, schlafen. Dreißig Zentimeter Neuschnee. Gruppe 1 Erich, Sigi, Manni unentschlossen zu Aufbruch zum Gipfel wegen Nord-Ost-Sturm. Erich wird krank. Bronchitis verbunden mit Halsweh.«

Sigi Hupfauer schreibt: »Wir haben eine schlim-

→ Lager II – auf halbem Weg zwischen Basislager und Gipfel.

↑ Eine Etappe ist geschafft – und die Träger sind es auch!

→ Ankunft in Lager II.

→ Mitte: Gletscherabbruch zwischen Lager II (6400 m) und Lager III (7000 m).

→ Rechts oben und unten: Fritz Zintl am Blankeis in der Nordwand-Rinne.

← Im Korridor unterwegs zum Lager III.

↓ Auf der Terrasse des Korridors.

↑ Der Lawinenhang, die gefährliche Querung im Schlußanstieg zum Gipfel. Im Hintergrund der »Gendarm«.

→ Nach schwerem Anstieg: Fritz Zintl mit Eiszapfen behangen.

→ Abstieg einer Trägerkolonne.

↑ Lager III in der Milchsuppe.

← Was nach dem Schneesturm von unserem Lager II übriggeblieben ist.

→ Folgende Seite: Pendelverkehr bei heftigem Schneetreiben.

↑ Ein weiter Blick von Lager IV (7400 m) über Land und Wolken.

← ← Abstieg über die eisglänzenden Hänge des Nordwestgletschers.

← Die letzten Meter vor dem Gipfel.

→ Folgende Seite links: Blick vom Gipfel des Shisha Pangma nach Norden.

→ Folgende Seite rechts: Aus der Höhe ist die S-förmige Fließrichtung des Gletscherflusses Jebokangjale gut erkennbar.

→ Manfred Sturm spricht die Siegesmeldung ins Funksprechgerät: Der Gipfel ist bezwungen!

↓ Die deutsche und die chinesische Flagge werden auf Chinas höchstem Berg entrollt.

→ Ein stolzer Augenblick! Dr. Wolfgang Schaffert auf dem Gipfel.

← Vorherige Doppelseite: Blick vom Shisha Pangma auf die benachbarten Bergriesen des Langtang-Himalaya.

→ Dr. Wolfgang Schaffert.

↓ Eine Trägerkolonne beim Abstieg.

→ Zeltlagerromantik – aber nicht für lange . . .

→ Das Basislager.

↑ Unser Koch Wu, immer guter Laune, bei der Zubereitung seiner unvergleichlichen Pfannkuchen.

→ Unsere chinesischen Begleiter: Dolmetscher Yang, Hsü Deching, der Kontaktmann und Leiter der chinesischen Gruppe, und der große Dawa (v. l. n. r.).

↓ Das deutsche Team: Sigi Hupfauer, Manfred Sturm, Günter Sturm, Fritz Zintl, Michel Dacher, Manfred Abelein, Wolfgang Schaffert (v. l. n. r.).

← Die Chinesen: Yang Yü-rung, Hsü Deching, der große Dawa, Losang Detsching, Tscheng wen-hsiu, Dobje Wangdi, Yü Liang-Pu, Li Guang-hua, Wu Schou-wen, Yang Djou-hue, Tschen Djän-dju (v. l. n. r.).

→ Die hübsche Tibeterin aus dem »Vier-Drachen«-Dorf.

→→ Tibeter bei der Feldarbeit – gepflügt wird mit Yaks.

↑ In Gyangtse steht die größte Stupa Tibets.

→ Ein Nomade bei seiner Yak-Herde.

← Alter Tibeter mit sonnengebräuntem, wettergegerbtem Gesicht.

↓ Zwei Tibeterinnen mit kunstvoll geflochtenen Zopffrisuren.

← Kinder im »Vier-Drachen«-Dorf.

↑ Abschied vom Shisha Pangma . . .

→ . . . und Abschied von China. Die Expeditionsmitglieder sammeln sich zum letzten Gruppenfoto auf der Gangway der Lufthansa DC-10 Peking-Frankfurt.

MO
-10

me, stürmische Nacht in Lager IV hinter uns. In der Frühe steigert sich der Sturm noch. Wir sehen keine Chancen zum Gipfelanstieg und warten den Tag in unserem knatternden, oftmals beängstigend knallenden Zelt ab. Wir hoffen alle drei, daß es vom Sturm nicht zerfetzt wird. Der Platz, auf dem wir liegen ist den Stürmen direkt ausgesetzt, aber es gibt hier keine bessere, geschütztere Stelle.«
Die Gruppe Sturm, Zintl, Dacher verbringt den 2. Mai im Basislager.

3. Mai. Wir verlassen das Lager III, um zum Basislager abzusteigen. Das Wetter ist besser als am Vortag, aber keineswegs glänzend. Die Bewölkung zeigt sich unterschiedlich, meist herrscht eine graue Stimmung bei ziemlich diffusem Licht vor, so daß ich, an der Spitze gehend und mit Wolfgang Schaffert am Seil verbunden, einige Male ohne ernstliche Folgen in Gletscherspalten hineingleite – aus denen ich aber nach bewährter Methode immer wieder heraussteige. Wir machen verhältnismäßig zügig die Höhe weg, passieren Lager II, um den nächsten großen Absatz hinabzugleiten, zu springen, zu stolpern. Je tiefer wir kommen, desto mehr läßt die Kälte nach. Unmittelbar über dem Gletscherbett, in etwa 5900 bis sechstausend Meter Höhe, wird der Wind fast föhnig. Der Schnee nimmt eine klebrige Marmorstruktur an und ballt sich zwischen den Zacken der Steigeisen zu großen Klumpen. Das Eis des Sérac-Waldes, den wir zu durchqueren haben, glänzt naß. Gegen 3.00 Uhr erreichen wir die Zelte von Lager I. Zwischen 17.00 und 18.00 Uhr kommt die Gruppe Zintl, Dacher, Sturm vom Basislager her im Lager I an. Sie werden von den tibetischen Trägern begleitet und sind von neuen Plänen, die hauptsächlich sie selbst betreffen, begeistert. Günter trägt sie, wie üblich, vor. Ein neuer Versuch soll unternommen werden, die Rinne zu durchsteigen, um auf diese Weise die Nordwand doch noch zu bezwingen – allerdings nur durch Dacher und Zintl.
Zwei Stunden später kommt dann die Gruppe Hupfauer, Manfred Sturm und Erich Reismüller ins Lager. Ich habe noch nie Bergsteiger so zurückkehren sehen. Sie machen einen geschlagenen, demoralisierten Eindruck. Erich Reismüller klagt über Halsschmerzen. Alle drei scheinen völlig fertig zu sein. Ihrem Äußeren nach sind sie um Jahre gealtert. Die zwei Sturmnächte im Lager IV haben ihre Spuren in den Gesichtern hinterlassen. Sigi ist dazu noch verärgert: »So kommt man nie auf den Gipfel, das muß man durchbeißen.« Aber es sind eben nicht alle wie Sigi, und nicht alle sehen in einem Gipfelanstieg das Spiel »Alles oder nichts«. Abends gibt es in Anwesenheit aller Bergsteiger unserer Expedition ein langes Palaver im Küchenzelt. Die gerade frisch erholt vom Basislager Angekommenen geben dabei den Ton an. Vom Basislager soeben aufgestiegen, zeigen sie eine größere Zuversicht und Tatbereitschaft als die sturmgeschüttelten Abgeschlagenen.

Gruppenverhalten in extremen Situationen

Expeditionen auf hohe Berge in abgelegenen Teilen der Welt spielen sich fast immer unter extremen Bedingungen ab. Extrem sind nicht nur die klimatischen, sondern auch die körperlichen und psychischen Bedingungen. Die Belastungen des einzelnen reichen an die gerade noch tolerierbaren Grenzwerte heran und werden teilweise sogar überschritten. In Erschöpfungszuständen unter schwierigsten Voraussetzungen, wie extremer Kälte, Einwirkungen großer Höhe, Gefahren durch Lawinen und Gletscherspalten, schweren Gepäcklasten reagieren die Menschen erheblich anders als in einer normalen Umwelt. Der einzelne wird mehr auf sich selbst zurückgeworfen. Er reagiert allein oder in der Gruppe egoistischer. Kleine Gruppen entwickeln leicht einen Gruppenegoismus. Begriffe wie Solidarität oder Bergkameradschaft erhalten dann eine sehr relative Bedeutung. Eine Expedition auf einen Achttausender ist eine ernste Unternehmung, mehr eine Angelegenheit für Profis als für bergbegeisterte Amateure. Jeder muß sehen, daß er nicht unter die Räder kommt. Für Unerfahrenheit ist bei einem solchen Unternehmen immer ein Preis zu bezahlen, der in der Regel von keinem anderen Kameraden, der im Zweifel viel zu sehr mit sich selbst beschäftigt ist, übernommen wird. Es kann bei Expeditionen sehr leicht zu Gruppenbildungen kommen, die sich dann nur sehr schwer wieder aufschließen lassen. Der Rhythmus einer in Gang gekommenen Expedition läßt sich nur mit großer Mühe und selten in gütlichem Einvernehmen wieder ändern.

← Ein neuer Plan

Als ich, nachdem die Sonne ein bis zwei Stunden verschwunden war, zu frieren begann, zog ich mich diskussionsmüde in meinen Schlafsack zurück. Wie ich hörte, ist im Küchenzelt dann abge-

← Die Nordflanke des Shisha Pangma mit mächtiger Fahne.

macht worden, daß Zintl und Dacher noch einmal versuchen sollten, die Nordwand durch die »Rinne« zu bezwingen. Sturm und Schaffert sollten zum Lager IV aufsteigen, um von dort dann über die Normalroute den Gipfel zu erreichen. Schaffert hatte also kurzfristig beschlossen, sich der aufsteigenden Gruppe anzuschließen. Er fühlte sich bei guter Kondition und sah bei der zweifellos stärkeren Gruppe, die auf die tibetischen Träger zurückgreifen konnte, eine bessere Chance als bei der anderen Gruppe. Aus seiner persönlichen Sicht heraus war die Entscheidung richtig. Allerdings konnte er bei uns dann keine Hämodilution mehr durchführen, die wir mit ihm vereinbart hatten, um auf diese Weise die Gefahr von Erfrierungen bei unserem Gipfelversuch auszuschließen.

Wolfgang Schaffert

Wolfgang Schaffert notiert in sein Tagebuch: »Abstieg von Lager III zum Lager I mit Abelein am Seil. Abelein fällt viermal in Spalte. Erich, Sigi, und Manfred Sturm steigen von Lager IV nach Lager III ab. Nach zwei Nächten in Lager IV war es offenbar zu stürmisch; sie waren wohl auch zu schwach. Es herrscht starker Nordostwind mit Schneefall. Unten in Lager I ist es wesentlich wärmer. Mit Gruppe 1 gibt es in Lager I eine Diskussion über den Fortgang der Expedition. Ich war sehr stark. Sturm, Dacher, Zintl und Schaffert bilden jetzt eine neue Mannschaft; Günter Sturm plus Schaffert sollen auf der Chinesenroute aufsteigen. Fritz Zintl und Michel Dacher eventuell durch die Rinne. Stumme Zustimmung bei den anderen.«

Die anderen, die noch dabeisaßen, waren die Erschöpften: Erich Reismüller, Manfred Sturm und Sigi Hupfauer.

Fritz Zintl

Fritz Zintl schreibt: »Wieder Aufstieg vom Basislager zu Lager I.«

Zu dieser lakonischen Bemerkung über den 3. Mai fügte er nichts mehr hinzu. Er hat sich an der Diskussion nicht beteiligt. Auch sonst nicht. Er war selbst einer der Stärksten und Erfahrensten. Er war in der stärksten Gruppe, wurde von den stärksten Trägern unterstützt, aber sah völlig klar.

Sigi Hupfauer

Sigi Hupfauer notiert heute: »Lager IV, 7 400 Meter, bis Lager I, 5 800 Meter. Der Sturm hat wohl an Heftigkeit nachgelassen, aber die Stärke erlaubt immer noch keinen Aufstieg. Ich möchte den Versuch starten, doch Manne und Erich melden Bedenken an. Sie fühlen sich nach der schlimmen Nacht nicht mehr stark genug und wollen absteigen. Erich hat zudem eine Halsinfektion und Erkältung. Manne geht vorab ins Lager III, ich komme mit Erich nach. Es ist schon schlimm für mich, so nahe am Ziel wieder abzusteigen. Etwas unwillig trenne ich mich von Lager IV. Aber bald sehe ich, daß Erich meine Hilfe braucht. Er ist sehr geschwächt, kommt nur schleppend ins Lager III. Bereits ab der Flanke unterhalb des Lagers IV nehme ich ihm Gepäck, später den ganzen Rucksack ab und trage alles mit meiner Ausrüstung als zusätzliche Last ins Lager I.

Manne geht vorn, geht von Lager zu Lager voraus und bereitet Trinkwasser zu. Ständiger Schneefall und Nebel behindern uns und erschweren den Abstieg zusätzlich. Von Lager II fährt Manne mit Skiern ins Lager I ab und schickt uns Hochträger entgegen, die uns auch – es sind zwei Tibeter – am Ende der Gletschertraverse freundlich lächelnd empfangen und meinen überdimensionalen Rucksack zwischen sich aufteilen und zum Lager I tragen. Empfang in Lager I durch die Kameraden mit Trinken und Essen. Mir geht es noch recht gut. Aber müde bin ich doch ebenfalls sehr. Das zeigt sich daran, daß ich die folgende Nacht fest und tief durchschlafe.«

4. Mai. Der Morgen schon bringt katastrophales Wetter. Ein eisigkalter Wind fegt durch das Gletschertal. Schnee fällt, Nebel kommt auf. Vielleicht ist das gar kein schlechtes Zeichen für die aufsteigende Gruppe, die heute das Lager I verläßt. Erst in vier Tagen wird diese Gruppe von Lager IV aus den Gipfel angreifen können. Bis dahin kann das Wetter wieder völlig verändert sein. Die Gruppe geht mit den stärksten tibetischen Trägern. Günter Sturm hält sich an die Regel, man muß bei schlechtem Wetter aufsteigen, dann hat man es oben schön. Es kann natürlich genausogut anders kommen. Sigi Hupfauer, Erich Reismüller und Manfred Sturm steigen von Lager I ins Basislager ab. Ich bleibe mit dem Chinesen Yü im Lager I.

5. Mai. Das Wetter ist wechselhaft, manchmal kommt die Sonne durch. Häufig verdecken tiefhängende Wolken die Sicht auf den Berg. Am Berg scheint das Wetter etwas schwieriger zu sein. Ich bin völlig allein; am Ende der Straße der Eistürme d. h. am Ende der Welt. Während der Mahlzeiten bin ich im Küchenzelt mit Yü und mit Yang zusammen, der ebenfalls im Lager I bleibt. Die eine Gruppe ist jetzt am Berg, die andere im Basislager. Ich genieße zur Abwechslung meine Einsamkeit und schlafe viel. Die Gruppe am Berg erreicht während des Tages Lager III. Tagsüber fällt viel Neuschnee oben.

Schaffert notiert: »Starke Träger (Tibeter). Route neu ausgeflaggt. Wind mit Schneefall ca. fünfzehn Zentimeter... Der Neuschnee bringt Lawinengefahr mit sich, macht die Rinne sicher unmöglich.«

Sigi Hupfauer notierte gestern in seinem Tagebuch: »Wir erreichen das Hauptlager in fünftausend Meter Höhe; Michel, Fritz, Günter und Wolfgang stiegen mit geänderten Plänen wieder auf ins Lager II. Im Hinterhalt haben sie aber noch ganz andere Pläne. Keine Nordwand mehr, sondern auf unserer neu ausgebauten Route zum Gipfel. Abelein bleibt mit zwei Chinesen im Lager I. Wir drei, Erich, Manne und ich, gehen etwas bedrückt ins Hauptlager. Mit dem Geländewagen werden wir vom Depot abgeholt, der Unimog hat die Vorderfeder gebrochen.«

Sigi Hupfauer heute: »Erholung im Hauptlager. Schlechtes Wetter, Schneegestöber. Am Nachmittag wandere ich noch zu Yak-Hirten, die bei ihren im Schneegestöber stoisch ruhig wartenden Tieren sind. Die Hirten haben nur ein aus zwei Rupfentüchern zusammengebautes Zelt. Kaum zu glauben, unter welchen Bedingungen diese Menschen über die tibetanische Steppe ziehen. Man sieht auch außer ein paar Stoppeln kaum etwas, was die Tiere fressen könnten. Beim Rückweg finde ich ganz versteckt am Boden die ersten Blüten – eine riesige Freude für mich. Das erste Blühen seit Wochen! Man möchte gar nicht glauben, daß in dieser kahlen, stürmischen Hochfläche mit ihrem melancholischen, schwermütigen Aussehen irgendwann etwas blühen könnte. Nachricht durch Deutsche Welle über Titos Tod.«

6. Mai. Ich verbringe einen ruhigen Tag im Lager I. Das Wetter ist erträglich, obgleich wechselhaft. Es gibt Augenblicke, in dem es fast frühlingshaft erscheint. Mitunter sieht man den Gipfelgrat. Schneefahnen zeigen an, daß es dort oben ziemlich stürmisch zugeht. Ich esse, schlafe, meditiere und genieße die Einsamkeit.

Sigi Hupfauer notiert in sein Tagebuch: »Ruhetag, Schreibarbeiten. Diskussion über Erfolgsmöglichkeiten. Die Japaner haben zu dritt den Everest bezwungen, zwei über die noch unbestiegene Nordwand. Einer über die klassische Route. Sie haben leider einen Toten zu beklagen. Diskussion mit Herrn Hsü, dem Chef der Chinesen, über besseren Trägereinsatz und mehr Arbeitswillen. Unsere Gruppe hat ab Lager II nur noch zwei Träger. Gruppe Sturm geht heute mit vier Trägern in Lager IV. Das Wetter hat sich wieder gebessert. Im Lager IV herrscht jedoch starker Sturm.«

← Wolfgang Schaffert

← Sigi Hupfauer

Wolfgang Schaffert

Schaffert schreibt: »Wir steigen von Lager III zum Lager IV auf. Als Träger haben wir die vier Tibeter. Es ist stürmisch. Alle Fixseile liegen unter Schnee verdeckt. Michel führt die Träger, die Mannschaft ist o. k. Die Nacht über schlafe ich in voller Montur, angezogen als Mittelmann, im Zelt. Wir beschließen, ohne Sauerstoff zu schlafen.«

Fritz Zintl

Fritz Zintl berichtet: »In der Frühe des 6. Mai gehe ich vom Lager III an den Fuß der Nordwandrinne. Die dort deponierten Eispickel liegen etwa einen Meter unter Neu- und Triebschnee. Ich entscheide, daß der Durchstieg durch die Nordwand aufgegeben wird. Wir beschließen alle den Normalweg zum Gipfel zu begehen und steigen auf zu Lager IV. Günter Sturm äußert Bedenken, ob es bei diesem Wetter zweckmäßig ist, den Gipfelanstieg fortzusetzen.«

Ruhe vor dem Gipfelsturm

7. Mai. Heute wird der letzte Ruhetag sein, das Wetter zeigt sich von seiner besten Seite. Es ist fast frühlingshaft warm. Der ganze Berg, alle Hänge und Flanken stehen klar im Sonnenlicht. Ich fühle mich in einer guten Verfassung, habe keine physischen oder psychischen Probleme; eine wohlige Trägheit durchströmt mich. Aber ich bin froh, daß es bald losgeht. Yang und Yü strengen sich in der Küche besonders an.

Sigi Hupfauer

Sigi Hupfauer notiert in sein Tagebuch: »Heute, am Mittwoch, Aufstieg zum Lager I, in 5800 Meter Höhe. Ein schöner Tag bricht an. Ab 9.00 Uhr bin ich, wie abgesprochen, auf Funkempfang. Nur Lager I meldet sich. Mit dem Zeiss-Fernglas (10 x 40) kann ich um 9.30 Uhr die Gipfelmannschaft kurz oberhalb des Lagers IV im Aufstieg sehen. Brief an Gabi. Um 11.00 Uhr habe ich mit Michel Funkkontakt. Es geht alles gut. Später sehe ich sie mit dem Fernglas noch einmal. Wir fahren zum Depot mit dem Mercedes-Geländewagen. Hierher

← Sigi Hupfauer

werden zwei Träger bestellt. Erich geht ohne Gepäck, der große Dawa trägt seinen schweren Rucksack. Manne und ich haben sehr leichte Rucksäcke, gemessen an den üblichen Lasten. Wir marschieren vom Depot zum Lager I mit dem Funkgerät in der Hand, um Kontakt mit der ersten Gipfelgruppe zu haben.

Als wir zwischen 14.15 und 14.30 Uhr das Lager I erreichen, sind Dacher, Schaffert, Zintl und Günter Sturm am Ziel der Expedition! Über die Chinesenroute erreichen sie den Gipfel. Sie steigen noch bis Lager III ab, wir bekommen aber keinen Funkkontakt mehr.

Michel Dacher

Michel Dacher schreibt am Tag des Gipfelsturms in sein Tagebuch: »Der Abend zuvor: Der stürmische und harte Nordwestwind, der uns schon den ganzen Tag belästigt, legt am Abend und insbesondere während der Nacht noch einen Zahn zu. Trotz dieser mißlichen Lage bin ich guter Dinge und überzeugt, daß ich morgen zum Gipfel gehen werde. Schließlich haben wir eine hervorragende Ausrüstung, und abgesehen von der Höhendifferenz von siebenhundert Metern ist der Anstieg nicht allzu schwer. Auch unser Dottore nimmt zum Schlafen keinen zusätzlichen Sauerstoff; ich bin erstaunt über seine gute Verfassung.

Die Nacht: Ich schlafe nicht allzuviel, zu laut ist das Knattern der Zeltwände. Von Zeit zu Zeit springe ich auf und halte den Zeltstab, den orkanartige Böen zu knicken drohen. Mit vier Männern im Zelt ist es sogar warm, trotz tiefer Außentemperatur von 25 bis 30 Grad minus und feinem Triebschnee auf unseren Schlafsäcken. Es ist noch dunkel, als ich um 6 Uhr meine Freunde wecke. Insbesondere Fritz murmelt ein paar unfreundliche Worte. Zum Frühstück gibt es Nesquik. Schon nach dem ersten Schluck ist mir speiübel. Außer meinem speziellen Naturprodukt, das auch meinen Freunden schmeckt, verweigere ich jede weitere Nahrungsaufnahme und verlasse kurz vor 9 Uhr als erster Camp IV auf 7350 Metern.

→ 7. Mai, 14.15 Uhr: Der Gipfel ist erreicht

Der Anstieg: Einen weit in den Osthang reichenden Felsriegel umgehe ich links. Zur Vorsicht zwingt ein wenig ausgeprägter Bergschrund. Die Spurarbeit im tiefen Schnee ist anstrengend. Günter und der Dottore folgen im Abstand, Fritz verläßt als letzter das Lager. Nahe dem Grat aufsteigend, gewinne ich rasch an Höhe, ein starkes Gefühl beflügelt mich. Zurückschauend sehe ich Fritz, der inzwischen an die zweite Position vorgedrungen ist. Nach einer kurzen Rast an einem Felsvorsprung deponiere ich das nutzlose dreißig Meter lange Seil und die Firnhaken, und fühle mich dadurch erleichtert. Großartig der Ausblick nach Süden: Es sind keine hundert Kilometer zum Everest, Lhotse, Makalu, Cho Oyu, Gyachuengkang. Ein heftiger Windstoß, der mir Schneestaub ins Gesicht peitscht, reißt mich aus meinen Träumen. Das Gelände wird schwerer und gefährlicher. Ein großes, steiles Schneefeld überquere ich diagonal nach links, teilweise bis zu den Knien im Schnee watend. Mir ist nicht wohl in meiner Haut, groß ist die Lawinengefahr. Bei einer horizontalen Querung weigert sich mein Inneres, weiterzugehen. Ich warte auf Fritz, Günter und Wolfgang und äußere meine Bedenken. Die Freunde sind nicht begeistert von einem von mir vorgeschlagenen Umweg. Fritz erklärt sich bereit, diese heikle Stelle zu spuren. Teilweise bis zur Hüfte im Schnee, kämpft sich Fritz Meter um Meter zu einem Grat in Sicherheit. Während dieser Zwangspause nehme ich Funkkontakt mit dem ca. zwanzig Kilometer entfernten Basislager auf. »Befinden uns auf etwa 7900 Metern. Innerhalb der Mannschaft alles o. k. Wir haben starken Wind und dementsprechende Kälte. Fritz hat soeben eine schwierige Querung gemeistert. Melde mich in einer halben Stunde wieder. Servus!« So schnell es geht, folge ich der Spur. Der anschließende steile Grat führt zu einem Plateau. Ich fühle die Nähe des Gipfels und aufkommende Freude. Ein weiterer Funkspruch geht ins Basislager. »Sind vermutlich in einer halben Stunde oben!« Sofort werde ich von meinen Freunden korrigiert, die auf jeden Fall mit eineinhalb Stunden rechnen. Da ich weiß, daß sich in großen Höhen – wir befinden uns auf etwa achttausend Metern – die Relation zur Wirklichkeit verschiebt, bin auch ich mir nicht mehr sicher. Ein eisiger Nordwestwind treibt uns in Richtung Gipfel, auf dem wir tatsächlich nach zwanzig Minuten stehen.

Wir vier freuen uns wie die Schneekönige, und so ähnlich sehen wir auch aus! Dichte Bewölkung verhindert einen Ausblick nach Süden zum Himalaja-Hauptkamm. Nur nach Norden zum Tibetischen Hochland reißt es immer wieder für wenige Minuten auf. Auf Wunsch hissen wir die chinesische Flagge. Ich mache einige Aufnahmen, nehme wie immer noch ein paar Steine mit und verlasse zu-

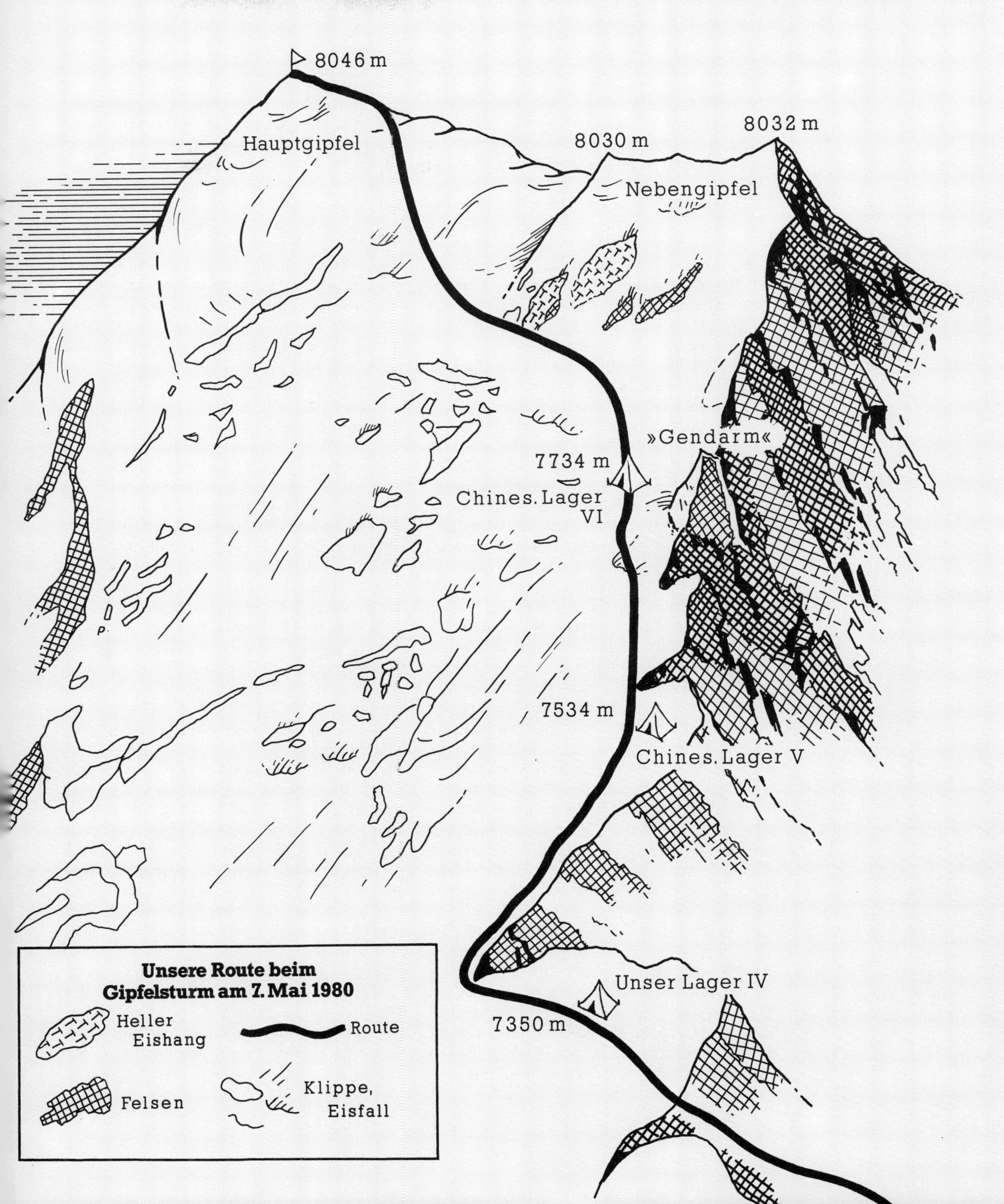
8046 m
Hauptgipfel
8030 m
8032 m
Nebengipfel
»Gendarm«
7734 m
Chines. Lager
VI
7534 m
Chines. Lager V
Unser Lager IV
7350 m
Unsere Route beim
Gipfelsturm am 7. Mai 1980
Heller
Eishang
Route
Felsen
Klippe,
Eisfall

sammen mit den Freunden den höchsten Punkt Chinas.«

Fritz Zintl

Zintl notiert in sein Tagebuch: »Von Lager IV zum Gipfel. Die Nacht war windig. Ich schlief an der Außenseite des Zeltes. 8.15 Uhr verlasse ich das Zelt, Michel Dacher beginnt den Aufstieg um 8.30 Uhr. Nach etwa einer Stunde geht er an der Spitze. Er trägt die Hauptlast beim Spuren. Ich trage die kleine »Bell and Howell«-Filmkamera, die mir Erich Reismüller mitgegeben hat, um auf dem Gipfel einige Aufnahmen zu drehen. Wegen der großen Kälte funktioniert sie dann aber später nicht richtig. Sie läuft nach meinem Eindruck zu langsam. Die Aufstiegsroute ist klar vorgegeben. Sie verläuft in etwa fünfzig Meter Abstand seitlich vom westlichen Grat. Sie ist die ersten paar hundert Meter unproblematisch. Auf ca. 7 700 Metern markiert der »Gendarm«, ein hoher Felsturm, den Gipfelgrat. Kurz danach queren wir nach links in die Ostflanke hinein, und zwar parallel zum Gipfelgrat bis in die Nähe einer Felszone. Auf den letzten sechzig bis siebzig Metern der Querung besteht wegen des Neuschnees eine Schneebrettgefahr. Hier löse ich Michel Dacher ab und übernehme die Führung. Es ist 13.30 Uhr. Wir steigen senkrecht nach oben zum Grat, dort wo dieser einen Sattel bildet; die Hangneigung beträgt etwa 45 Grad. Als wir den Grat erreicht haben, sehen wir vor uns in Richtung Gipfel mehrere etwa gleichhohe Erhebungen. Die höchste Erhebung im Hintergrund soll der Hauptgipfel sein. Wir denken, daß wir bis dahin noch etwa zwei Stunden brauchen, doch dabei handelt es sich zum Glück um eine optische Täuschung, da im Hintergrund jeglicher Anhaltspunkt fehlt. Der Hauptgipfel steht mitten im blauen Himmel. Doch wir wußten Bescheid, daß es von dieser Gratstelle, an der wir uns befanden, nicht mehr sehr weit zum Hauptgipfel sein konnte. Herr Hsü erzählte uns, daß sich die Chinesen dabei ebenfalls geirrt hatten.

Nach etwa zwanzig Minuten stehen wir bereits auf dem Hauptgipfel. Als wir die Nord-Ostflanke verließen und auf den Grat hinausstiegen, traf uns starker Wind; vereinzelt zogen Wolkenfetzen an uns vorbei. Die Aussicht nach Süden war verschlossen, Nepal lag unter Wolken. Nur nach Norden hatten wir auf den Gletscher und auf die weite Ebene bis zu den beiden Seen eine gute Aussicht. Mount Everest und Cho Oyu, die wir während des Aufstiegs gut sahen, waren in der Zwischenzeit ebenfalls hinter Wolken verschwunden. Wir benötigten vom Lager IV bis zum Gipfel etwa fünfeinhalb Stunden. Auf dem Gipfel meldeten wir über Funk dem Basislager, daß wir den Gipfel erreicht haben. Wir fotografierten auch die chinesische und die deutsche Flagge, die wir mit hinaufgebracht hatten. Ich nahm einen kleinen Stein als Andenken für meine Gipfelsteinsammlung mit. Wir blieben etwa eine halbe Stunde auf dem Gipfel und stiegen dann wieder zurück auf den Sattel. Der Wind war inzwischen eingeschlafen. Das einzige Problem beim Abstieg bot wieder die Querung. Doch nach wenigen Minuten der Bange hatten wir auch diese Stelle hinter uns. Um 17.20 Uhr befanden wir uns bereits wieder in Lager IV. Dort haben wir uns etwas Warmes gekocht und aus Schnee heißes Wasser zubereitet, um unseren Flüssigkeitsverlust auszugleichen. Ich stieg vor den anderen ab ins Lager III. Michel Dacher, Wolfgang Schaffert und Günter Sturm folgten später nach. Ich bereitete das Lager III vor, während die anderen noch in Lager IV aufräumten und die Zeltverankerungen nachsahen und neu spannten. Ich war etwa 19.45 Uhr in Lager III, die anderen kamen gegen 21.00 Uhr dort an. In der Zwischenzeit war die Sicht wieder schlecht geworden. Schneefall setzte ein. Ich hatte keinerlei Appetit.

→ Wolfgang Schaffert

Wolfgang Schaffert notiert: »Um 6.15 Uhr Kocher in Gang gesetzt, Tee und Nesquik zubereitet, Aufbruch auf der Chinesenroute. Michel spurt, Fritz Zintl kommt an zweiter Stelle, Numero drei und vier bilden Schaffert und Günter Sturm. Zunächst führt die Route den Grat entlang, dann auf der Flanke nach Süden, anschließend steil empor bis zum Steinblock.

Blick nach Nordosten auf Cho Oyu, Everest und das Gletschertal des Shisha Pangma.

14.15 Uhr Gipfel erreicht, Foto mit Flaggen, 15.20 Uhr Abstieg.

Gefährliche Querung, Ankunft in Lager IV 17.30 Uhr, in Lager III ca. 19.30 Uhr, Meldung per Funk.«

→ Die zweite Gruppe vor dem Gipfelsturm

8. Mai. Endlich geht es auch bei uns los. Es ist höchste Zeit. Das Warten geht auf die Nerven. Hoffentlich haben wir Glück mit dem Wetter. Wie so oft stolpern wir über den Steinschutt der Moräne, überqueren das alte Lager II der Chinesen, gehen hautnah die Reihe der Séracs entlang, durchqueren schließlich ihren Säulenwald und erreichen so den Gletscher, der zu Lager I führt. Das Wetter ist keineswegs schön. Die Sicht ist schlecht, es ist kalt, ein starker Wind bläst den Gletscher herunter, Schnee fällt. Als wir uns im unteren Drittel des Gletschers befinden, sehen wir an der Kante des ersten Abschnitts des Gletscherhangs einige Pünktchen, die rasch größer werden. Es ist die absteigende Gruppe unserer Expedition. Wir treffen uns etwa halbwegs auf dem unteren Abschnitt des Gletschers. Wir gratulieren den Entgegenkommenden. Anschließend gibt es auf dem Hang eine Unterhaltung über die Trägereinteilung, da wir bei unserem Abmarsch in Lager I wieder Schwierigkeiten mit den Trägern hatten. Yang, der Stellvertreter von Hsü, wollte uns nicht alle verfügbaren Träger mitgeben, auch über das Gewicht der Lasten gab es eine Diskussion. Wir haben den Eindruck, daß die Verteilung der Träger zwischen den einzelnen Gruppen sehr ungleich ist. Das trübt etwas die Stimmung.

Im Laufe des weiteren Aufstiegs wird das Wetter immer schlechter. Der Neuschnee macht mir zu schaffen. Es ist sehr mühsam, in dem tiefen Schnee über den Gletscher aufzusteigen, auch wenn andere bereits eine Spur gelegt haben. Der Wind weht die Spur ohnehin sofort wieder zu. Als wir uns dann schließlich dem Lager II nähern, herrscht ein heftiger Schneesturm. Ich bin froh, als wir schließlich die Zelte erreichen!

Hupfauer notiert in sein Tagebuch: »6 400 Meter Höhe, Lager II. Über Nacht sind fünf Zentimeter Neuschnee in Lager I gefallen. Weiter oben hat es stark geweht. Beim Abmarsch gibt es wieder eine lange Diskussion mit den Trägern. Eigentlich sollten vier bis ins Lager II tragen. Einer klagt aber über Zahnschmerzen. Es bleiben also wieder nur wenige für unsere Tragearbeit. Günter Sturm regelt zwischenzeitlich, daß Wang und Dobje im Lager II bleiben und auf uns warten. Mit vielen Worten und Gesten überzeuge ich Yü, daß der kleine Dawa ins Lager II tragen und mit Li dann zurückgehen soll. Dawa ist schließlich auch einverstanden und trägt. So weit wäre also bis ins Lager II alles klar. Auf dem Weg dorthin kommt uns die erfolgreiche Gipfelmannschaft entgegen. Erst Gratulation, dann Diskussion um unausgeglichene Gruppeneinteilungen und Trägereinsatz.

Danach steige ich den Freunden nach, die vorausgegangen sind. Vor Lager II geraten wir wieder in einen Schneesturm. Ich erlebe eine unruhige Nacht.«

9. Mai. Das Wetter hat sich nicht gebessert. Es ist eher noch schlechter geworden. Vor dem Lager liegt hoher Neuschnee. Hupfauer spurt an der Spitze, ich gehe hinter den Trägern. Heute finde ich den Aufstieg recht anstrengend. Es ist komisch, die physische Kondition ist nie gleich. Es fällt schwer, Gründe dafür anzugeben, wieso man sich an einem Tag in guter und am anderen Tag in schlechter Form befindet. Als wir den Korridor in 6 900 Meter Höhe erreichen, steuert das Schneegestöber einem neuen Höhepunkt zu. Es wird immer schlimmer. Ich hänge etwas nach, mechanisch setze ich einen Fuß hinter den anderen. Im Schneegestöber habe ich die Spur verloren, finde aber wieder zurück. Als ich Lager III erreiche, bin ich ziemlich fertig. Nach einem kleinen Imbiß und einigen Bechern Tee schlafe ich sofort tief ein. Ich schlafe die ganze Nacht hindurch, traumlos, am Morgen fühle ich mich wieder gut.

← Das Wetter verschlechtert sich

Wolfgang Schaffert schreibt: »Aufbruch vom Lager I, starker Schneefall, Ankunft im Basislager, fünf Spiegeleier, Tee und Rum, sitze anschließend im Windschatten in der Sonne und schreibe rückblickend.«

Sigi Hupfauer

Sigi Hupfauer: »Von Lager II zu Lager III. Es liegt an diesem Morgen wegen des gestrigen Schneegestöbers, aber auch wegen des vorhergehenden Schneefalls sehr viel Schnee an den Hängen zum Korridor. Ich fühle mich in bester Form und spure in nur zwei Stunden durch diesen tiefen Schnee zum Korridor hinauf. Ab Korridor stapft Manne voraus zum Lager III. Ich warte noch auf Erich und Manfred, ziehe aber, als die beiden Freunde da sind, wieder weiter, Manne nach. Nach Ankunft im Lager III koche ich sofort für die Hochträger und Manfred. Lange warte ich auf Manfred Abelein, doch er kommt nicht. Ich gehe im Schneegestöber zurück, um ihn zu suchen, denke schon Schlimmstes. Dann, nach rund fünfzehn Minuten, taucht er abseits der Spur schemenhaft in diesem nebligtrüben Weiß auf. Er ist im dichten Schneetreiben von der Spur abgekommen und hat sich verlaufen. Weil trotzdem alles klar ging, schmeckt mir das Abendessen, Rösti mit Speck und sehr viel Getränk, heute vielleicht noch besser.«

← Sigi Hupfauer

→ Folgende Doppelseite: Der Shisha Pangma, von Norden aus über die westliche Gletschermoräne des Jebokangjale aufgenommen.

Der Aufstieg

10. Mai. Ich fühle mich wieder in ganz guter Verfassung. Heute werden wir verwöhnt. Wir haben drei tibetische Hochträger. Ich hatte schon gar nicht mehr geglaubt, daß uns dieses Glück einmal zuteil würde. Das Wetter macht auch mit, man spürt kaum Wind, der Schneefall hat aufgehört, nachmittags kommt die Sonne heraus. Wir erreichen verhältnismäßig früh den Einstieg in das Couloir, das zum Nordostgrat führt. Der ganze Steilhang liegt gut übersichtlich vor uns. Die Blankeisstellen liegen tief unter Neuschnee. Von den Fixseilen, die wir zur Sicherung für den Auf-und Abstieg angebracht haben, ist nichts mehr zu sehen. Ich hoffe, daß das Wetter noch einen weiteren Tag so bleibt wie heute, dann müßte der Gipfel zu erreichen sein. Offensichtlich ist das Höhenbergsteigen ein reines Lotteriespiel mit dem Wetter. Wer auf dem letzten Abschnitt nicht das passende Wetter findet, hat keine Chance. Man sollte in einer Höhe von 7 400 Metern auch nicht mehrere Nächte verbringen. Aber alles Räsonieren über das Wetter hilft nichts: Morgen kann es bereits wieder ganz anders sein. Aber schön wäre es schon, wenn wir damit Glück hätten. Sigi Hupfauer spurt an der Spitze, wie üblich. Ohne ihn wären wir ziemlich aufgeschmissen. Seine Kondition und seine Erfahrung nützen uns sehr viel.

Sigi Hupfauer

Sigi Hupfauer notiert: »Heute geht es mit den drei tibetischen Hochträgern, dem großen Dawa, Dobje und Wang zum Lager IV. Ruhiges Wetter. Wir reden darüber, was heute für ein guter Gipfeltag wäre. Aber man ist halt nicht weit genug gekommen! »Hätte« und »wäre« nützt hier alles nichts! Der Augenblick zählt, und wir steigen heute ins Lager IV und nicht zum Gipfel. Manne spurt bis zum Steigeisendepot unter der Flanke. Ich gehe Manne nach und spure die tiefverschneite Flanke hinauf. Im Lager IV erkläre ich Manfred die Funktion des Sauerstoffgeräts. Er sollte mit dem amerikanischen Gerät von Robert Shaw gehen. Es fehlt jedoch ein Dichtungsring, so daß dieses Gerät nicht benutzbar ist. Wir müssen deswegen auf eine ältere, französische Maske zurückgreifen. Es wäre besser gewesen, diese technischen Angelegenheiten im Hauptlager zu klären und herzurichten. Manfred schläft heute nacht mit einer kleinen Sauerstoffdusche von einem Liter pro Minute.«

→ Der Sturm wird zum Orkan

11. Mai. Heute sollte der Tag der Entscheidung sein. Ich habe in der Nacht unter meiner Sauerstoffmaske verhältnismäßig gut geschlafen. Die Nacht war auch relativ ruhig, der Wind still. Noch ein Tag wie gestern und wir sollten eigentlich alle mit mehr oder weniger Anstrengung und unterschiedlich schnell den Gipfel erreichen. Wir haben uns vorgenommen, sehr früh aufzubrechen, um möglichst viel Zeit zur Verfügung zu haben.

Schon um 5.00 Uhr war Wecken, der Kocher wurde in Gang gesetzt, damit wir uns noch mit warmen Getränken und einer kleineren warmen Mahlzeit stärken konnten. Wir haben alle die Nacht angekleidet in unseren Schlafsäcken verbracht. Wir brauchten jetzt nur noch die Daunenkleidung, Schuhe und Steigeisen anzuziehen, dann konnte es losgehen – dachten wir! Los ging indessen außerhalb unseres Zeltes – von uns anfänglich unbemerkt – etwas anderes!

Als wir im Zelt die Vorbereitungen des Aufstiegs beginnen, herrscht noch tiefe Nacht. Ein leichtes Rütteln der Zeltwände zeigt uns an, daß Wind aufkommt. Wir machen uns anfänglich deswegen noch keine Sorgen. Wind ist in dieser Höhe nichts Außergewöhnliches. Wir mußten sogar mit starkem Wind rechnen. Es kann durchaus passieren, daß bei schönstem Wetter heftiger Wind weht. Dennoch lauschen wir ängstlich hinaus in die Dunkelheit. Der Wind wird immer stärker. Die Zeltwände beginnen hin und her zu schlagen. Allmählich knattern und knallen sie, als ob wir mitten in einem Gefecht stünden. Der Wind wird noch stärker. Ich habe Angst, daß er das Zelt einreißt. Allmählich wird es Tag, aber kein Sonnentag. Ein Blick durch das Zeltloch zeigt eine milchig trübe Atmosphäre, die keine Einzelheiten in der Umgebung erkennen läßt. Der Wind steigert sich zum Orkan. Es wird beißend kalt. Der Sturm pfeift, heult, dröhnt in verschiedenen Tonhöhen, brüllend, singend, quietschend, zirpend. Die Befestigungsleinen und Schnüre des Zeltes stimmen in das Hexenkonzert ein, das in unseren Ohren dröhnt. Man kann sich kaum verständigen.

Manfred Sturm ist der erste, der sich in dem engen Zelt fertig ankleiden kann, dann bin ich dran. Gegen 7.00 Uhr öffnet er das Zelt und wirft sich dem Orkan entgegen. Er beginnt aufzusteigen. Der Sturm peitscht eisige Schneeladungen ins Zelt. Es gehört schon eine wilde Entschlossenheit dazu, überhaupt das Zelt zu verlassen. Etwa zehn bis fünfzehn Minuten später verlasse ich das Zelt. Ich trete in die Hölle ein: Aus einem schwefliggelben, fast konturenlosen Hintergrund treibt der Sturm mit Windgeschwindigkeiten bis zu fünfzig Meter pro Sekunde eiskalte Schneemassen durch die Luft, die wie Nadeln ins Gesicht schlagen. Während ich mit bloßen Händen die Steigeisen anziehe, verliere ich plötzlich das Gefühl in den Händen: Meine Finger sind völlig gefühllos! Ich ziehe dennoch die Übergamaschen über Schuhe und Steigeisen. Obwohl ich erhebliche Zweifel am Gelingen unseres Aufstiegs habe, gehe ich immer noch davon aus, daß wir den Versuch wagen werden. Doch nach den ersten Metern sehe ich Manfred Sturm wieder aus dem Inferno auftauchen. Er ist umgedreht, er will absteigen. Er meint, es sei unmöglich, bei diesem Wetter weiterzusteigen. Eine beklemmende, lähmende Unsicherheit liegt über uns. Jeder weiß für sich, daß der Aufstieg in diesem Orkan nicht möglich ist, aber keiner will als erster absteigen. Ich bin mir zuerst ebenfalls unklar, was ich tun soll. Ich überlege mir dann aber folgendes: Ich glaube, daß ich Erfrierungen an den Fingern abbekommen habe. Ein weiterer Tag und eine weitere Nacht in 7 400 Meter Höhe würden außerdem die physische Kondition erheblich schwächen. Normalerweise soll man in dieser Höhe nicht mehr als eine Nacht verbringen. Ich würde in der folgenden Nacht wieder mit Sauerstoff schlafen müssen. Für den Aufstieg zum Gipfel waren zwei Sauerstoffflaschen berechnet, das macht zusammen also drei Sauerstoffflaschen. Zwei Sauerstoffflaschen sind aber nur noch vorhanden! Für einen Notfall stünde überhaupt kein Sauerstoff mehr zur Verfügung! Ich entschließe mich, abzusteigen.

← Mein Entschluß zum Abstieg

Mühsam finde ich zusammen mit Sigi Hupfauer in dem Schneesturm die Scharte, die in das Couloir hineinführt; die Fixseile, die über dem Blankeis liegen, sind alle vom Schnee zugedeckt. Ich ziehe sie aus den Schneemassen heraus und steige daran in die Tiefe. Auch hier treibt der Sturm Schnee über den Hang, aber die Windstärke ist nicht so stark wie auf der Nordostflanke. Als ich die Fixseile hinter mir habe, treffe ich etwa auf der Mitte des Couloirs den Tibeter Wang und den Chinesen Yang, die plötzlich aus Nebel und Schnee auftauchen. Sie sind unterwegs zum Lager IV, um nach uns zu sehen. Zusammen mit Sigi Hupfauer gehen wir ins Lager III zurück. Wir stapfen durch tiefe Schneeverwehungen. Der Sturm jagt einen Meter über dem Boden des Couloir eine Schneeschicht vor sich her, die den Eindruck erweckt, als wateten wir bis zum Bauch im Schnee. Dieser Triebschnee erinnert mich an das fliegende Wasser im Sturm auf Seen oder auf dem Meer. Zum Glück haben wir auf dem Korridor den Wind im Rücken. Sigi geht voraus.

Nach einer kurzen Rast im Lager III, wo wir Tee getrunken und etwas gegessen haben, das Sigi, der etwas vorausgegangen war, zubereitet hat, setze ich zusammen mit Wang und Yang den Abstieg weiter fort. Wir stapfen über die Fläche des Korridors und steigen dann die uns wohlbekannten Hänge vom Korridor zum Lager II hinunter. Wir sind durch ein Seil miteinander verbunden. Sehr viel weiter als bis zu Wang, der vor mir geht, kann ich nicht sehen, der Schneesturm wütet unentwegt. Obwohl er bei weitem nicht die Stärke aufweist wie im Lager IV, heult er auch hier unangenehm in den Ohren. Wir hatten eigentlich vorgehabt, bis Lager II abzusteigen. Da ich mich aber noch ganz gut bei Kräften fühle und der Tag noch lange genug andauert, wenn man das, was uns umgibt, überhaupt als Tag ansprechen will, gehen wir an den Zelten des Lagers II nach einer kurzen Aussprache vorbei zu den beiden Schlußhängen, die zur Talsohle des Gletschers führen.

Als ich einmal die Riemen meiner Steigeisen nachziehen will und dabei den Überhandschuh ausziehe, reißt der Sturm ihn mir sofort aus der Hand. Wie ein Irrwisch verschwindet er in Sekundenschnelle im schweflig trüben Nichts. Wohlbehalten erreichen wir den Gletschergrund.

Die Séracs, deren Wald wir zu durchqueren haben, zeigen ein ganz anderes Gesicht als in der strahlenden Sonne. Sie leuchten nicht mehr wie riesige Kristallsäulen, sondern machen einen betrübten, bedrückenden Eindruck. Es ist eine unwirkliche Atmosphäre, die uns hier umgibt. Der Märchenwald der Séracs hat sich in die Kulisse eines bösen Märchens verwandelt. Am Ende des Weges entledigen wir uns der Steigeisen. Wir haben noch eine gute halbe Stunde über die Steintrümmer der Gletschermoräne zu gehen. Erst wenige Meter vor Lager I entdecken wir die roten Zelte und die weiße Pyramide des Küchenzeltes. Ich bin sehr müde, aber auch sehr froh, daß ich hier bin und nicht mehr im Lager IV. Was wohl die anderen dort oben jetzt machen? Wie wohl das Wetter morgen werden wird? Ob Sigi noch am gleichen Tag zurücksteigt zu Lager IV oder erst am darauffolgenden Tag? Ob sie bei diesem schlimmen Wetter überhaupt noch eine Chance haben?

Nachdem ich mein Gepäck verstaut habe, zünde ich einen Phöbus-Kocher an. Zusammen mit Wang und Yang bereite ich eine umfangreiche, ausgedehnte Mahlzeit vor. Ich verzehre zwei Packungen Schinken mit Rührei und trinke dazu ungezählte Tassen Tee. Nachdem wir uns per Zeichensprache eine Weile unterhalten haben – es ist fast eine Pantomimenschau –, ziehe ich mich mit Einbruch der Nacht in meinen Schlafsack zurück und schlafe fest und tief ein.

Die zurückliegenden beiden Tage, die Nacht in Lager IV, der Sturm und der vergebliche Anstiegsversuch berühren mich nicht mehr. Der Sturm bläst unentwegt, während ich einschlafe. Zeltwände schlagen hin und her, es scheint immer noch zu schneien, aber in meine Träume dringt das alles nicht.

Sigi Hupfauer

Sigi Hupfauer notiert in sein Tagebuch: »Von Lager IV zu Lager III. Morgens um 5.00 Uhr beginnen wir mit unseren Vorbereitungen für die letzte Etappe, den Gipfelanstieg. Mit Bestürzung stellen wir fest, daß langsam, aber mit einer gewissen Gleichmäßigkeit, ein Wind aufkommt. Es geht dann sehr rasch. Bis 6.00 Uhr herrscht hier oben auf 7 400 Metern schon der schlimmste Sturm. Manne schlüpft trotzdem schon um 7.00 Uhr durch den Zelteingang ins Freie. Er beginnt mit dem Aufstieg. Wir, Erich und ich, bleiben noch in den wärmenden Schlafsäcken liegen, bis Manfred fertig ist. Der Sturm steigert sich noch weiter so sehr, daß Manne noch während Manfreds Vorbereitungen wieder zurückkommt. Manne will nach einer kleinen Ruhepause absteigen. Er will aufgeben. Er glaubt einfach nicht mehr daran, er sagt: »Bei mir soll einfach ein Achttausender nicht drin sein.« Manfred bekommt während der Vorbereitungen beim Anziehen der Steigeisen eiskalte Finger und, wie später klar wird, auch leichte Erfrierungen. Für heute glauben wir nicht mehr daran, daß es nochmals gehen wird. Auch ich komme zu dieser Überzeugung. Wir liegen oder lehnen unentschlossen über unseren gefrorenen Schlafsäcken und warten ab, ob es nicht noch irgendeine unerwartete Wende gibt. Keiner kann es ganz fassen, daß uns nach der Schinderei der zurückliegenden Tage der Erfolg versagt bleiben soll. Der Sturm zerrt immer noch am Zelt. Es knallt und knattert wild. Schneestaub wird ins Zelt zu uns hereingepreßt. Manchmal glauben wir, der Orkan wolle unser Zelt zerfetzen und mit sich reißen. Ich gehe einmal hinaus und versuche, die Spannschnüre neu zu verspannen, damit der Sturm keine schwachen Stellen am Zelt bekommt. In Kürze werden bei dieser Tätigkeit, die nur ohne Handschuhe, also mit bloßen Händen, durchzuführen ist, die Finger eisig. Ich kehre rasch ins Zelt zurück, um keine Erfrierungen davonzutragen. Nach einiger Zeit – und mit lauem Kakaogetränk aufgewärmt – geht's mir wieder besser. Funkgespräche mit dem Hauptlager zeigen, daß man drunten – das sind etwa dreißig Kilometer weiter auf der Hochfläche draußen – nicht sehen kann, wie stark bei uns oben der Sturm wütet. Fritz Zintl fragt nach mir – da Manne das Funkgerät bedient – und versucht mit anfeuernden Worten, mich doch zum Gipfelgang zu bewegen. Er meint, es hinge am ersten Sichüberwinden und entschlossenen Rausgehen. Darauf kann ich der Hauptlagerbesatzung nur das gleiche erklären wie Manne: Es geht einfach nicht. Erich entschließt sich als erster, noch einen Tag hier im Lager IV abzuwarten. Dem schließe ich mich ebenfalls an. Auch Manne will bleiben. Manfred Abeleins Entschluß lautet anders: Er will absteigen. Da er mit Sauerstoff gehen will, ist es wahrscheinlich die einzig mögliche Entscheidung. Da Manfreds Finger ohne jedes Gefühl sind, helfe ich ihm beim Festschnallen der Steigeisen und Gamaschen. Er will in dem Orkan allein absteigen. Sehr rasch verschwindet er über die Scharte. Ich sehe ihn nicht mehr und kehre zurück ins Zelt zu den beiden anderen Freunden. Kurz danach kommen mir aber Bedenken wegen Manfreds Alleingang. Wird es in diesem Orkan überhaupt möglich sein, auf der weiten Fläche des Korridors sich noch zu orientieren und das Lager III zu finden? Allein der Triebschnee macht die Markierungen schon nach wenigen Metern unsichtbar. Die zahlreichen Gletscherspalten bedeuten für einen Alleingehenden ohne Seilsicherung eine unkalkulierbare Gefahr. Oder wie schaut es mit den Fixseilen aus? Ich bespreche dieses noch mit Erich und Manne, dann entschließe ich mich, ebenfalls ins Lager III abzusteigen. Ich packe meine Daunenhose und Daunenjacke in den Rucksack, den Schlafsack noch dazu. Es ist schon um die Mittagszeit. Also: Raus aus dem Zelt, noch schnell die Steigeisen angeschnallt – dann lasse ich mich an den Steigeisen an den Fixseilen nach unten gleiten. Ich hole Manfred Abelein noch im Couloir ein. Zwei Tibeter sind trotz des Sturms – wie über Funk am Abend vorher abgesprochen – im Aufstieg begriffen und auf Manfred gestoßen. Die Tibeter Wang und Dobje sind bei ihm. Diese beiden kräftigen Burschen die zu unseren besten Trägern gehören, sollten nach unserem Gipfelgang das Lager IV abbauen. Glaubten sie wirklich daran, daß wir heute losgingen? Wir gehen zusammen ins Lager III. Ich gehe voraus. Im Lager angekommen, beginne ich zu kochen. Eine halbe Stunde später treffen auch die anderen ein. Nach einer Rast mit Tee und einer Mahlzeit beschließen wir, daß Manfred am gleichen Tag noch ins Lager II absteigt. Mittlerweile führe ich Funkgespräche mit dem Basislager. Über Funk kann sich auch Herr Hsü mit den hier wartenden Hochträgern per Funk verständigen. Bei diesem Wetter ist es für einen Bergsteiger allein viel zu gefährlich, über die weiten Gletscherhänge mit den zahlreichen verdeckten Spalten abzusteigen. So steigt Manfred mit zwei Trägern, einem Tibeter und einem Chinesen, weiter, bzw. er verschwindet im Schneetreiben rasch aus meiner Sichtweite. Ja, hier im Lager III herrschen momentan ähnliche Wetterverhältnisse wie im Lager IV. Erst später, zurück im Hauptlager, erfahre ich, daß er am selben Tag noch bis ins Lager I abstieg. Das war an diesem Tag und bei dem verrückten Wetter ein sehr weiter Weg.

Weitere Funkgespräche. Die Kameraden empfehlen mir, gleich wieder ins Lager IV aufzusteigen, für den Fall, daß es morgen gut würde. Ich bin aber jetzt mal in Lager III, und glaube auch von hier aus, wenn das Wetter mitmacht, den Gipfel zu erreichen. Über Funk bitte ich, daß Herr Hsü die beiden noch im Lager III verbliebenen Tibeter beauftragt, im Falle einer Wetterbesserung mit mir ins Lager IV zu spuren und droben als Rückendeckung und zum Abbau des Lagers bereitzustehen. Denn wenn der Anstieg gelingt, wird sofort abgebaut. Die Tibeter, der große Dawa und Dobje, sagen zu. Das ist schon ein Erfolg. Dann beginnt für mich noch ein langer Abend. Allein sitze ich im großen Vier-Mann-Zelt. Das ist ohnehin schon kalt. Aber wahrscheinlich ist es hier besser als in Lager IV. Sturmböen zerren am Zelt und schütteln es durch. Schneestaub dringt mehr und mehr ein, legt sich auf die Verpflegung, die gute Daunenbekleidung, den Schlafsack. Einfach überall liegt schließlich Schnee. Trotz der widrigen Zustände, zwinge ich mich, ständig Tee, Nesquik oder Suppen zu kochen. Viel Flüssigkeit brauche ich jetzt. Essen ist aber ebenso wichtig. Essen kann ich immer und überall genügend. Dann mache ich mir meinen Schlafplatz zurecht. Das Überdach eines Zeltes, im Sturm ohnehin nicht außen verwendbar, und eine Schaumstoffschlafmatte müssen als Unterlage genügen. Ich schlüpfe in den Schlafsack. Als Decke und Schutz vor dem im Zelt schwebenden feinen Schneestaub wird noch ein Biwaksack über alles gelegt. Schlafen kann ich noch nicht, der Sturm wütet zu sehr – und die vielen Gedanken. Ja, die Gedanken reißen mich hin und her: Ich denke an zu Hause, an meine Frau und Tochter. Ich sehe meine Frau vor mir stehen, wie immer, und sagen: Durchhalten, nicht lockerlassen, es gibt immer noch eine Chance! Weil ich ständig ein Bild von beiden im Rucksack mittrage, suche ich jetzt danach. Im Rucksackdeckel kommt es zum Vorschein. Ich nehme es heraus, krame noch einen Streifen Leukoplast hervor und klebe das Bild an die Zeltstange. So habe ich vielleicht die beste Verbindung mit daheim. Die Einsamkeit läßt sich besser beherrschen. Droben an den Graten bricht sich immer noch der Wind. Es gibt Geräusche wie von einer riesigen Orgel. Hier im Korridor pfeift er voll durch und läßt die Zeltplanen nicht zur Ruhe kommen.

Irgendwann muß ich bei all den Gedanken, die mich plagten, eingeschlafen sein. Diese Nacht schlafe ich besonders gut. Liegt es an meinem noch ungebrochenen Optimismus, der mir sagt, daß es doch noch irgendwann eine Chance gibt? Das ganze viele Geld, das ich mühsam aufgebracht habe, mit vielen Opfern meiner Familie, soll nicht umsonst gewesen sein! Schlafmittel oder ähnliches jedenfalls nahm ich nicht, um am nächsten Tag, wenn das Wetter gut würde, nicht müde zu sein.«

Sigi Hupfauer

12. Mai. Sigi Hupfauer schreibt an diesem Tag: »Um 5.00 Uhr schaue ich aus dem Zelt, um das Wetter zu prüfen. Es ist sternklar und – windstill. Die Tibeter werden geweckt, und wir beginnen zu kochen. Um 6.00 Uhr bekomme ich Funkkontakt zum Lager IV. Auch dort droben ist es windstill.
Die beiden Kameraden Manfred Sturm und Erich Reismüller fühlen sich aber so sehr geschwächt, daß sie meinen, für den Gipfelgang nicht mehr genügend Kraft zu haben. Sie haben eine furchtbare Sturmnacht hinter sich und weder essen noch trinken können. Ich mache ihnen jedoch über Funk klar, daß ich ins Lager IV hochkommen werde und, wenn das Wetter mitmacht, kompromißlos zum Gipfel aufsteige, notfalls allein.

Der zweite Anlauf

Zwischendurch muß ich meine zwei Tibeter wieder wecken, sie sind erneut eingeschlafen. Um 7.00 Uhr bin ich startbereit. Es wird gerade langsam hell. Aber wegen des neuerlichen Einschlafens der Hochträger verzögert sich der Abmarsch noch bis 8.10 Uhr. Es ist heute früh sehr kalt. Dobje geht an der Spitze und spurt durch den Neuschnee. Teilweise ist aber die Harschdecke so blankgefegt vom Sturm, daß sich, abgesehen von der Belastung durch die Höhe, recht gut eine Spur durch den inneren Teil des Korridors treten läßt. Der große Dawa nimmt mir den Rucksack ab, in dem der Schlafsack, die komplette Biwakausrüstung und für zwei Tage Notproviant, bestehend aus Schokolade, Dörrobst, getrockneten Bananen, untergebracht sind. Außerdem stecke ich noch die beiden Wimpel des Ostalbkreises und des Landkreises Heidenheim, die mir Manfred Abelein gegeben hat, um sie auf den Gipfel zu tragen und dort zu fotografieren, in den Rucksack. Die Zeiss-Contax ist auch noch dabei, sie hat mich unter extremsten Bedingungen nie im Stich gelassen. Das Wichtigste bildet aber ein Funkgerät, mit dem ich jederzeit mit dem Hauptlager sprechen kann. So besitze ich eine sprachliche Brücke zu den Kameraden im Basislager. Alle diese Dinge zusammengenommen, machen den Rucksack doch recht schwer für diese Höhe. Ich bin froh, daß ihn mir Dawa abnimmt. So kann ich meine Kraft für den oberen Abschnitt sparen. Die beiden Tibeter und ich gehen langsam im Vergleich zum sonstigen Gehtempo. Um 9.00 Uhr höre ich in meinem Funkgerät ein Gespräch zwischen Manfred Sturm im Lager IV und dem Hauptlager ab. Manne erklärt, er fühle sich zu schwach für einen Aufstieg. Das Wetter sehe außerdem nicht sicher aus . . . Ich rufe erregt dazwischen, daß ich auf alle Fälle weitergehen werde und entschlossen sei, unsere Chance zu nutzen. Ich höre dann noch wie Günter Sturm seinen Namensvetter aufmuntert und eine Art Seelenmassage betreibt. Manfred Sturm scheint resigniert zu haben. Gegen 9.30 Uhr sind wir dem Lager IV erheblich näher gekommen. Da wir aus dem Funkschatten des Nordgipfels allmählich herauskommen, gelingt es wieder besser, Funkkontakt mit dem Hauptlager zu halten.
Einer der Tibeter erklärt mir mittels Zeichensprache, d. h. mit Gesichtsmimik, Händen und Füßen, daß er gerne mit auf den Gipfel steigen möchte. Über Funk frage ich im Basislager an, ob er dafür die Erlaubnis von der chinesischen Leitung erhält. Wir vereinbaren einen halbstündigen Funkkontakt.
Gegen 10.15 Uhr erreichen wir das Lager IV. Wir setzen uns zur Rast. Erich kommt uns entgegen von oben, holt irgend etwas vom Lager IV, steigt dann aber gleich wieder auf. Manne Sturm befindet sich rund achtzig Höhenmeter über dem Lager. Beide sind also doch gestartet! Um 10.30 Uhr habe ich wieder Funkkontakt mit dem Basislager. Die neue Situation wird besprochen. Das Wetter ist etwas diesig, aber fast windstill. Meiner Meinung nach ist das Wetter geradezu ideal für den Gipfelgang. Günter Sturm berichtet mir, daß keiner der tibetischen Hochträger die Erlaubnis hat, über 7 500 Meter zu steigen. Das bedeutet für Erich, daß er seine schweren Filmgeräte selbst tragen muß. Um 11.00 Uhr gehe ich dann alleine los, überhole bald Erich, biete noch an, ihm etwas von seiner schweren Filmausrüstung abzunehmen, was er aber ablehnt. Gleichmäßig, fast monoton stapfe ich in den Spuren von Manne Sturm bergan. Um 12.00 Uhr, also eine Stunde später, habe ich Manne Sturm eingeholt. Er geht mit Sauerstoff. Er benutzt die von Manfred zurückgelassenen Sauerstoffflaschen. Jede volle Stunde schalte ich jetzt mein Funkgerät ein und gebe unsere neueste Lage ans Hauptlager durch. Es ist ein gutes Gefühl, die Stimmen der Kameraden, die dreißig Kilometer entfernt sind, doch so nahe zu hören. Es liegt viel Schnee in der Nordostflanke des Shisha Pangma. Trotzdem kommen wir flott voran. An der steilsten und schwierigsten Stelle des ca. 50 Grad stei-

len Aufschwunges bittet mich Manne, zu spuren. Er selbst schaltet hier sein Sauerstoffgerät auf Stufe 4, d. h. vier Liter pro Minute, ein. Mir wird etwas unwohl, da der Schneehang einen unsicheren Eindruck macht. Danach, ab dem markanten spitzen Turm auf dem Grat – in der Nähe des letzten Lagerplatzes der chinesischen Erstbesteigungsexpedition von 1964 –, kommt eine riskante Querung. Über Funk frage ich bei unserem Lawinenexperten Fritz Zintl an, wie diese Querung fünf Tage vorher bewältigt wurde. Er antwortet, es gehe schon. Doch die Querung sieht nicht gut aus. Sie enthält viel windverfrachteten Schnee. Es ist ein riesiger Lawinenhang, und ich soll jetzt eine Spur quer durch diesen Hang treten. Ob das wohl gutgeht? Wild, stoßweise atmend, komme ich an einer nur angedeuteten Schneerippe an. Ich muß stehend etwas rasten, um mich zu erholen. Der Gedanke, daß damit das vielleicht schlimmste und gefährlichste Stück dieses Aufstieges geschafft ist, läßt mich langsam wieder in die Wirklichkeit zurückkehren. Der Weg zum Gipfel ist nun frei. Manne, mit dem schweren Atemgerät und den Flaschen auf dem Rücken kommt in respektvollem Abstand nach, zieht an mir vorbei, und spurt wieder weiter. Kurz darauf erreichen wir den vom Sturm der letzten Tage hartgefegten und gepreßten Gipfelgrat. Ich ziehe die Daunenjacke und die dicken wärmenden Handschuhe über. Mit meiner Zeiss-Contax fotografiere ich trotz der Kälte sehr viel auf der Strecke.

Um 15.30 Uhr gehen wir dann zusammen die letzten Meter zum Gipfel hinauf. Es ist mein dritter Achttausender. Meine Gehzeit von Lager IV zum Gipfel betrug viereinhalb Stunden. Auf diesem sehr schneidigen Gipfel machen wir erst eine Serie von Fotos, dann schalten wir das Funkgerät wieder ein: »Hallo, Freunde!« »Ja, hier Hauptlager, was ist los?« »Es geht nicht mehr weiter, nicht mehr höher.« Hauptlager: »Das kann ja nicht wahr sein! Ihr habt's geschafft!« Dann senden sie über Funk Musik – Gipfelmusik. Wir sind froh und glücklich. Um 16.00 Uhr steigen wir die bereits bekannten Hänge, teilweise in respektvollem Sicherheitsabstand zum Lager IV ab. Manne geht wieder mit Sauerstoff. Ich muß ganz schön hinterdreinspurten, aber so sind wir schon eine Stunde später, um 17.00 Uhr, im Lager IV wieder zurück. Die Tibeter kommen uns die letzten Meter entgegen und umarmen uns. Sie nehmen uns die Rucksäcke ab. Erich filmt die Rückkehr. Eine kleine Verschnaufpause gibt es auch noch. Das Lager IV wird ausgeräumt. Das Zelt können wir nicht mehr aufpacken, es ist uns zu schwer. Deswegen lassen wir es stehen und überlassen es den Stürmen des Shisha Pangma. Sicher wird es bald zerfetzt irgendwo im Gletscher landen. Adieu, Lager IV!

← Die riskante Querung

Dann steigen wir alle zum Lager III ab. Erich, der irgendwann, ich glaube auf ca. 7600 Meter umkehrte, fühlt sich nicht wohl. Er geht sehr langsam. Ich bleibe bei ihm und helfe, soweit es irgendwie möglich ist.«

Erich Reismüller

Erich Reismüller berichtet über den 12. Mai: »Nachdem gestern der Wind etwas abgeflaut hatte, setzt am frühen Abend der Sturm erneut mit großer Heftigkeit ein. Bei den immer wieder urplötzlich auftretenden Böen knallen die Zeltwände wie Artillerie. Bei einer der Spitzenböen bricht plötzlich das Zelt zusammen. Wir stellen fest, daß die Zeltstange die Spitze des Zeltes durchgestoßen hat, wodurch das Zelt auf uns herunterstürzte. Mühsam heben wir das Zelt wieder an, klemmen eine Plastikdose über die Spitze der Zeltstange, damit sie das Zelt wieder hochhalten kann. Um der Zeltstange im Sturm noch etwas zusätzlichen Halt zu geben, lehne ich mich mit meinem Arm gegen die Stange, da ich in den Händen nicht mehr genug Kraft habe, sie zu halten. Drei Stunden stützte ich so das Zelt. Gegen 22.00 Uhr läßt der Sturm dann nach. Ich gehe hinaus, um die Zeltleinen nachzuspannen. Kochen können wir unter diesen Umständen nicht. Um trotzdem einzuschlafen, nehme ich eine Schlaftablette. Durch das Loch im Zelt fällt Schnee von oben in das Innere.

← Die zweite Gruppe steht auf dem Gipfel

In der Frühe des 12. Mai wache ich zwischen 5.00 und 6.00 Uhr auf und beginne, das Frühstück zu kochen. Um 7.30 Uhr sind wir beide, d. h. Manfred Sturm und ich, so weit angezogen, daß wir gehen können. Wir marschieren zu zweit los. Ich spüre schon bald, daß ich nicht gut beieinander bin. Nach fünfzig bis hundert Metern dreht sich Manne plötzlich um und geht zurück zum Zelt. Er kommt mit dem Sauerstoffgerät wieder heraus. Er überholt mich dann mit dem Sauerstoffgerät. Ich kann ihm nicht mehr folgen. Mein Rucksack mit der Filmausrüstung wiegt etwa fünfzehn Kilogramm. Etwa gleichzeitig mit Sturm überholt mich der nachkommende Sigi Hupfauer. Ich steige mühsam allein

Entschluß zur Umkehr

weiter, etwa bis auf die Höhe des Felsturmes auf dem Grat. Dann kann ich nicht mehr. Ich muß umkehren. Ich bin allein und fühle mich auch so, allein gelassen, besser gesagt. Ich habe keine Unterstützung durch Träger, die mich von meiner Filmausrüstung etwas entlasten können. So allein ins Ungewisse weiterzugehen, erscheint mir zu gefährlich. Ich kehre zurück zu Lager IV und warte, bis die beiden anderen zurückkommen, um ihren Abstieg zu filmen, denn ich brauche einige Einstellungen für den Fernsehfilm. Wir steigen dann gemeinsam ab zu Lager III.

Ich habe den Eindruck, daß wir uns zu lange in der großen Höhe des Lagers IV in 7400 Meter Höhe aufgehalten haben. Besonders in der zweiten Nacht war der Kräfteverfall zu groß, als daß ich ohne Sauerstoff noch eine Chance auf dem letzten Abschnitt gehabt hätte. Davon konnte ich mich nicht mehr erholen. Vom Basislager gab man uns zwar über Funk den Rat, in der zweiten Nacht mit Sauerstoff zu schlafen. Aber wir hatten ja nur noch zwei Flaschen, und die sollten eigentlich unter gar keinen Umständen aufgebraucht werden, weil sie die einzige Reserve bei einem Unglücksfall gewesen wären. Wenn einem von uns irgendetwas zugestoßen wäre, hätte man für seine Rettung unbedingt Sauerstoff gebraucht.«

Zur gleichen Zeit in Lager I

Ich selbst wache an diesem Morgen sehr gut erholt im Lager I auf. Ich habe die ganze Nacht hindurch ununterbrochen tief geschlafen. Als ich den Zelteingang öffne, blinzle ich in die Sonne. Kein Wind, kaum Wolken, etwas diesig, fast frühlinghaft, kaum zu glauben. Gestern noch Weltuntergang, im Orkan die Hölle, heute Auferstehung, Paradies. So rasch wechseln die Situationen am Shisha Pangma. Ich sehe zum Berg hinauf, die Gletscherhänge liegen in der Sonne. Gestern nachmittag bin ich im Sturm über sie abgestiegen. Das könnte das richtige Wetter sein, für die, die noch obengeblieben sind! Ein Gipfeltag, aber nicht mehr für mich. In den Fingern habe ich kein Gefühl, aber ich habe auch keine Schmerzen. Yang und Wang helfen mir, ein ausgiebiges Frühstück zuzubereiten. Dann packe ich mein ganzes Zeug zusammen und stopfe es in meinen Rucksack. Schließlich hängt ein riesiger Turm auf meinem Rücken, der mir weit über den Kopf hinausragt. Er wiegt zwanzig Kilogramm, aber das ist mir heute egal. Wenn nicht noch irgend etwas passiert, wird dies das letzte Mal sein, daß ich eine schwere Last am Shisha Pangma zu tragen habe. Zum letzten Mal werde ich auf dem Eisenbahndamm von Lager I zum Basislager gehen. Der Tibeter Wang begleitet mich, er geht in Turnschuhen auf den auf und ab führenden Pfaden über das Trümmerfeld des Moränenrückens wie eine Katze. Er gleitet mehr, als er geht. Es ist ein Genuß, ihm dabei zuzusehen und zu folgen. Ich passe mich ihm in meinen Bewegungen unwillkürlich an. Der um einen Kopf kleinere Wang geht mit einer Mühelosigkeit, die ich bewundere. Trotz der schweren Last, die ich auf dem Rücken habe, erreichen wir in nicht ganz drei Stunden das Depot, wo uns der Unimog, den wir über Funk dorthin bestellt haben, bereits erwartet. Beim Übergang über den Jebokangjale begegnet uns ein Träger, der uns erzählt, Sigi Hupfauer und Manfred Sturm hätten den Gipfel erreicht. Ich bin trotz der guten Zeit und der schweren Last überhaupt nicht müde. Außer meinen gefühllosen Fingern erinnert mich nichts an die Schinderei der zurückliegenden Tage. In einer knappen Stunde nach unserem Eintreffen im Depot kommen wir im Basislager an. Hsü und Yang Yü-rung, die ich fast drei Wochen lang nicht gesehen habe – so lange war ich vom Basislager abwesend – begrüßen mich sehr herzlich und gratulieren zum Erfolg der Expedition.

Es ist ein herrlicher, sonniger Tag. Ich setze mich im Windschatten des Messezeltes in die Sonne und genieße die Wärme.

→ Sigi Hupfauer

13. Mai. Sigi Hupfauer schreibt in seinem Tagebuch: »Es wird ein sehr langer Abstieg mit viel Gepäck. Erich ist dem Zusammenbruch nahe. Ich habe Bedenken. Kurz vor dem Korridorausgang zum Hang ins Lager II nehme ich zu meinem ohnehin schweren Gepäck noch seinen gewichtigen Rucksack. Er wehrt sich, kämpft noch bis zuletzt mit sich selbst, sieht aber doch ein, daß es nicht anders geht. Zu meinem ohnehin schweren Gepäck trage ich nun seinen mächtigen Karawanen-Rucksack. Die beiden Tibeter bemerken das und nehmen mir wiederum wortlos etwas ab. Wir verstehen uns offensichtlich auch ohne sprachliche Möglichkeiten, so wie der Berg uns erzogen hat. Ich trage nun fast vierzig Kilogramm, wie ich schätze. Die Knie, ohnehin stark lädiert von dem zu vielen Tragen, schmerzen, aber es geht. Erich muß sich furchtbar quälen, während Manne vorausgeht. Bergab spuren ist nicht so schlimm, aber er ist auch total erschöpft. Im Lager II koche ich nochmals für alle. Manne fährt dann mit den Skiern ab und will uns Träger entgegenschicken. Für Erich richte ich auch Ski her. Erstaunlich, wie gut und schnell er später damit zur Gletschertraverse hinunterkommt. Er ist halt doch ein Könner. Ich plage mich mit überschwerem Gepäck weiter runter, die Kameras, das Filmzeug müssen ja mit. Erich muß damit einen Tag später wieder arbeiten. Dann versaue ich mir noch mein gutes rechtes Knie.

Ab den Séracs tragen Erich kaum noch die Füße. Endlich kommt uns auf den letzten fünfzehn Minuten der chinesische Hochträger Li entgegen und nimmt mir meinen Rucksack ab. Langsam, Schritt für Schritt, wackle ich mit Erich aus dem Gletscher heraus zum Lager I hinauf. Erich ist sehr in sich gegangen und angeknackst. Es folgen das Essen und Vorbereitungen für die letzte Nacht in Lager I. Für Erich bastle ich noch aus verschiedenen Sauerstoffsystemen eine Schlafmaske und gebe ihm Sauerstoff zum Schlafen und zur Wiedergewinnung seiner Kräfte, die er sicher für seine noch folgende Filmarbeit braucht.«

Um 8.00 Uhr haben wir Funkkontakt mit Sigi Hupfauer, der im Lager I eingetroffen ist. Er berichtet vom Abstieg und sagt, Erich Reismüller gehe es sehr schlecht, er sei total erschöpft und nehme nichts zu sich. Dr. Schaffert müsse dringend ins Lager I kommen und einige Flaschen für künstliche Ernährung mitbringen. Ich mache mir erhebliche Sorgen um ihn.

14. Mai. Sigi Hupfauer und Manfred Sturm steigen von Lager I ins Basislager ab. Sie treffen am Nachmittag mit dem Unimog dort ein, der sie vom Depot dort abgeholt hat. Ich gratuliere beiden sehr herzlich zu ihrem Erfolg. Erich Reismüller konnte sie nicht begleiten. Sie mußten ihn erschöpft in Lager I zurücklassen. Dr. Schaffert, Fritz Zintl und Michel Dacher steigen zusammen ins Lager I auf. Der Unimog, der Sigi Hupfauer und Manfred Sturm abholte, brachte sie zum Depot. Schaffert sagt am Abend über Funk, Erich Reismüller sei völlig erschöpft und kaum ansprechbar, er könne aber keine ernsthafte Erkrankung oder einen schwerwiegenden gesundheitlichen Schaden feststellen. Er versuche, Erich Reismüller mit einigen Flaschen Infusionen wieder auf die Beine zu bringen. Wir brauchen Erich noch dringend für einige Filmaufnahmen und für Werbefotos. Nachdem die Skiabfahrt vom Gipfel nicht geklappt hat, soll eine Skiabfahrt von einer Erhebung im Korridor, die zwischen Westgipfel und Hauptgipfel liegt, unternommen werden.

← Skiabfahrt in die Gletschertraverse

Die Träger steigen auf zu Lager II und Lager III, um beide Lager abzubauen. Wir hatten für den Abbruch der beiden Höhenlager mehrere Tage vorgesehen, aber die tibetischen Träger besorgen das an einem einzigen Tag. Sie wollen offensichtlich nicht noch länger am Berg sein. Mir scheint, sie haben jetzt genug vom Bergsteigen. Obwohl es natürlich keiner der deutschen Bergsteiger zugibt, vermute ich, alle haben genug.

Wieder im Basislager

15. Mai. Im Basislager wird uns die Zeit lang. Die Luft ist heraus. Bei den Gesprächen tauchen verstärkt Themen wie Deutschland und die Arbeit, die uns zu Hause erwartet, auf. Stundenlang wird die Deutsche Welle gehört. Um etwas Abwechslung zu haben, fahren wir nachmittags mit unserem Jeep zu dem kleineren der beiden im Norden des Shisha Pangma gelegenen Seen. Der größere ist übrigens ein Salzwassersee, der kleinere ein Süßwassersee. Am Fuß eines markanten, langgezogenen, sich etwa zweihundert Meter über die Hochebene erhebenden Hügels, der an den See heranreicht, stehen ein paar getünchte Lehmhütten. Diese Siedlung trägt die anspruchsvolle Bezeichnung Sislong, »Vier Drachen«. Alles, was Beine hat, Männlein und Weiblein, jung und alt, strömt herbei, um uns zu bestaunen. Wir fotografieren, was das Zeug hält. Begehrtes Ziel der weißen Fotografen ist eine hübsche junge Tibeterin. Ich weiß nicht, ob es in dem »Vier-Drachen«-Dörfchen einen Spiegel gibt, aber angesichts der zahlreichen Fotografen ist sich die junge Dame ihrer Bedeutung rasch bewußt geworden. Sie genießt es, im Mittelpunkt der Aufmerksamkeit zu stehen. Die psychische Grundstruktur der Eva ist offensichtlich in den großstädtischen Zivilisationszentren des Westens und in den elendsten Winkeln am Ende der Welt genau die gleiche.

Besuch im »Vier-Drachen«-Dorf

Im Basislager unterhalten wir uns über das Datum unserer Abreise. Das Thema liegt in der Luft. Günter Sturm hat noch ein Überbrückungsprogramm bis zum 3. Juni aufgestellt und mit den Chinesen abgesprochen. Wir wollen noch das tibetische Tiefland an der nepalesischen Grenze besuchen; vor allem Michel Dacher will noch eine weitere Woche dableiben. Es mehren sich dann doch die Stimmen, die auf eine frühzeitige Abreise drängen.

Außer mir spricht sich dafür vor allem Manfred Sturm aus, der sogar fünfhundert Mark für den Fall bezahlen will, daß wir mit der Lufthansa-Maschine eine Woche früher als geplant nach Haus fliegen. Da die Träger Lager III und Lager II an einem Tag abgebaut haben, gibt es von der Organisation der Expedition her keinen plausiblen Grund mehr, länger zu bleiben.

Skiabfahrt vom Zwischengipfel

16. Mai. Zintl, Dacher und Schaffert steigen auf Skiern zu einem westlich zwischen Haupt-und Westgipfel des Shisha Pangma gelegenen Zwischengipfel auf, um von dort mit den Skiern abzufahren. Erich filmt die Skiabfahrt vom Lager I aus. Er ist noch zu mitgenommen, um selbst an der Skiabfahrt teilzunehmen, was für den Film natürlich besser gewesen wäre. Wir brauchen die Skiaufnahmen wegen unserer Sponsoren.

17. Mai. Am Vorabend haben wir abgemacht, daß ich mit dem Jeep nach Shigatse fahre, der nächsten Telefonstation, um von dort aus die Vorverlegung unserer Abreise zu organisieren. In erster Linie müssen Flugplätze von Lhasa nach Peking und von Peking nach Deutschland umgebucht werden. Außerdem benötigen wir für den Abtransport unseres Materials aus dem Basislager zwei Lkws von Shigatse, die Mannschaften und Material zurück nach Shigatse bzw. nach Lhasa transportieren sollen.

Wu, unser Koch, stopft mich in der Frühe mit Spiegeleiern und Schinken voll. Er weiß, daß ich den ganzen Tag im Jeep sitzen werde und keine Gelegenheit mehr habe, vor Abend zu essen. Wenn Wu einmal anläuft, ist er nicht mehr zu stoppen, gleichgültig, ob es sich um Pfannkuchen, Hammelbraten oder Spiegeleier handelt. Er gibt immer sein Letztes. Beim achten oder neunten Spiegelei streike ich. Ich fürchte, sonst bei einer neuen Inkarnation selbst zum Spiegelei zu werden.

Mit dem Jeep nach Shigatse

Als die ersten Strahlen der Sonne in unser Lager einfallen, fahre ich vom Basislager ab. Yü Liang-Pu und Tscheng wen-hsin, der letzte als Fahrer des Mercedes-Geländewagens, begleiten mich. Als wir durch das Flußbett des Gletscherflusses fahren, zeigt der Geländewagen wieder seine ganzen Künste. Dann steuern wir in die steinige Hochsteppe des westlichen Tibet hinein. Hinter uns leuchtet der Gipfel des Shisha Pangma verführerisch vor einem blaßblauen, fast farblosen Himmel auf. Doch von seinem Nordwestgrad weht eine wenig vertrauenerweckende Schneefahne, die auf einen starken Sturm dort oben hinweist. Wir fahren über die obere Terrasse der steinigen, fast fünftausend Meter hohen Hochsteppe, die im ersten Morgenlicht glänzt. Zur Linken sehen wir die schmalen Flächen der beiden Seen als blaue Streifen, die in das Graubraun des öden Hintergrundes eingesprenkelt sind. Am Fuße eines langgestreckten Bergrückens leuchten die Kalkwände des Dorfes Sislong. Einige blaßgraue Rauchfahnen steigen in den fahlen Morgenhimmel und verraten, daß die Dorfbewohner sich anschicken, einen neuen Tag zu beginnen. Die östliche, von uns aus gesehen rechte Seite der weiten Steppe liegt noch im Schatten der Berge. Murmeltiere machen Männchen und beobachten aufmerksam die frühen Ereignisse in der Steppe, um bei unserem Herannahen dann rasch in eines ihrer Löcher zu huschen. Gelegentlich flüchtet hakenschlagend eine Koppel von Hasen. Adler suchen lautlos, in tiefen Kreisen über der Erde schwebend, eine frühe Beute. Aufgeschreckt von unserem Wagen galoppieren zwei wilde Esel in die Tiefe der Steppe hinaus. Ich habe selten elegantere Geschöpfe gesehen. Sie haben mit den Hauseseln, die wir kennen, und ihren Bewegungen nichts zu tun.

Plötzlich bin ich von der Landschaft angesteckt. Ich kann mich ihrem Zauber nicht mehr entziehen. Sie hat etwas von Aufbruch, von Verheißung, von grenzenloser Freiheit, vom Abstreifen jeder Bindung, von der Möglichkeit der Flucht aus allen Verpflichtungen, Bindungen und Aufgaben. Die fernen Gebirge leuchten wie eine neue Zukunft auf. Die grenzenlose Weite verspricht grenzenlose Hoffnungen, grenzenloses Wagnis und grenzenlose Möglichkeiten. Man braucht nur zu wollen! Die Weite ist endlos verführerisch. Gelegentlich begegnet uns ein Reiter auf einem der kleinen tibetischen Pferde oder auf einem Esel. Einen Augenblick durchzuckt mich der Gedanke, mit einem dieser Reiter einfach zu tauschen und wegzureiten zu den blauen Seen und den weißen Bergen. Immer weiter weg, unaufhörlich und nie mehr zurück.

Schließlich treffen wir auf die alte indische Karawanenstraße, die über Tibet nach China führt. Bald fahren wir wieder parallel zur Nordkette des Himalaja. Der Cho Oyu mit seiner zum Kunstwerk geratenen gigantischen Nordwächte, die alle Angriffe aus dem Norden abzuweisen scheint, grüßt sonnenüberglänzt zu uns herüber. Links begleitet uns eine Zeitlang das Hedin-Gebirge, der Transhimalaja. Die bizarren Zeichnungen der Gesteinsformationen, noch herausgehoben durch Neuschnee, lassen auf dramatische Vorgänge in grauer Vorzeit schließen. Immer wieder flüchten Schafherden in ihrer stupiden Blödheit von der einen Seite der Straße auf die andere, gerade in die Fahrtrichtung des Autos hinein. Der Fahrer hat Mühe, sie nicht zu überfahren.

Schließlich, nach vielen Fahrstunden, erreichen wir Shigatse. Links von der Straße am Stadtrand liegt die altehrwürdige Klosterstadt Taschilunpo. Auf dem staubigen Weg, der sie einschließt, umkreisen gläubige Tibeter mittleren und älteren Jahrgangs, Rosenkränze durch die Hände führend, im Uhrzeigersinn ihre Mauern. Neugierig starren sie dem Reisenden aus fernen Landen mit den Attributen einer ihnen fremden Zivilisation entgegen. Doch sie verharren fest in ihrem Grund. Sie fühlen sich nicht auf verlorenem Posten, für sie ist der Lauf der Zeit noch nicht entschieden.

Wir biegen rechts ab zum Postamt. Ein freundlicher chinesischer Postbeamter mit einigen Englischkenntnissen vermittelt uns ein Gespräch zur Deutschen Botschaft, d. h. er versucht es. Über zwei Stunden verbringen wir geduldig an dem Schalter, ohne irgendwelche Erfolge zu erzielen. Der Höhepunkt der Bemühungen gipfelte in einer Verbindung, in der offensichtlich sechs oder sieben Gespräche auf einmal zusammengebündelt waren, zwei in tibetischer, vier in chinesischer und eines in deutscher Sprache. Aus den gelispelten, zusammenhanglosen, zwei oder drei deutschen Worten war gar nichts zu entnehmen. Offensichtlich ging es der Telefonistin der Deutschen Botschaft, wie sie mir Tage später in Peking versicherte, genauso. Schließlich schlägt der Postbeamte zwei Telegramme vor, eins an die Deutsche Botschaft und eins an das Lufthansa-Büro in Peking. Er versichert, mit Telegrammen hätten sie bessere Erfahrungen gemacht! In beiden Telegrammen teile ich mit, daß wir mit unserer achtköpfigen Bergsteigergruppe eine Woche früher nach Peking kämen und auch eine Woche früher nach Deutschland abreisen wollten. Zehn überaus freundliche Beamtinnen und Beamte des Postamtes und mindestens ebenso viele überaus neugierige Kunden beobachten geduldig das offensichtlich faszinierende Schauspiel eines Telefongesprächs nach Peking und der endlich zustande gekommenen Abgabe von zwei Telegrammen. Doch man hüte sich vor voreiligen Kommentaren: Wer sich die endlosen Entfernungen auf diesem Kontinent und die schiefen, manchmal umgestürzten Telegrafenmasten vor Augen hält, wundert sich, daß hier überhaupt eine telegrafische Kommunikation zustande kommt. Im Gästehaus der Provinzverwaltung von Shigatse stellt sich der offizielle, englischsprechende Dolmetscher des Auswärtigen Komitees der Provinz Tsang vor. Er benutzt gierig die Gelegenheit, seine Englischkenntnisse zu erproben. Er wird sie gut brauchen können, wenn mehr Besucher aus dem Ausland nach Tibet reisen werden, was irgendwann einmal, in nicht allzuferner Zukunft, der Fall sein wird.

Haarschneiden als Erlebnis

← Von der Schwierigkeit telephonischer Verbindungen

Ich habe den Wunsch, meinen Bart loszuwerden und in meine wuchernden Haare eine gewisse Ordnung zu bringen. Der Dolmetscher begleitet mich in den großen Friseursalon der Stadt. Dort bin ich die große Sensation. Es sind fast nur Frauen, die dort als Friseusen arbeiten. Die freundliche, kunstfertige Tibeterin, die sich meiner annehmen soll, erkundigt sich wohl ein dutzendmal, ob ich denn tatsächlich den schönen Bart, der mir in den zwei Monaten am Shisha Pangma gewachsen ist, abgenommen haben will. Sie kann offensichtlich überhaupt nicht verstehen, warum ein solcher Bart dem Messer zum Opfer fallen soll. Kurz zuvor hatte ich Gelegenheit, mich in einem der Spiegel des Friseursalons zu betrachten. In meinem Zelt am Berg verfügte ich über keinen Spiegel. Ich erkannte gewisse Ähnlichkeit mit Hemingway: Wäre ich mir auf der Straße begegnet, hätte ich mich bestimmt nicht wiedererkannt! Der Schnurrbart war dunkel, der Backenbart in der oberen Hälfte dunkel, unten am Rand hell, der Kinnbart war graumeliert, überwiegend grau. Mit mir selbst jedenfalls, so wie ich es gewohnt war, hatte ich nur eine entfernte Ähnlichkeit. Als es schließlich nach einiger Zeit gelingt, den Widerstand und das Gefühl der Friseuse, das sich gegen die Entfernung eines solchen Bartes sträubt, zu überwinden, nimmt alles sehr rasch seinen Gang. Mit sehr viel Geduld, Gefühl, Wasser und Seife verschwindet der Bart rasch und ohne

Schmerzen. Mit jedem Zug des Messers verschwindet das eine und erscheint ein völlig anderes Gesicht. Ich habe den Eindruck, daß ich mich unter dem Rasiermesser auch selbst wieder verändere: Ich bin nicht mehr der struppige Abenteurer, sondern in die Zivilisation zurückgekehrt. Die Tibeterinnen, die im Friseursalon bedienen, haben sich gefragt, wie alt ich wohl sei. Sie kamen – mit Bart – zu dem Ergebnis, daß ich in den Vierzigern stehen müsse, was ja stimmt, wenn auch nicht mehr lange. Dann wollen sie wissen, wie die Expedition verlaufen ist. Zum Schluß bitten sie mich, allen übrigen Bergsteigern zu sagen, daß sie herzlich eingeladen seien, im Friseursalon von Shigatse sich rasieren zu lassen. Von meiner Seite aus kann ich nur jedem empfehlen, sich in Shigatse rasieren zu lassen. Die Tibeterin jedenfalls, die mich behandelte, war eine Meisterin ihres Fachs, eine Artistin mit weichen Händen. Ich bin noch nie in meinem Leben so gut rasiert gewesen wie in Shigatse. Der Friseursalon von Shigatse ist allein Grund genug, eine Reise dorthin zu unternehmen. Zum Schluß gibt es noch einen sehr herzlichen Abschied von allen Mitgliedern des Friseursalons. Ich bin selten so höflichen Menschen begegnet, was ich im übrigen von den Chinesen und den Tibetern generell behaupten kann.

→ Ein Abschiedsfeuerwerk

→ Die Abfahrt

Am Abend lassen sich Yü, Tscheng und ich allein im großen Speisesaal des Gästehauses der Stadt Shigatse zu einer ausgiebigen Mahlzeit nieder. Das umfangreiche chinesische Menü bietet einen Hochgenuß im Vergleich zu dem eintönigen Lageressen, mit dem wir uns viele Wochen begnügen mußten. Dazu trinken wir Wein und Bier und unterhalten uns wort- und gestenreich. Meine beiden Tischpartner sprechen, je mehr Bier und Wein wir getrunken haben, mit mir immer mehr chinesisch, ich antworte ihnen auf deutsch und wir alle nicken mit den Köpfen oder schütteln sie, als ob wir uns gegenseitig hervorragend verstünden. Eine wilde Gestik unterstreicht noch die gesamte Unterhaltung. Wir verstehen zwar kein Wort, aber innerlich verstehen wir uns offensichtlich hervorragend!

18. Mai. Noch in der Nacht fahren wir von Shigatse ab in Richtung Basislager. Einige Male halten wir an Flußläufen oder in der Nähe von Teichen an, um Yü die Gelegenheit zu geben, mit seinem Kleinkalibergewehr auf Enten zu schießen. Er hat aber auf dieser Fahrt kein Jagdglück. Ich vermute, daß die Justierung des Gewehres auch nicht mehr richtig stimmt, weil das Gewehr wegen der schlechten Straße im Wagen oft hin und her geworfen wird. Sonst fahren wir pausenlos durch. Als ich, im Basislager angekommen, verkünde, daß am folgenden Tag die Wagen eintreffen werden, die unsere gesamte Ausrüstung sofort mitnehmen, beginnt bereits das Packen.

Schaffert veranstaltet ein großes Feuerwerk in unserer Mülldeponie. Er entfacht ein Feuer und läßt darauf die restlichen, halbleeren Brennstoffkartuschen unserer Kocher explodieren. Die anderen schauen gebannt zu. So groß ist der Unterschied zwischen kleinen Buben und erwachsenen Männern nicht! Alle freuen sich und klatschen in die Hände, wenn es knallt.

Wir bauen alle Zelte ab und packen unsere persönlichen Sachen in unsere Rucksäcke, während die Hauptmasse der Ausrüstung in großen Pappkartonkisten verstaut wird. Jedes Gepäckstück wird wegen der Luftfrachtkosten gewogen. Abends stehen nur noch die beiden Messezelte, in denen wir, in unsere Schlafsäcke gepackt, die Nacht verbringen.

19. Mai. In der Frühe werden die Wagen beladen, und am späten Nachmittag sind wir, nach ereignisloser Fahrt, bereits in Shigatse in unseren Unterkünften. Abends laden wir unsere chinesischen Begleiter und alle Träger zu einem Bankett ein. Das feucht-fröhliche Gelage dauert bis spät in die Nacht. Sigi, der die Glanzleistung am Berg vollbracht hatte, vollbrachte sie auch hier: Er trank, bis er umfiel wie ein Baum, was seine Wertschätzung bei den chinesischen Trägern noch einmal erheblich erhöht hat.

20. Mai. Auf dem letzten Abschnitt unserer Reise fahren wir wieder nach Lhasa. In Gyangtse, der alten berühmten Klosterstadt und Festung mit der größten Stupa Tibets, verweilen wir zwei Stunden. Erich Reismüller filmt in den Gassen dieses mittelalterlichen tibetischen Städtchens. Alles ist unberührt. Während Lhasa bereits zwei Gesichter zeigt, das alte tibetische im Zentrum und das neue, mehr chinesische in den Außenbezirken, zeigt sich Gyangtse unverfälscht tibetisch.

Als wir über die Pässe des Transhimalaja fahren,

schneit es. Man hat den Eindruck, der Winter sei wieder ausgebrochen.
Mit dem Wetter hatten wir überhaupt kein großes Glück. Es zeigte sich den April über zwar von seiner besten Seite, doch im Mai, als wir eigentlich mit gutem Wetter gerechnet hatten, als wir es vor allem am dringendsten benötigten, war es fast immer schlecht. Es gab kaum einen ganzen Tag, der von morgens bis abends sonnig gewesen wäre.

22. Mai. Der stellvertretende Vorsitzende der autonomen Provinz Tibet und gleichzeitige Vorsitzende des allchinesischen Bergsteigerverbandes, Tschiao-tschin, gibt für uns ein großes Bankett in Lhasa. Die gesamte Prominenz der Stadt Lhasa ist anwesend, um die erste westliche Expedition nach Tibet seit mehreren Generationen gebührend zu feiern. Wie fast überall auf der Welt bei solchen Anlässen üblich, fließt der Alkohol in Strömen. In diesem Fall handelt es sich um den bereits mehrfach erwähnten und bekannten Mao Tai, der nichts mit dem berühmten verstorbenen Vorsitzenden Chinas, Mao Tse-tung, zu tun hat. Dieser hochprozentige Schnaps kann furchtbare Wirkungen entfalten. Wenn man ein Streichholz an unseren Mund gehalten hätte, wären wir wahrscheinlich wie Raketen durch die Luft geflogen.
Beim ersten Versuch, Lhasa auf dem Luftwege zu verlassen, haben wir wegen Maschinenschadens keinen Erfolg. Einen Tag später bringt uns die viermotorige Turbopropmaschine sicher nach Tschengtu. Von dort fliegen wir einen Tag später nach Peking.

27. Mai. Der stellvertretende Ministerpräsident Ji Peng Fei gibt zu unseren Ehren einen großen Empfang in der großen Halle des Volkskongresses am Platz des Himmlischen Friedens. Dabei wird uns bewußt, daß unsere Expedition für die Chinesen nicht nur ein bedeutendes sportliches Unternehmen, sondern auch ein wichtiges politisches Ereignis ist. Das hebt Ji Peng Fei in seiner Ansprache an uns deutlich hervor. In gewisser Hinsicht kommt dieser Expedition sogar Pioniercharakter zu, denn sie hat die unendlichen Gebirge Chinas der westlichen Welt geöffnet. Diese Gebirge halten Hundert wenn nicht Tausende von jungfräulichen Gipfeln und unbestiegenen Wänden in allen Höhenlagen und Schwierigkeitsgraden bereit. Wenn junge, wagemutige Alpinisten glauben, es sei nirgendwo mehr bergsteigerischer Ruhm zu holen, so ist es ein Irrtum. Zahllose, großenteils namenlose Berge warten in China auf ihre Erschließung!

28. Mai. Während Deutschland, unsere Familie, Freunde, unser Beruf und Pflichtenkreis für lange Zeit sehr weit entfernt lagen, manchmal fast in blasse Ferne und Irrealität verschwanden, kehren sie jetzt wieder mit plötzlicher Präsenz in unser Bewußtsein zurück. Wir denken an zu Hause, wir sprechen fast nur noch von zu Hause.
Als wir heute die DC 10 der Lufthansa besteigen, haben wir das Gefühl, bereits zu Hause zu sein. Wir genießen Komfort und Behaglichkeit, die wir so lange vermißt hatten. Als wir in Frankfurt eintreffen, liegt das große Abenteuer weit hinter uns.
Auf die Frage, wieso wir das alles unternommen, uns auf dieses Abenteuer eingelassen haben, gibt es keine rationale Antwort – wahrscheinlich war es die Faszination des Landes, die Herausforderung des Berges, die Sehnsucht nach dem ganz Anderen.
Vielleicht hat Sigi Hupfauers Mutter doch recht, wenn sie sagt, daß wir alle verrückt sind. Was die Berge betrifft, mag sie damit jedenfalls nicht ganz unrecht haben.

← Abschiedsbankett in Lhasa

↓ Die Teilnehmer der Deutschen Tibet-Expedition 1980 beim großen Empfang durch Ji Peng Fei (zwischen dem Autor und Dr. Schaffert) in der großen Halle des Volkskongresses in Peking.

Anhang

Die Ausrüstung

1. Lager-Ausrüstung:

26 2–3 Mann-Zelte
(12 Zelte Mt. Everest Perlon)
(8 Zelte Kantsch Baumwolle)
(6 Zelte Sierra Perlon)
2 Meßzelte der Firma Gottschalk
35 Isoliermatten
1200 m 8 mm Seile (Zwillingsseil) zum Versichern Rollen à 100 m
10 10 mm / 40 m Seile
400 m 5 mm Reepschnur
400 m 3 mm Reepschnur
200 m 16 mm Bandschlinge
30 Karabiner (Schrauber)
70 Karabiner (Hohlkarabiner)
20 Rohreisspiralen lang 30 cm
40 Rohreisspiralen 25 cm
40 Spiralzahnhaken
60 Felshaken für Standplätze, gemischtes Sortiment
40 Firn-Schneehaken 65 cm
30 Firn-Schneehaken 95 cm
400 Markierungsstangen
20 Plastikkanister (Benzin u. Verpflegung)
13 Kocher (Benzin) Phoebus
15 Gazkocher für Hochlager
300 Gazkartuschen klein (für Lager III + IV)
8 Gaz-Lampen
5 Schneeschaufeln
12 Kochtöpfe
50 Tassen
50 Teller
50 Eßbestecke
div. Küchenmaterial
12 Kochtöpfe
9 Funkgeräte
300 Kerzen
400 Markierungsfähnchen

2. Bekleidung und Ausrüstung für deutsche Bergsteiger – 9 Mannschaftsmitglieder:

Unterhosen kurz
2 Unterhosen lang
2 Unterhemden lang
3 Hemden
2 T-Shirts
2 Pullover/Jacken
2 Socken
3 Strümpfe
1 Berghose, leicht
1 Oberhose, gefüttert
1 Anorak
1 Überanorak (Gore)
3 Seidenhandschuhe
2 Fäustlinge (Walk)
1 Überhandschuhe
1 Lederfingerhandschuhe
1 Daunenhandschuhe
1 Polarkappe
1 Sturmhaube (Seide)
2 Wollmützen
1 Daunenjacke, leicht
1 Daunen-Overall (Gore)
1 Daunenjacke schwer
1 Daunenhose
1 Daunenschuhe
1 Daunenschlafsack
1 Anmarschschuhe
1 Basislagerschuhe
1 Doppelschuhe
1 Skischuhe
1 Gamaschen leicht
1 Gamaschen, schwer
1 Seidenhalstuch
1 Wollschal
1 Sonnenhut
1 Hosenträger
1 Sonnenbrille
1 Gletscherbrille
1 Skibrille
1 Stirnlampe
1 Anmarschrucksack
1 Rucksack/Kraxe
1 Regenumhang
1 Trinkflasche
1 Thermosflasche
1 Seesack
1 Isoliermatte
Taschentücher
1 Taschenmesser
Sonnenschutz
Lippenschutz
1 Rettungsdecke

Alpine Ausrüstung:
1 Steigeisen
1 Eispickel
1 Eishammer
1 Klettersitz
1 Steinschlaghelm
1 Jümar
1 Skistöcke
1 Skiwachs
1 Skifelle
1 Harscheisen
1 Ski

3. Bekleidung und Ausrüstung des Vertrages für Kontaktperson, Dolmetscher, Hochträger, Normalträger und Mitarbeiter im Basislager – insgesamt 5 Personen:

2 Unterhosen, lang (Wolle)
2 Unterhemden (Wolle)
2 Hemden (Baumwolle)
2 Paar Socken (Wolle)
2 Paar Strümpfe (Wolle)
1 Berghose
1 Pullover
1 Anorak
1 Trainingsanzug
1 Perlon-Anorak (Wasser-, Windschutz)
1 Perlon-Überhose (Wasser-, Windschutz)
2 Paar Woll-Handschuhe
1 Paar Perlon-Überhandschuhe
1 Wollmütze
1 Sonnenhut
1 Daunenschlafsack
1 Daunenjacke
1 Daunenhose (nur für Hochträger, Kontaktmann, Dolmetscher)
1 Isolier-Schlafmatte
1 Rucksack
1 Trinkflasche
1 Taschenlampe
1 Messer
1 Sonnenbrille
1 Gletscherbrille
1 Paar Turnschuhe
1 Paar Leichtbergschuhe
1 Paar Doppelschuhe (nur für Hochträger, Kontaktmann, Dolmetscher)
1 Paar Gamaschen, leicht
1 Paar Wärmegamaschen (nur für Hochträger)
1 Eispickel (nur für Hochträger)
1 Paar Steigeisen (nur für Hochträger)
1 Anseilkombination (nur für Hochträger)
1 Paar Basisschuhe
1 Seilklemme (nur für Hochträger)
1 Fernglas (nur für Kontaktmann)

4. Ausrüstung für Sauerstoff:

1 7 Sauerstoffmasken
7 Schlafmasken
6 Sauerstoffsysteme RS und AMP

2 Sauerstoffsysteme Dräger
12 AMP Sauerstoff-Flaschen
6 Dräger Sauerstoff-Flaschen für medizinische Zwecke

5. Nachrichten- und Fernmeldeapparate:

Verwendet werden nur Hand-Sprechfunkgeräte
9 Sprechfunkgeräte
Typ Motorola MT 700
»Handie-Talkie« FM
PTT/FTZ E-388/78
Model No. H33EE4 1111A
Serial No. 466 AD4 0055
XMTR · FREQ (Mhz) · RCVR
163.330 F 1

6. Medizinische Instrumente und Geräte:

Luftkammerschienenset (3fach)

Instrumente:
Wundversorgung (3fach)
1 Skalpell
Nähtmaterial (sortiert)
2 Planklemmen
1 Kocher-Klemme
3 chir. Pinzetten
2 chir. Scheren
1 Nadelhalter + Cohalanästhetika
1 Wundspreizer
2 Wundhäkchen (Ultracoin 1 %/2 %, Impletol)
Verbandscheren
Zahnextraktionszangen (5fach sortiert)

Notfall:
Reanimationsset: Intubationsbesteck, Ambu-Beutel, Sekretabsaugpumpe, Atemmasken, Endotrachealtuben (sortiert), Kornzange, div. Absaugkatheder
1 Miniscope MS-2 EKG
1 Minizentrifuge Hämatokrit
1 Miniphotometer – Blutzucker, Eiweiß (Oxy., Hb)
3 Blutdruckmanschetten + Stethoskop
Augenspiegel
Ohrenspiegel

Narkosemedikamente:
Ketanest (5fach)
Rohypnol (5fach)
Atropin (5fach)
Saccimyl (5fach)
Fortral (5fach)
Valium (5fach)

Notfallmedikamente (3fach):
Forte cortin
Solu Decortin (1000/250)
Valium
Rohypnol
Lasix
Euphyllon
Novodigal
Alupent
Xylocain
Isoptin
Torecain
Psyquil
Novadral
Calcium
Fortral
Dolo Adamon
Buscopan comp.
Baralgin
Tavegil
Effortil
Ahrinov
Na HCO_3 8,4 %

Infusionen:
Serumkonserven:
Bischo 20

Blutersatz:
Macrode
Haemaccel
Reanimbidon
Glucosteril 10 %

Hochlagerapotheken (6fach):
Kleine Chirurgie
Schere, Pinzette
Wundverbandmaterial
Medikamente:
Schmerz
Schlaf, Fieber
Durchfall

Basislagerapotheken (2fach):
Innere
Antibiotika
Schlaf
Schmerz
Durchfall
Chirurgie
Verbandmaterial
Stützverbände
Spritze (1mal)
Nadeln
Katheder – Venen
Transfusionszubehör

7. Küchengeräte:

14 Gazkocher (Husch)
13 Phoebus Kocher (Benzin)
50 Tassen
50 Teller
50 Eßbestecke
4 Dampfdruck-Kochtöpfe
10 Koch-Set für Hochlager
5 Schneebesen (verschiedene Größen)
7 Plastikschüsseln
3 3er-Set Kochlöffel
7 Schneidbretter (4 klein/3 groß)
2 Nudelseier
9 Trichter (verschiedene Größen)
3 Schöpflöffel
9 Teeseier (verschiedene Größen)
5 große Küchenmesser
1 Messerwetzer
9 Küchenmesser (verschiedene Größen)
3 Waschschüsseln
2 Plastikeimer
2 Päckchen Topfreiniger
2 Päckchen Topfschwämme
4 Päckchen Spültücher
4 Päckchen Schwammtücher
3 Küchenhandtücher
9 Geschirrtücher
2 Thermoskannen
4 Küchenhobel
1 Päckchen Geschirrspülmittel
3 Päckchen Rei in der Tube
3 kleine Pfannen
2 große Pfannen (1 Deckel)
2 Schnellkochtöpfe (5 l, 7 l)
2 Würfelbecher
5 Fleischwender
6 Dosenöffner
2 Meßbecher

8. Verpflegung

1 Kiste	Pfrimmer 16 Dosen Wurst Kabanos 2 x Salami
1 Kiste	Käse 18 Dosen à 400 g Pfanni Rösti Salami 4 x Pfanni Suppe 2 (45 Beutel)
1 Kiste	Käse 18 Dosen à 400 g Pfanni Rösti 18 x Salami 4 x Pfanni Suppe 2 (45 Beutel)
1 Kiste	Margarine 17 Dosen à 750 g Pfanni Püree 8 x Salami 6 x Instant Suppen 25 x

1 Kiste	Nesquik Kakao 20 Dosen Margarine 12 x à 400 g Pfanni Rösti 4 x Hagebutten-, Minz- 7 Kräutertee
1 Kiste	Dosenmilch Studentenfutter
1 Kiste	Margarine 17 Dosen à 750 g BW-Brot Pfanni Knödel 13 x Pfanni Suppen 1 u. 3 24 x
1 Kiste	BW-Brot 19 x Tee schwarz 6 x Pfanni Suppen 7 x
1 Kiste	BW-Brot 19 x Pfanni Rösti 4 x Pfanni Semmelknödel 4 x Pfanni Suppen 15 x Salz 1 Packung
1 Kiste	BW-Brot 18 x Pfanni Knödel 7 x Kräutertee 13 x Pfanni Suppen 6 x
1 Kiste	Honig Kaffee (gr. Kanister) Käse, 17 Dosen Pfanni Suppen 9 x Kräutertee 20 x
1 Kiste	Studentenfutter (10 Päckchen) Honig Salz, 2 Päckchen Kaffee (3 x 350 g) Kräutertee 30 x Pfanni Knödel 8 x
1 Kiste	Nesquik Kakao, 20 Dosen Salami 6 x Pfanni Knödel 32 x Pfanni Kroketten 6 x Salz, 2 Päckchen
1 Kiste	Pfanni Knödel 16 x Pfanni Semmelknödel 14 x Schinken 9 x
1 Kiste	Pfanni Kartoffel-Puffer 20 x Pfanni Knödel 20 x Pfanni Püree 12 x
1 Kiste	Pfanni Semmelknödel 4 x Pfanni Püree 12 x Senf 25 Großtuben Meerrettich 60 Tuben Feuersenf 50 Tuben Senf 12 Tuben Suppe 12 kg Pudding 80 x
1 Kiste	Tomatenmark 75 Tuben Schinken 2 x
1 Kiste	Pfanni Semmelknödel 11 x Pfanni Klöße 3 x Schinken 3 x Kabanos (Wurst) 1 x Salami 5 x Pfanni Kroketten 12 x Pudding 10 x
1 Kiste	Schinken 4 x Pfanni Semmelknödel 11 x Kabanos (Wurst) 1 x Salami 8 x Pudding 8 x
1 Kiste	Tomatenmark 30 Tuben Suppen 12 kg Schinken 5 x
1 Kiste	Ketchup 2 Kanister Fleischbrühe (Pulver)
1 Kiste	Saftwürstl 10 Dosen Schweinskopf 6 Dosen
1 Kiste	Gewürzgurken 2 Dosen Selleriesalat 1 Dose Karottensalat 1 Dose Corned Beef 4 Dosen
1 Kiste	Corned Beef 5 Dosen Huhn 7 Dosen Sauerkraut 2 Dosen Blaukraut 2 Dosen Karottensalat 1 Dose Bohnensalat 1 Dose
1 Kiste	Fischkonserven 1 Karton Bohnensalat 1 Dose Selleriesalat 1 Dose Huhn im Saft 12 Dosen
1 Kiste	Fischkonserven 1 Karton Salz, 12 Packungen Fleischpastete 8 Dosen à 825 g Corned Beef 10 Dosen
1 Kiste	BW-Tagesportionen 3 x Rindfleisch 20 Dosen Essig 2 Kanister Schweinskopf 1 Dose Huhn im Saft 2 Dosen Nesquik 2 Dosen
8 Kisten	BW-Tagesportionen 18 x
6 Kisten	Anmarschverpflegung
1 Kiste	Kerzen, Knäckebrot, Wäscheklammern, Küchengeräte (Messer, Schneidebretter, Schneebesen, Schöpf- löffel, Teesieb) Trockenmilch 25 kg
1 Kiste	Keks, Schokolade Bonbons
1 Kiste	Zwieback, 9 Fl. Rum, Wasabrot
1 Kiste	Marmelade (1 Kübel), 6 Fl. Rum, Feuerzeuge, Klopapier
1 Kiste	Keks, Trockenobst, Zitronensaft, Bonbons, Nudeln, Pudding
1 Kiste	Nudeln, Zitronensaft, Knäckebrot, Pudding, Müsli
1 Kiste	3 Kübel Marmelade, Müsli 12 x, Klopapier
1 Kiste	Getränkepulver, Brot, Müsli, Wasabrot, Käse, Pfannkuchenteig

9. Brennstoff:

108 Gaz-Kartuschen für Gaz-Lampen
180 Gaz-Kartuschen für Husch-Kocher
Benzin für Phoebus-Kocher wird in Lhasa gekauft.

Danksagung

Die Fotos dieses Buches wurden mit Contax- und Hasselblad-Kameras aufgenommen, die alle mit Zeiss-Objektiven ausgestattet waren.

Ohne die Unterstützung von zahlreichen Seiten wäre die Expedition nicht denkbar gewesen.
Von den vielen sollen genannt werden:
Fa. Daimler-Benz AG, Stuttgart-Untertürkheim
Fa. Zeiss, Oberkochen
Fa. Bosch, Stuttgart
Deutsche Lufthansa, Köln
Süddeutscher Rundfunk
Bayerische Hypotheken- und Wechselbank
Fa. Salewa, München
Fa. Edelrid, Isny
Fa. Kugler, Waiblingen
Fa. Schuster, München
Fa. Helly-Hansen, Hamburg
Fa. Geze, Leonberg
Fa. Koflach, Köflach-Steiermark
Fa. Küffe, Lichtenau
Fa. Leidel-Ruckenbrod, Horb-Bildechingen
Fa. Pfrimmer, Erlangen
Deutscher Alpenverein
Bundesinnenministerium
Himalaya-Stiftung

Ihnen und allen anderen, die die Expedition unterstützt haben, gilt unser besonderer Dank.

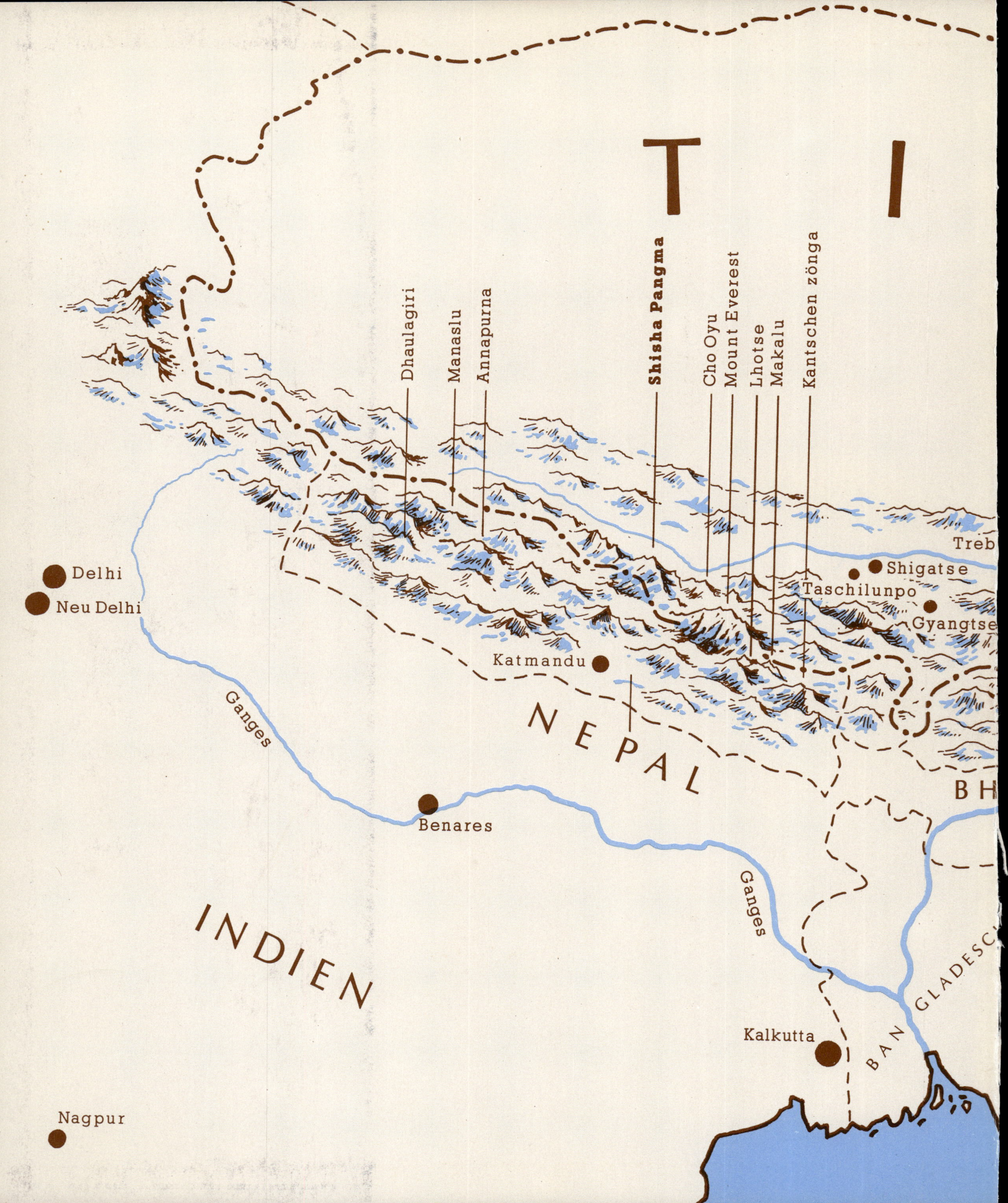

TI
Dhaulagiri
Manaslu
Annapurna
Shisha Pangma
Cho Oyu
Mount Everest
Lhotse
Makalu
Kantschen zönga
Treb
Shigatse
Taschilunpo
Gyangtse
Delhi
Neu Delhi
Katmandu
NEPAL
BH
Ganges
Benares
Ganges
INDIEN
Kalkutta
BANGLADESC
Nagpur